**Technik der elektro-optischen Tachymetrie**

**Sammlung Wichmann**

BEGRÜNDET VON DR.-ING. E. h. KURD SLAWIK

**Neue Folge**

HERAUSGEGEBEN VON PROFESSOR DR.-ING. HEINZ DRAHEIM

---

Schriftenreihe

Heft 19

# Technik der elektro-optischen Tachymetrie

12 Vorträge
zum Oberkochener Geo-Instrumenten-Kursus 1972

HERBERT WICHMANN VERLAG KARLSRUHE
1973

ISBN 3—87 907—029—6



656

Gesamtherstellung:

C. F. Müller, Großdruckerei und Verlag GmbH., Karlsruhe

VORWORT

Mit "Kursen für Optische Streckenmessung" hat Otto von Gruber, 1928 beginnend, mit insgesamt 14 Kursen die Praktiker seiner Zeit in die Optische Distanzmessung eingeführt. Mit dem 1. Oberkochener Geo-Instrumentenkurs wurde im Herbst 1970 diese Tradition wieder aufgenommen. Aktueller Anlaß war das Erscheinen der Elektro-optischen Tachymeter.

Für den ersten Kurs wurden 1970 drei Gründe genannt: Es galt, die Anwender mit den Geräten vertraut zu machen, die verfahrensmäßigen Voraussetzungen und Folgerungen zu betrachten und schließlich die Rückwirkungen der Verfahrenspraxis auf die Instrumentenentwicklung zu erkennen. Vom 29.9. bis 1.10.1970 nahmen 150 Fachkollegen an zwölf Vorträgen und Demonstrationen zum Thema "Theorie und Praxis der modernen elektronischen Tachymetrie" teil. Die Texte wurden mit dem Heft 15 unter dem Titel "Elektronische Tachymetrie" in der Schriftenreihe Sammlung Wichmann, Neue Folge, veröffentlicht.

Nach dieser Veranstaltung vergingen zwei Jahre. Eine große Anzahl der neuen Geräte wurde in die Praxis geliefert und dort eingesetzt, eine Fülle von Erfahrungen wurde gesammelt. Generell darf festgestellt werden, daß der Schritt, der mit der Einführung der elektronischen Tachymeter gemacht worden war, größer ausfiel als anfänglich erwartet.

Was war hierfür der Grund? Automation in der Geodäsie bedeutet automatische Gewinnung und Verarbeitung von Meßdaten. Der Verarbeitung dienten schon vorher Computer und Zeichenautomat; die neuen Geräte ermöglichten jetzt die automatische Gewinnung. Damit war die datenverarbeitende Kette von der Messung bis zur Datenbank geschlossen. Ein fehlender Stein wurde in ein bereits bestehendes Mosaik gesetzt; dies aber war nicht nahtlos, sondern nur mit erheblichen Rückwirkungen auf Feld- und Folgearbeiten möglich: Entsprechend Wert und Leistungsfähigkeit der neuen Instrumente mußte der Feldeinsatz organisatorisch neu durchdacht werden; entsprechend Genauigkeit und Reichweite erlaubten neue Gedanken zur Netzgestaltung eine bisher nicht gekannte Flexibilität im Felde; neue Rechenprogramme räumten Freiheiten in der Netzgestaltung ein, stellten aber ihrerseits arteigene Bedingungen; Forderungen nach möglichst frühzeitiger Fehlerkennung, möglichst noch im Felde, sollten befriedigt werden und schließlich konfrontierte die Einpassung neuer Messungen in die vorhandenen alten Netze hart mit unserer fachlichen Vergangenheit.

Bei der Bewältigung dieser und weiterer Aufgaben wurde Bemerkenswertes geleistet. Es gab vielfältige Zusammenarbeit; unvermeidlich oder bewußt wurden aber auch zahlreiche Probleme an verschiedenen Stellen gleichzeitig und unabhängig voneinander angepackt. Unter dem Thema "Technik der elektro-optischen Tachymetrie" sollte deshalb der 2. Oberkochener Geo-Instrumentenkurs vom 18. bis 20.9.1972 die Beteiligten nach Monaten intensiver Arbeit zu Erfahrungsaustausch und Diskussion zusammenführen. Geplant war kein wissenschaftliches Kolloquium und keine Firmenveranstaltung, sondern eine sachbezogene Arbeitstagung im Kreise von Fachexperten.

Fast 200 Kollegen aus der Bundesrepublik und dem europäischen Ausland nahmen an diesem 2. Kurs teil. Die Themenkreise "Feldorganisation", "Programmentwicklungen", "Einpassung in vorhandene Netze", "Absteckung" und "Praktische Erfahrungen" wurden in insgesamt 11 Vorträgen und 2 Diskussionen abgehandelt, in die großen Zusammenhänge gestellt und eingeleitet vom Präsidenten des Landesvermessungsamtes Baden-Württemberg, Herrn Professor Dr. W. Beck.

Dem Interesse und der Initiative der Schriftleitung ist es zu danken, daß die Veröffentlichung der vollständigen Texte wiederum in dieser Schriftenreihe zustandegekommen ist. Der verlegerische Erfolg des ersten Heftes machte es dem Verlag leicht, diesen Plan mit der ihm eigenen Sorgfalt zu verwirklichen. Allen, die hierzu beitrugen, sei bestens gedankt, nicht zuletzt den Autoren, die als hervorragende Sachkenner den neuesten Stand in Wort und Schrift darzustellen verstanden. Das vorliegende Heft "Technik der elektro-optischen Tachymetrie" soll die Ausführungen aus dem Jahre 1970 ergänzen und erweitern. Zur Einführung und zum besseren Verständnis sei deshalb die Lektüre des Heftes 15 anempfohlen. Möge der Inhalt beider Hefte zur fachgerechten Nutzung der neuen Gerätegeneration in der geodätischen Praxis beitragen.

Oberkochen, Dezember 1972 Dr.-Ing. H.-K. Meier

INHALT

AUFGABEN UND MÖGLICHKEITEN ZUR AUTOMATION DER GEODÄTISCHEN MESSTECHNIK

Von W. Beck

## 1. Einleitung

Da es nicht möglich ist, das weite Gebiet der geodäischen Meßtechnik in einem kurzen Vortrag auch nur einigermaßen zu umreißen und seine wesentlichen Probleme zu behandeln, wollen diese Ausführungen nur jenen Teil behandeln, der die Nahbereichsvermessungen betrifft. Welchen Schwerpunkt diese Messungen innerhalb der ganzen Vermessungspraxis bilden, sollen zahlenmäßige Erhebungen, die der derzeitigen Vermessungssituation in Baden-Württemberg entstammen, zeigen. Obschon diese Statistiken spezifische Züge tragen, werden sie doch ermöglichen, die daraus gewonnenen Schlüsse zu verallgemeinern und jene Gebiete, die den höchsten Vermessungsbedarf und damit die größte Technisierungs- und Automationsrate beanspruchen, zu ermitteln helfen.

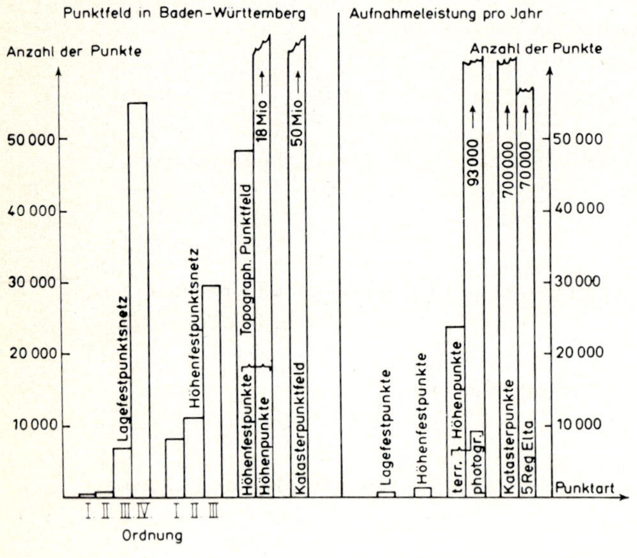


Abbildung 1

Abb. 1 legt dar, daß nicht nur die Katastervermessungen, sondern, was oft übersehen wird, auch die Landesvermessungen überwiegend im Nahbereich engagiert sind. Denn mit der Ausmessung der Punktnetze I.-III.O. ist vorwiegend das qualitative Problem der Lagefestpunktermittlung gelöst; dessen quantitative Aufgabe ist die Netzverdichtung IV.O., die fast siebenmal mehr Punktbestimmungen als die Netze I.-III.O. erfordert. Und welche

Bedeutung ein solches Punktfeld IV.O. für die Katastervermessung besitzt, ergibt sich aus der Gegenüberstellung der Lage-, Höhenfest-, topographischen und Katastergrenz-Punktmengen, die sich verhalten wie 1:1/2: 300:800. Wenn daher ein Lagefestpunkt IV.O. ungenau bestimmt ist, überträgt sich dieser Mangel in einem ausgewogenen Punktfeld auf etwa 800 Katasterpunkte. Daraus kann ermessen werden, welche Folgen, Lücken oder Mängel im Punktnetz IV.O. hervorrufen und weshalb gefordert werden muß, sie schnell zu beseitigen.

Wieviel Vermessungsarbeit jährlich zu leisten ist, um die einzelnen Punktfelder fortzuführen oder weiter zu verdichten, ergibt sich aus dem rechten Teil der Abb. 1. Danach ist eine Fortführungsleistung entsprechend dem Verhältnis Lagefest -: Höhenfest- : topographische Punkte: Katastergrenzpunkte = 1:2:90:700 zu erbringen. Ist aber das Landesvermessungsnetz niederer Ordnung zu erneuern, würde sich eine beträchtliche Mehrleistung und damit eine Änderung des Verhältnisses ergeben. Das trifft in diesem Fall für das Netz IV.O. zu. Und damit stellt sich nicht nur eine quantitative Forderung, sondern auch ein Zeitanspruch insofern, als dieses Netz, als Grundlage aller Katastervermessungen, schnell in den Zustand hoher, homogener Qualität zu bringen ist. Zu diesen vordringlichen Arbeiten der Grundlagenvermessung gehören noch terrestrische, topographische Aufnahmen, die im Zusammenhang mit der beschleunigten Herstellung der topographischen Grundkarte 1:5 000 zu bewältigen sind und die in der Statistik noch nicht berücksichtigt sind.

## 2. Aufgaben

Das skizzierte Auftragsvolumen in der Landesvermessung und in der Katastervermessung ist aber, und dadurch verschlechtert sich die Situation, keine Einmalerscheinung, sondern ein permanenter Zustand, der sich in Zukunft mit Sicherheit noch intensivieren wird. Der Auftrag, besser oder genauer und sicherer, schneller und mehr sowie rationeller zu messen, muß sich daher im wesentlichen an den Prognosen orientieren, die die Zukunft erlaubt. Daher kann an die gestellten Forderungen nicht mehr der Maßstab bisheriger konventioneller Verfahrensleistungen gelegt werden. Sie sind nur durch völlige Umstellung der Meßtechnik auf Automation zu bewältigen.

Wenn gefordert wird, besser zu messen, bedeutet das, das Qualitätsniveau zu heben, also vor allem die Genauigkeit zu steigern. Oft wird in Fachkreisen die Auffassung vertreten, es bedürfe gar nicht derart genauer Messungen. Denn, so wird argumentiert, was bisher genügte, wird auch weiterhin bestehen können. Hingegen zeigt die Entwicklung deutlich, daß in den letzten 150 Jahren seit der Landesvermessung der Genauigkeitsanspruch stetig gewachsen ist. Nicht etwa deshalb, weil diejenigen, die im Vermessungsberuf stehen, es wollten, sondern weil das öffentliche Interesse dies kategorisch forderte. Es ist auch kein grosses Risiko, zu behaupten, daß dieser Qualitätstrend sich fortsetzen wird. Vermessungstechnisch bestehen keine Schwierigkeiten, diesen Forderungen zu entsprechen, denn die neuen Meßgeräte garantieren nicht nur bessere Messungen,

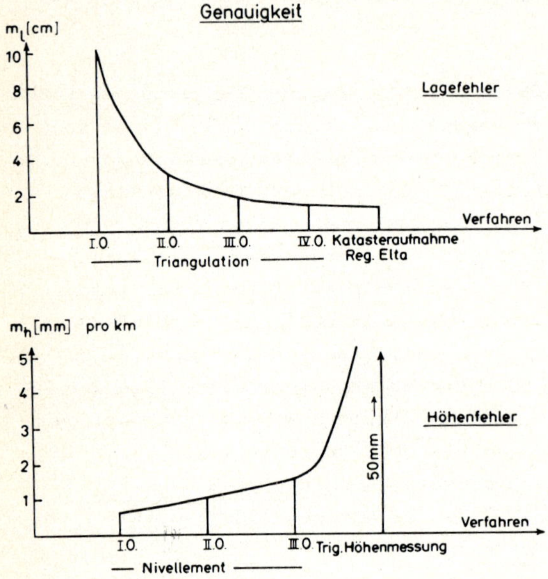


Abbildung 2

sondern gleichzeitig wesentlich schnellere Aufnahmen. Daraus ergibt sich die Konsequenz, daß das alte, modernen Ansprüchen nicht mehr genügende Vermessungsgut zu überholen ist, damit in dieses die neuen Ergebnisse spannungsfrei eingebettet werden können. Würde auf die Lösung dieser Aufgabe verzichtet, wäre der widersinnigen Situation nicht auszuweichen, daß laufend gute Messungsergebnisse deformiert werden müssen, um sie in alte, ungenügende Vermessungsgrundlagen einzupassen.

Welche Genauigkeit möglich ist oder gefordert werden muß, ist der Abb.2 zu entnehmen. Dabei ist zu erkennen, daß es einiger Anstrengung bedarf, um die Netze IV.O. so homogen und genau aufzubauen, daß sie mit den Auswertungen der RegElta-Messungen Schritt halten können. Das Genauigkeitsmaß, mit dem die Lage von Vermessungspunkten zu ermitteln ist, ist damit endgültig vorgeschrieben. Es erreicht aus der Sicht der Praxis jenen optimalen Grad, der den Bedürfnissen der Zukunft genügen wird. Das Maß der Genauigkeit muß sich ebenso auf Lage- wie auf Höhenbestimmungen jeder Art erstrecken. Denn fast jede Messung schließt zwangsweise die dritte Dimension ein. Selbst bei Katastervermessungen bedingt der Einsatz elektro-optischer Distanzmesser ihre Ermittlung, wenn diese auch hier fast ausschließlich der Streckenreduktion dient. Der Aufschwung, den die photogrammetrischen Verfahren in letzter Zeit genommen haben, fordert Höhenbestimmungen bei trigonometrischen Punktfestlegungen heraus, und der immer schneller wachsende Bedarf an der tachymetrischen Einmessung topographischer Punkte regt sie weiter an. Auf welcher Höhe sich derzeit das Genauigkeitsniveau bewegt und in Zukunft halten wird, erläutert das Bild in Bezug auf nivellitische und trigonometrische Höhenbestimmungen.

Besser zu messen, bedeutet nicht nur genauer, sondern zudem sicherer zu messen. Es muß also die Forderung noch erfüllt werden, Ziel-, Einstell-, Ablese-, Schreib-, Hör-, Rechenfehler, die die konventionelle Beobachtung stets belasten, ganz oder weitgehend auszuschalten. Das kann nur gelingen, wenn die konventionelle Erfassung der Messungsdaten durch automatische Registrierung ersetzt wird.

Wo immer vermessen wurde, drängte sich den Vermessungsarbeiten die Forderung auf "schneller und mehr zu messen". Es ist ein altes und zudem internationales Dilemma, daß hinsichtlich der Quantität oft Vermessungswunsch und Wirklichkeit auseinandergehen. Aber noch nie war die Chance,

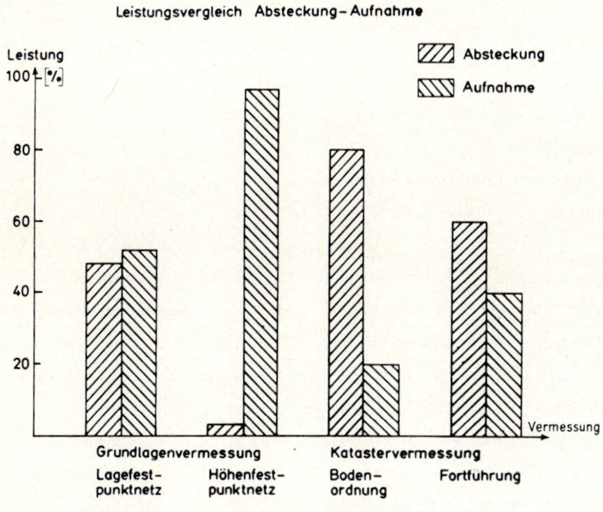


Abbildung 3

beide in Übereinstimmung zu bringen, so groß wie derzeit. Denn ganz offensichtlich kann die immer mehr vorwärts drängende Meßautomation dazu beitragen, das quantitative Leistungspotential wesentlich zu verbessern. Dabei ist die Aufnahme, also das Aufmessen von Punktfeldern ebenso aktuell wie das Abstecken, die Punktfestlegung nach vorgegebenen Maßen. Denn Aufnahme und Absteckung lösen sich bei den meisten Vermessungsverfahren gegenseitig ab oder sind ineinander verflochten. Wie unterschiedlich das Verhältnis ist, mit der sie sich bei einzelnen Vermessungsunternehmungen gegenüberstehen, deutet Abb. 3 beispielhaft an. Dabei erklärt sich der hohe Anteil der Absteckung innerhalb der Arbeiten am Lagefestpunktnetz dadurch, daß vor der Netzerneuerung IV.O. die alten TP mit Hilfe alter polygonaler Messungen zunächst wiederherzustellen sind.

Die Aufgaben, die sich der automatischen Meßtechnik stellen, wenn der derzeitige Leistungspegel deutlich überschritten werden soll, erstrecken sich auf drei Bereiche: Auf den des Instrumentes, des Aufnahme- und Vermessungsverfahrens. Wie sich in den weiteren Betrachtungen zeigen wird, wäre es falsch, alle Überlegungen nur auf die instrumentelle Automation zu konzentrieren. Denn letztes Ziel der Automatisierung der Vermessungsverfahren ist, integrierte Systeme zu erstellen, die den Datenfluß ermöglichen. Somit sind neben den konstruktiven Ausbau der Meßinstrumente die aufnahme- und verfahrenstechnischen Möglichkeiten zu stellen, die sich wechselseitig anregen.

Um den Leistungsgrad der Meßinstrumente zu erhöhen, stellen sich in globaler Umschreibung folgende Aufgaben:

1. Automatisierung der Aufnahme, d.h., Automatisierung der Entfernungs- und Winkelmessung
2. Automatisierung der Absteckung, d.h. Automatisierung der Entfernungsübertragung ins Gelände
3. Automatisierung der Registrierung der Meßdaten
4. Automatisierung der Dateneingabe
5. Automatisierung weiterer Beobachterfunktionen (z.B. Ziel-, Punktnummer-, Schlüsselzahl-Erfassung).

Alle bisherigen Entwicklungen automationsgerechter Instrumente stützen sich auf das polare Aufnahmeverfahren. Dabei wird von wenigen Instrumentenstandpunkten aus hohe Aufnahmeergiebigkeit erzielt. Besteht Absicht oder Zwang, die durch Automation erzielte höhere Instrumentenleistung voll zu nutzen, wird zwangsweise die Aufnahme im Zielraum personell nicht unerheblich belastet. Natürlich ist die damit verbundene dynamische Zielmarkierung auch noch Quelle anderer Nachteile, die das Aufnahmepotential hemmen und dadurch die Beobachtungsleistung, die durch das Instrument gegeben ist, mindern. Ein grundsätzlicher Wandel könnte vollzogen werden, wenn es gelänge, die dynamische durch eine stationäre Zielbezeichnung zu ersetzen. Das würde aber eine Umkehrung des bisherigen Aufnahmeprinzips bedeuten, bei dem das Meßgerät stationär und die Zieldarstellung dynamisch ist. Obwohl bei dem heutigen Stand der Instrumentenentwicklung mit diesem Umschwung noch nicht gerechnet werden kann, scheint es doch lohnend zu sein, einige Betrachtungen darüber anzustellen.

Es mag etwas riskant erscheinen, das ganze, jeweilige Vermessungsverfahren in die Betrachtungen über automatische Meßtechnik einzubeziehen. Doch wenn man sich bewußt wird, welche Folgen die Meßautomation einschließlich der automatischen Registrierung auf den weiteren Automationsprozeß und umgekehrt auslöst, rechtfertigt sich ein solches Vorgehen. Es liegt

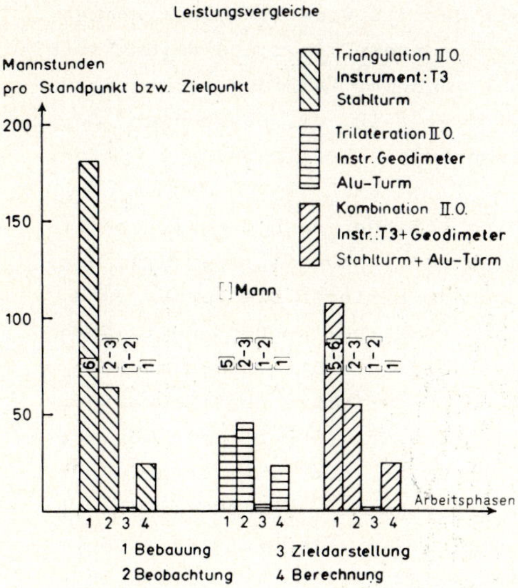


Abbildung 4

schon dann nahe, wenn überhaupt nach der wirtschaftlichen Wirksamkeit der Meßautomation im ganzen gefragt wird. Bereits hierbei muß sich das Interesse auf das Nächstliegende konzentrieren, die Nahtstellen jener Verfahrensabschnitte, die vor und hinter der Meßautomation liegen, zu beseitigen. Wie immer die Meßautomation demnach gestaltet ist, in jedem Fall ist es zweckmäßig und notwendig, den Leistungsgrad der einzelnen Verfahrensstufen zu ermitteln. Wie dabei vorgegangen werden kann, soll das in Abb. 4 erläuterte Verfahren erklären. Es ist hier ein Verfahren der Landesvermessung gewählt, weil es besonders drastisch die Leistungsabhängigkeit zwischen den einzelnen Verfahrensabschnitten herausstellt und die Bedingungen erkennen läßt, unter denen die Automation optimal wirksam wird. Hier wie anderenfalls muß den Untersuchungen jeweils ein Funktions- bzw. Funktionsaufwandsbild zugrundegelegt werden.

Dabei werden gleichartige Funktionen in Gruppen zusammengefaßt und für jede Gruppe wird der Personalzeitaufwand ermittelt. Doch muß beachtet werden, daß zuverlässige Kriterien aus solchen Funktionsbildern nur gewonnen werden können, wenn alle Funktionsgruppen eines Verfahrensablaufs erfaßt werden. Nur dann ist es möglich, personalintensive und damit produktionsaufwendige oder wirtschaftsschwache und damit automationsbedürftige Funktionsgruppen oder Funktionen zuverlässig festzustellen, um daraus wiederum auf Forderungen zu schließen, die an die Meßautomation zu richten sind. Ohne eine solche Analyse ist es nicht möglich, Technisierung und Automatisierung optimal zu gestalten. Leider wird dieser Methode der rationellen Durchgestaltung der einzelnen Verfahren und ihrer Rückkoppelung mit der Meßautomation oft deshalb Widerstand entgegengesetzt, weil sie primär nicht als Kriterium technischer und automativer Intensivierung, sondern als Zensur individueller Leistung verstanden wird. Eine der wichtigsten Aufgaben wird es sein, die Überzeugung durchzusetzen, daß ohne diese Maßnahmen der erhoffte Erfolg versagt bleibt.

Die Verfahrensrationalisierung kann sich entweder nach der Wirtschaftlichkeit, der Personaleinsparung, der Personalsituation oder, was die Regel sein dürfte, nach allen 3 Faktoren orientieren. Im Vordergrund wird dabei meist das Bemühen stehen, die Feldarbeiten personell, auch wenn dies auf Kosten höheren Auswerteaufwands erkauft werden muß, zu entlasten. Ohne, daß mit einem Verfahren größte Wirtschaftlichkeit erzielt wird, kann ihm dennoch Erfolg sicher sein, wenn es sich bestmöglich der jeweiligen Personalsituation anpassen läßt. Die Verfahrensstruktur wird dann so aufgebaut, daß zwischen optimaler Wirtschaftlichkeit und möglicher Personalverfügung vermittelt wird. Hierbei wird sich immer häufiger erweisen, daß der Zusammenschluß terrestrischer und photogrammetrischer Verfahren günstige und in jeder Hinsicht schmiegsame Lösungen ermöglicht.

## 3. Möglichkeiten

Abb. 5 soll zunächst Aufschluß erteilen über das Leistungspotential optischer und elektrooptischer Distanzmesser bei Katastermessungen und auch darüber, welche Wirkung die weitgehende Automation der geodätischen Meßtechnik dabei hat. Dem Bild liegt die Nettozeit, die für eine Zielung benötigt wird, zugrunde. Die dargestellten Werte ergaben sich als Mittelwerte längerer Beobachtungsreihen. Sie sind daher zuverlässig unterbaut. Dabei wird der jeweilige Zeitaufwand für die Funktionsgruppe "Beobachtung" erfaßt. Die Funktion "Datenprotokoll" bei RegElta überrascht zunächst, da automatisch registriert wird. Doch erstrecken sich diese Arbeiten auf die Aufzeichnungen im Katasterplan, der Grundlage der ganzen Aufnahme ist. Zweierlei Erkenntnisse vermittelt das Bild, die Leistungsunterschiede der Instrumente (RegElte: DI 10:Redta = 1:7:6) und die Notwendigkeit, die Betrachtungen über die Möglichkeiten der eigentlichen Meßautomation, also über das instrumentelle Gebiet hinaus, auf das aufnahme- sowie verfahrenstechnische auszudehnen. Um das Problem

Instrument wären alle Anliegen zu gruppieren, die mit der eigentlichen Beobachtung zusammenhängen, beim Aufnahmeverfahren treten dazu noch alle Funktionen, die im Zielraum wahrzunehmen sind und das Vermessungsverfahren würde alle Arbeiten eines Verfahrensablaufs zu erfassen haben, die

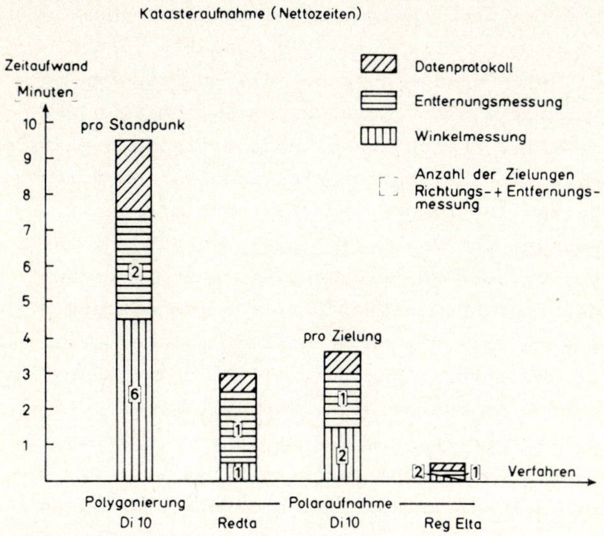


Abbildung 5

in wechselseitigem Kontakt mit der Meßautomation stehen. Wird zunächst die Problematik behandelt, die die automationsgerechte Ausstattung des Instruments begründet, kann sie in drei Problemgebiete aufgespalten werden, die jeweils umfassen, die Instrumentendimensionierung, einschließlich dem Instrumentengewicht, die automative Ausstattung des Instruments bei stationärer und bei dynamischer Verwendung, wobei unter ersterem das bekannte polare und unter letzterem die beobachtungstechnische Umkehrung des Verfahrens gewissermaßen ein inverses Polarverfahren zu verstehen ist.

Umfang und Gewicht eines Instruments legen im letzten seinen Aktionsradius fest. In Bezug auf die Meßautomaten kann festgestellt werden, daß, je höher ihr Automationsgrad, um so aufwendiger ihre Dimensionierung ist. Das bedeutet, daß, obwohl die Leistung des Instrumentes an sich jedem Messungsanspruch genügt, der Anwendungsbereich durch die Schwerfälligkeit des Instruments eingeschränkt wird. Entweder wird dieser reduzierte Aktionsbereich hingenommen und die hohe Automationsintensität des Instruments für Sondergebiete, z.B. Katastervermessung genützt, oder es wird zunächst - solange kompakte Bauweise nicht möglich ist - , versucht, das Instrument durch Trennung einzelner Teile beweglicher und damit einsatzfreudiger zu machen. Dann würde ein Instrumentenaggregat entstehen, bei dem der Aufnahme-, der Meß-, der Betriebs- und der Registrierteil in geeigneter Weise gruppenweise zusammengefaßt und in getrennter Bauweise angeboten werden.

Wenn die Möglichkeiten der automativen Ausrüstung der Meßinstrumente betrachtet werden, müssen sich diese Überlegungen auf die 5 Aufgaben stützen, die der Automatisierung der Meßtechnik oben gestellt worden sind. An der ersten Stelle steht dabei die Aufgabe, die Entfernungs- und Winkelmessungen automatisch zu vollziehen. Durch die Meßautomation ist diese Forderung im Prinzip erfüllt. Ebenso ist die automatische Registrierung der Meßdaten verwirklicht. Die Weiterentwicklung dieses Instruments der zweiten Entwicklungsstufe zum Instrument der dritten Stufe setzt die Automatisierung der Absteckung und der Dateneingabe voraus. Die Realisierung dieser zusätzlichen Automation erfordert einen Prozeßrechner, mit dem die Reduktion der schräggemessenen Entfernungen auf die Horizontale und umgekehrt möglich ist. Die Aufwendigkeit solcher Absteckungsinstrumente wird die der derzeitigen automatischen Aufnahmeinstrumente deutlich übertreffen. Es drängt sich daher die Frage auf, ob es nicht möglich ist, zunächst ein Entfernungsmeßgerät der 3.Generation, das also für Aufnahme und Absteckung gleichermaßen geeignet ist, zu konstruieren und dieses Gerät dann später zu einem automatischen Winkelmeßgerät auszubauen oder mit einem solchen Gerät zu kombinieren. Es wäre dann auch die Möglichkeit gegeben, einen solchen Entfernungsmesser mit einem konventionellen Winkelmeßgerät für gewisse Aufnahmen und Absteckungsarbeiten zu kombinieren. Durch diese Kombinationsmöglichkeiten bzw. durch ein solches Baukastensystem ließen sich dem Instrument weitere Anwendungsvarianten erschließen. Und ein derartiger Entfernungsmesser würde dazu beitragen, photogrammetrische Verfahren vielfältiger einzusetzen. Denn die Stabilisierung der photogrammetrischen Ergebnisse stützt sich auf Entfernungsmessungen. Außerdem wäre es für viele Zwecke möglich, Vermessungsverfahren aufzubauen, die auf reiner Entfernungsmessung beruhen. Das würde bedeuten, den Grundsatz der Trilateration auf kurze Aufnahmedistanz anzuwenden.

Obwohl Gegenstand der Betrachtungen der vollautomatische Messungsablauf ist, soll doch mit Abb. 6 die Überlegenheit selbst der halbautomatischen Lösungen gegenüber den bisher verwendeten konventionellen unterstrichen werden. Um die Leistungen der auf die verschiedenen Instrumente gebauten Aufnahmeverfahren objektiv beurteilen zu können, wurde der durchschnittliche Personalzeitaufwand für eine Punktaufnahme einschließlich aller unproduktiven Arbeiten wie z.B. Standortwechsel, Kontrollmessungen und aller Arbeitsunterbrechungen oder -verzögerungen durch äußere Einflüsse und durch Störungen im Organisationsablauf ermittelt. Gegenüber dem Nettozeitaufwand je Zielung hat sich jetzt das Leistungsverhältnis zwischen RegElta-, DI 10- und Redtamessung von 1:7:6 auf 1:1 3/4:2,5 reduziert. Es verflacht, wie das Bild zeigt, weiter, wenn der Personalzeitaufwand je Punktaufnahme zugrundegelegt wird. Aber wie immer die Leistungsergebnisse analysiert werden, der Leistungsvorsprung des automatisch registrierenden Tachymeters ist deutlich.

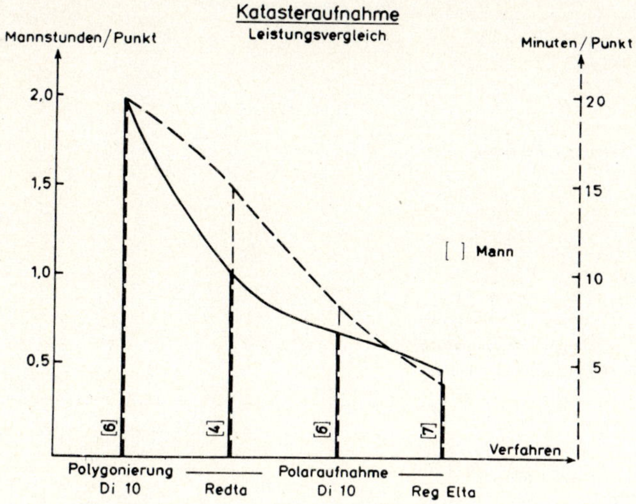


Abbildung 6

Wird angestrebt die Instrumentenleistung voll zu nutzen, ist die Bedingung zu erfüllen:
Anzahl der Meßgehilfen x Beobachtungszeit = Wegzeit je Meßgehilfe.
(Beträgt die Beobachtungszeit 1/2 Minute und werden für die Wegzeit 2 Minuten angenommen, schöpft 1 Meßtrupp mit 4 Meßgehilfen die Instrumentenleistung etwa aus).

In schwierigem Gelände oder bei weitständigen Katastergrenzpunkten ist die volle Auslastung des Instruments nicht mehr gewährt. Umgekehrt ist unter bestimmten günstigen äußeren Verhältnissen ein Meßtrupp mit 4 Meßgehilfen zu stark. Doch hat sich ergeben, daß diese Extremfälle hier relativ selten sind, so daß in den meisten Fällen die gewählte Meßtruppstärke der optimalen Leistung entspricht.

Die Leistungsergebnisse der Instrumente, die in Abb. 6 zusammengestellt sind, lassen erkennen, daß die Meßautomation sich sehr personalintensiv auswirkt. Die weitere Entwicklung muß daher auf Meßgeräte gerichtet sein, die alternativ sowohl stationär wie dynamisch verwendet werden können. Eine solche Forderung kann nur durch Instrumente höchsten Automationsgrades und angemessener Dimensionierung erfüllt werden.

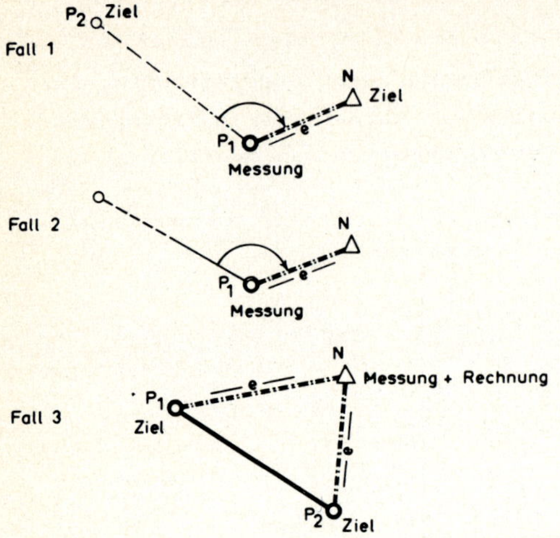


| | | | | |
|---|---|---|---|---|
| Fall 1 | 2 Richtungen | 1 Entfernung | Rechnung | Koordinierung |
| Fall 2 | 1 Richtung | 1 Entfernung | Rechnung | Koordinierung |
| Fall 3 | | 2 Entfernungen | Rechnung | Koordinierung |

Abbildung 7

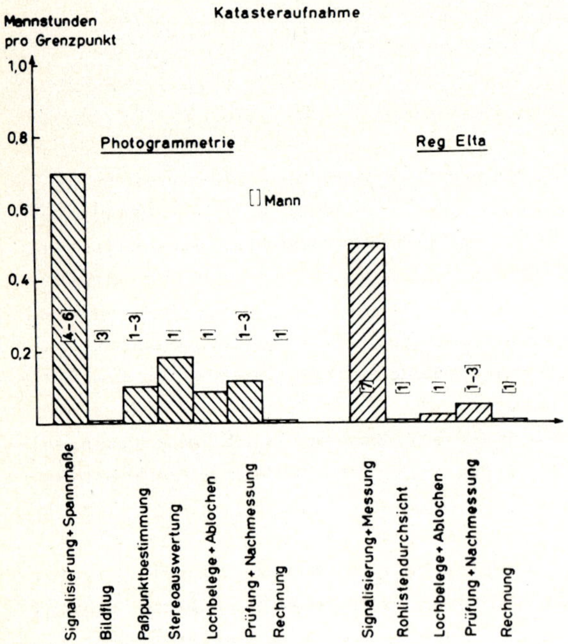


Abbildung 8

Bislang ist die Meßautomation vorwiegend im Blick auf das polare Aufnahmeverfahren, das in Abb. 7 mit Fall 1 beschrieben ist, behandelt worden. Meßaufwand und Meßschwierigkeiten werden kleiner, wenn, wie im Fall 2 dargestellt, die Automation des Meßgerätes um den Kreisel erweitert wird. Bei entsprechender Beweglichkeit des Instruments wäre dann wahlweise sowohl ein stationärer wie dynamischer Einsatz möglich. Im letzteren Fall wäre auf jedem aufzunehmenden Punkt jeweils eine Zielung nach einem stationären Bezugspunkt nötig. Dadurch werden die Aufnahmearbeiten einfacher und wegen der Unabhängigkeit von Fernzielen sehr viel bequemer. Zuletzt erläutert der Fall 3, daß mit einem leistungsfähigen Entfernungsmesser die trilaterative Punktbestimmung bei stationärer Zielmarkierung auch im Nahbereich erfolgreich sein könnte. Außerdem könnte, wie im Fall 2, N von P1 und P2 aus, dann mit dynamischer Zieldarstellung, eingemessen werden. Ein Höchstmaß automativer Instrumenten- und Verfahrensleistung wäre dann erreicht, wenn es gelänge, den automativen Entfernungsmesser konstruktiv zum Koordinatenmesser oder Koordimeter weiter zu entwickeln. Ein Instrument, das für jeden seiner Aufstellungspunkte sofort die Koordinaten in jenem System liefert, in dem die Bezugspunkte P1 und P2 bestimmt sind.

Der letzte Teil der Betrachtungen soll sich mit der Frage beschäftigen, welche Möglichkeiten sich der automatischen Meßtechnik vom Verfahren her erschließen. Und in diesem Zusammenhang liegt es nahe, die terrestrische Meßautomation mit der photogrammetrischen zu verbinden. Obwohl nach Abb.8 die Aussichten auf Personaleinsparung bei den Feldarbeiten für die Luftbildaufnahmen nicht sehr ermutigen, ist es durchaus möglich, diese noch weiter zu fördern, wenn den Kontrollmessungen der verschiedenen Art ein automatisches Entfernungsmeßgerät zur Verfügung steht. Die Mehrarbeit, die durch die photogrammetrische, geräte-, aber nicht personalintensive Auswertung entsteht, kann hingenommen werden, denn sie entlastet die Feldarbeit und ist zudem wirtschaftlich tragbar. Diese Ausblicke werden den Anwendungsbereich der photogrammetrischen Verfahren noch in Richtung auf Punktbestimmungen niederer Ordnung erweitern.

Die Leistung der Instrumentenautomation kann nur am Erfolg des ganzen Vermessungsverfahrens gemessen werden. Hier werden sich auch die Vorteile der automatischen Registrierung voll auswirken. Abb. 9 deckt die Ursachen unterschiedlicher Auswerteleistungen auf. Wobei zu bemerken ist, daß die Ablocharbeiten bei DI 10 und Redta durch Belegleser im Falle zweckmäßiger Protokollgestaltung automatisiert und damit eingeschränkt werden können. Allerdings können dabei Fehler nicht ausgeschlossen werden, die auf die Auswerteleistung sich mehr oder weniger negativ auswirken. Es ist darauf hinzuweisen, daß die Statistik der DI 10-Messungen voraussetzt, daß die Meßergebnisse im Feld ablochfähig erfaßt und Datenbelege nur für die Koordinaten vorgegebener Punkt und den Polygonzugverlauf benötigt werden. Bei Redta erstrecken sich diese Arbeiten zusätzlich auf Belege, die die Spannmaßkontrolle sicherstellen. Sie sind hier Ursache des relativ hohen

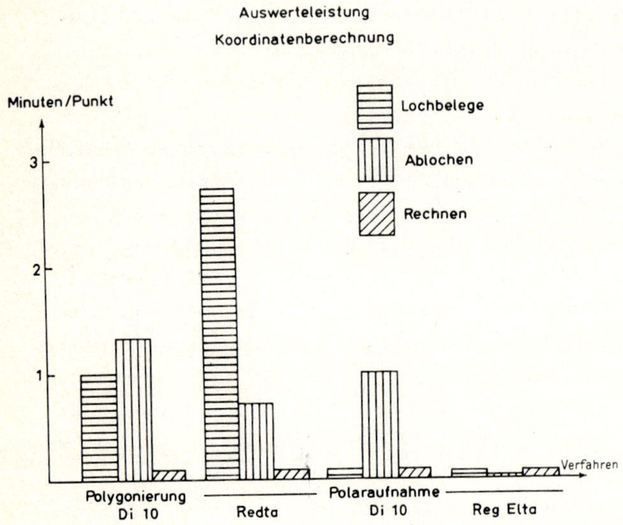


Abbildung 9

Aufwands und beweisen, daß konventionelle Meßkontrollen, z.B. Spannmaße mit Stahlband automationsfeindlich sind. Das Leistungsverhältnis zwischen RegElta, DI 10 und Redta, das 1:6:17 beträgt, hat sich nunmehr wieder deutlich zugunsten der RegElta-Messung verschoben.

Um ein Urteil über die Zusammenhänge Meßautomation-Vermessungsverfahren im ganzen zu gewährleisten, wurde der Personalzeitaufwand für eine Katastervermessung mit 30 Polygonpunkten und 450 Aufnahmepunkten jeweils für Redta, DI 10 und RegElta ermittelt. Das Ergebnis ist in Abb. 10 dargestellt. Hierzu ist zu erklären, daß die Verfahrensleistung RegElta sehr stark von der zweckmäßigen Gestaltung der Rechenprogramme, vor allem des Umsetz- oder Leseprogramms abhängt, und daß Störungen der automatischen Registrierung sowie Mängel der Aufnahme den automatischen Rechenablauf empfindlich hemmen. Die Erfahrung des Beobachters und eine gute technische Ausstattung, insbesondere mit geeigneten Funksprechgeräten, tragen dazu bei, diese Unzulänglichkeiten der Aufnahme zu unterdrücken.

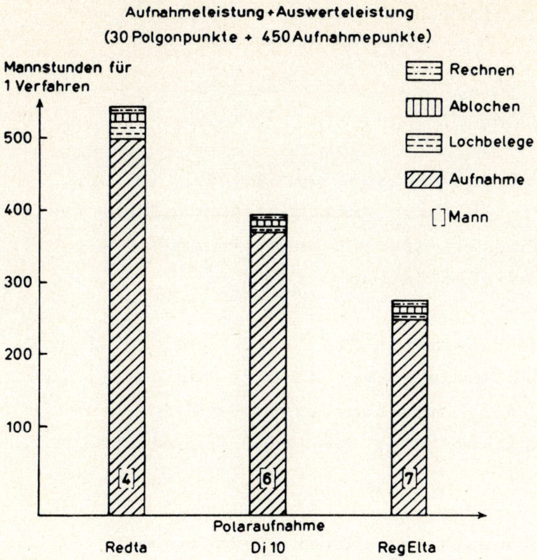


Abbildung 10

# UNTERSUCHUNGEN ZUR INSTRUMENTENGENAUIGKEIT

Von H. Leitz

Als 1970 der erste Oberkochener Instrumentenkurs veranstaltet wurde, stand die elektronische Tachymetrie in ihren Anfängen, während sie heute in den Ländern, wo die Polaraufnahme als Meßverfahren eingeführt ist, die optische Tachymetrie weitgehend abgelöst hat.

Über den Aufbau der elektronischen Tachymeter Reg Elta 14 und SM 11 und über instrumentelle Fehlereinflüsse wurde im ersten Kurs berichtet. In diesem Beitrag werde ich mich mit dem Temperatureinfluß auf den Höhenindex im Reg Elta 14, der Additionskonstanten sowie der sogenannten "Fleckabhängigkeit" befassen.

Die Genauigkeit der Zenitwinkelmessungen ist für die Reduktion der Schrägstrecke ausreichend, wenn einmal am Tag die Indexverbesserung durch Messung in zwei Lagen ermittelt wird. Als jedoch die ersten Höhenübertragungen durchgeführt wurden, zeigte es sich, daß die Genauigkeit des Zenitwinkels starken Schwankungen unterworfen war und die Ergebnisse nicht voll befriedigten. Eine Untersuchung zeigte, daß die Änderung des Höhenindex durch Temperaturänderung im Instrument verursacht wurde, besonders wenn auf die Benutzung eines Schirmes verzichtet wurde.

In diesem Fall können Temperaturänderungen im Instrument bis zu 30 $^{o}$C innerhalb weniger Stunden auftreten. Durch die Einführung eines kompensierenden Zwischenglieds konnte diese Temperaturabhängikeit, die durch die verschiedene Ausdehnung von Stahl, Glas und Aluminium hervorgerufen wurde, nahezu völlig beseitigt werden. Bei den neuesten Seriengeräten ist eine Änderung des Index bei einer Temperatur von - 20 $^{o}$C bis + 40 $^{o}$C von maximal 0,01 $^{g}$ zugelassen. Testmessungen mit der verbesserten Indexjustierung ergaben einen mittleren Höhenfehler, berechnet gegen fehlerfrei angenommene nivellierte Höhenunterschiede, von $\pm$ 2 mm im Bereich bis 100 Meter und $\pm$ 10 mm im Bereich bis 400 Meter.

Dem Einfluß der Temperatur im Instrument ist auch der elektrische "Nullpunkt" des Entfernungsmessers unterworfen. Wir unterscheiden hier zwischen Änderungen durch die Eigenerwärmung und Änderungen unter dem Einfluß der Umgebungstemperatur. Der Einfluß der Eigenerwärmung ist durch entsprechende Maßnahmen auf maximal 3 cm begrenzt und kann durch Messungen im intermittierenden Betrieb, d.h. Ausschalten des Instrumentes zwischen zwei Zielungen, unter einem Zentimeter gehalten werden. Die Änderung des Nullpunktes unter dem Einfluß der Umgebungstemperatur beträgt im

Schnitt etwa 2 Millimeter pro °C und kann im Laufe eines Tages den Betrag von mehreren Zentimetern erreichen. Durch die Benutzung eines Schirmes gegen Sonneneinstrahlung und durch häufigere Messung der Addititonskonstanten kann dieser Driftfehler vernachlässigbar klein gehalten werden. Um die Messung der Additionskonstanten zu erleichtern, wurde jetzt ein kleines Tripelprisma von 20 mm Durchmesser als "Nullprisma" fest zwischen den Stützen eingebaut, die Messung erfolgt bei einem Zenitwinkel von 240 $^g$, wobei eine Marke auf dem Fernrohrkörper mit einem Index auf der Stütze zur Deckung gebracht wird.

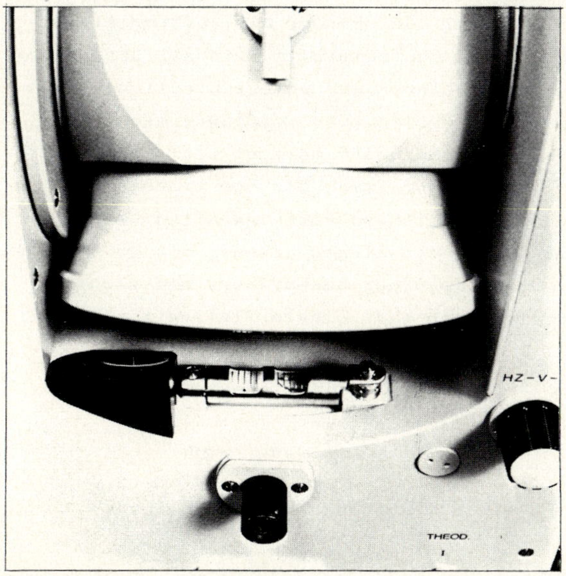


Abbildung 1
Fest eingebautes "Nullprisma"

Die Bestimmung der Konstante nimmt weniger als 20 Sekunden in Anspruch und kann praktisch ohne Zeitverlust für die eigentliche Messung öfters wiederholt werden.

Die Integration von elektro-optischem Entfernungsmesser und Theodolit zum elektronischen Tachymeter bedingt Koinzidenz der Ziellinien von Entfernungsmesser und Theodolit. Sender und Sendeobjektiv definieren die Ziellinie des Entfernungsmessers, während die Theodolitziellinie durch Strichkreuz und Fernrohrobjektiv gebildet wird und rechtwinklig zur Kippachse des Theodoliten justiert sein soll.

Die Koinzidenz beider Ziellinien erfüllt drei Forderungen:
1. Gleichzeitige Zielung zur Richtungs- und Streckenmessung.

2. Gleichzeitige Maximumspeilung mit dem Entfernungsmesser bei der Theodolitzielung, d.h. Ausnutzung der maximalen Reichweite

und

3. gleichzeitig höchste Genauigkeit in der Streckenmessung.

Punkt 2 und 3 sind miteinander verknüpft, weil maximale Reichweite und höchste Genauigkeit von der Struktur des Lichtbündels, das von der Gallium-Arsenid-Diode ausgestrahlt wird, abhängen. Der mittlere Teil des Lichtbündels enthält die meiste Strahlungsenergie, das ergibt die größte Reichweite. Die Phase des vom Sender ausgestrahlten modulierten Lichtes sollte auf der Oberfläche einer Kugel mit dem Sender als Zentrum gleich sein, ist jedoch durch unterschiedliche Laufzeiten im Kristall der Sendediode deformiert und erzeugt Streckenfehler, wenn unterschiedliche Teile des Lichtbündels zur Messung verwendet werden. Der Einfluß dieser Phaseninhomogenität, die als "Fleckabhängigkeit" bekannt ist, kann durch die sogenannte Maximumspeilung, bei welcher immer der energiereiche Mittelteil des Bündels verwendet wird, hinreichend klein gehalten werden, wobei die Restfehler unter einem Zentimeter liegen. Sender mit größerer Fleckabhängigkeit werden durch eine Vorprüfung aussortiert und nicht verwendet. Wird die Maximumspeilung durch eine exakte Zielung mit Hilfe

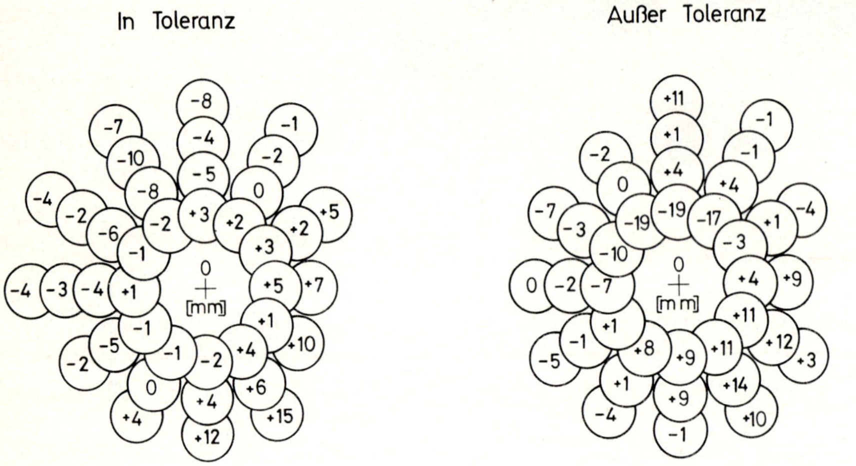


| In Toleranz | | | | Außer Toleranz | | | |
|---|---|---|---|---|---|---|---|
| ⌀ 40mm | ±0 | [mm] | (reduziert) | ⌀ 40 mm | ±0 | [mm] | (reduziert) |
| ⌀ 60mm | +1 | [mm] | | ⌀ 60 mm | -2 | [mm] | |
| ⌀ 80mm | ±0 | [mm] | | ⌀ 80 mm | -1 | [mm] | |
| Gesamt | ±0 | [mm] | | Gesamt | ±0 | [mm] | |

Abbildung 2

Phaseninhomogenität von zwei Gallium-Arsenid-Lumineszenzdioden.

des Theodolitfernrohres ersetzt, muß der Sender so justiert sein, daß Maximumspeilung und Theodolitzielung zusammenfallen. In den folgenden Beispielen wird die Fleckabhängigkeit von zwei Sendedioden gezeigt.

Aus dem Strahlenbündel, das etwa einen Durchmesser von 120 Millimetern hat, schneidet ein kleines Tripelprisma Teilbündel von 15 Millimeter Durchmesser aus. Dabei wird das Prisma auf Kreisen mit dem Radius 20, 30, 40 und 50 Millimeter jeweils um 30 ° verschoben, so daß insgesamt 48 Teilbündel zur Messung benutzt werden.

Die hier ermittelten Werte können nicht unmittelbar Schlüsse auf Fehler für die Praxis geben, weil dort ja ein Prisma mit 60 Millimeter Durchmesser verwendet wird und bei größeren Entfernungen ohnehin nur der Mittelteil des Bündels benutzt wird. So beträgt der Bündeldurchmesser bei 500 Metern bereits 400 Millimeter gegenüber 60 Millimeter Reflexionsfläche eines Einerprismas, bei 1 Kilometer 700 Millimeter bei einem Durchmesser des siebenfach-Reflektors von 200 Millimeter. Selbst bei der Verwendung einer Sendediode mit großer Fleckabhängigkeit wirkt sich diese erst aus, wenn ein Bündel benutzt wird, dessen Achse einen Winkel von 3' mit Mittelachse bzw. mit der Theodolitziellinie bildet. Die Genauigkeit der sogenannten Maximumspeilung mit Hilfe der Feintriebe bzw. der Justierschraube des Senders ist aber besser als 1', so daß bei guter Justierung dieser Fehler nicht ins Gewicht fällt. Ein Einfluß ist dann zu erwarten, wenn z.B. Teile des siebenfach-Reflektors, besonders bei kurzer Strecke, durch Hindernisse verdeckt sind. Tritt dieser Fall bei der Polygonierung auf, sollten Richtung und Strecke getrennt gemessen werden und zwar die Streckenmessung mit Hilfe einer Maximumspeilung. Die Praxis hat jedoch gezeigt, daß der mittlere Streckenfehler etwa im Bereich von ± 1 cm liegt und sowohl die Fleckabhängigkeit als auch die Temperaturdrift des Nullpunktes keinen großen Einfluß auf die Meßgenauigkeit haben. Ihre Kenntnis kann jedoch nützlich sein, um in besonderen Fällen noch bessere Meßergebnisse zu erzielen.

# PLANUNG UND ORGANISATION DES FELDEINSATZES ELEKTRO-OPTISCHER TACHYMETER

Von W. Rose

## 1. Einleitung

Es wurde mir die Aufgabe gestellt, einige Gedanken zur Planung und Organisation des Feldeinsatzes elektro-optischer Tachymeter vorzutragen. Planung und Organisation bedingen sich gegenseitig; ist der 1. Schritt der Planung getan, lassen sich im 2. Schritt organisatorische Änderungen des Feldeinsatzes in der Regel nur durch Mehraufwand in dieser oder jener Form durchsetzen. Beide Begriffe sind in Gefahr, einer schematischen Bürokratisierung unterzogen zu werden - angesichts der modischen Neigung, Planung und Organisation einer Vielzahl von Vorschriften gleichzusetzen und in anscheinend problemfreien, sauber kanalisierten Bahnen zu zementieren, wird man vor einer solchen Handhabung hier sicher warnen müssen. Der Alltag würde sich stärker erweisen, weil auch in der Vermessungspraxis das Leben eigenen, gelegentlich so massiven unvorhersehbaren Einwirkungen unterliegt, daß alle "graue Theorie" beiseite geschoben werden muß - oder der Mißerfolg ist nahe.

Andererseits wird auch kein Zweifel darüber bestehen, daß mit fortschreitender Technik die gegenseitigen Einflüsse immer mehr den Begriff des "teamworks" aktualisieren, gleichgültig, ob in der Form nacheinander folgender Abhängigkeiten in mehreren Ebenen oder in der Form gleichzeitigen synchronen Ablaufs auf einer Ebene. Im gleichen Umfang ist es selbstverständlich notwendig, individuelle spontane Handlungen zu begrenzen und stattdessen dann einen Rahmen abzustecken nach dem abgewandelten tagespolitischen Motto: "Soviel Planung wie nötig, soviel Ermessensspielraum wie möglich".

## 2. Die Planung des Feldeinsatzes

Wenn wir uns den Einzelheiten zuwenden, wie man den Einsatz elektro-optischer Tachymeter in dem eben entwickelten wohlverstandenen Sinne zu planen hat, wird man sich wohl immer zuerst die Frage zu stellen haben, welche Aufgabenstellung bei einem Vermessungsprojekt im Raume steht, welche Motive den Einsatz beherrschen, welche Ergebnisse gewünscht werden, ob Wirtschaftlichkeit vorrangig ist oder ein anderes Ziel. Ich möchte versuchen, die möglichen Aufgabenstellungen zu umreißen: Es sind einmal die jeweils unterschiedlichen instrumententypischen Eigenschaften der elektro-optischen Tachymeter auszunutzen und zweitens die Eigenschaften der Geräte der Art des Vermessungsprojektes unterzuordnen. Vermessungsmethode, Planung und Feldeinsatz richten sich danach aus.

Nach den instrumententypischen Eigenschaften können als Ziele unterschieden werden, ohne daß damit ein Anspruch auf Vollständigkeit erhoben wird:
a) Ausnutzung höchster Genauigkeit
b) Ausnutzung der Reichweite
c) Auslastung der Funktionskapazität
d) Höchste Sicherheit der Vermessungsergebnisse.

Nach der Art des Vermessungsprojektes kann das Arbeitsziel - gleichfalls ohne Anspruch auf Vollständigkeit - auf
a) ingenieurtechnischem
b) topographischem
c) katastertechnischem
oder auch auf kombiniertem Anwendungsgebiet liegen.

Allen Arbeitszielen werden eine Reihe von Planungsaspekten gemeinsam sein:

2.1 Beginnen wir mit der Auswahl des Gerätefabrikates, das dem jeweiligen Arbeitsziel am besten entspricht. Es ist offenkundig, daß die Geräteentwicklung in den letzten Jahren eine überraschende Angebotsbreite gebracht hat, die durchaus nicht gleichwertig zu beurteilen ist. Der Einfachheit wegen möchte ich auf die Übersicht von Hallermann und Zetsche verweisen. Vom Standpunkt des Benutzers würde technisch gesehen viel Anreiz gegeben sein, eine Mehrzahl dieser Geräte griffbereit zu haben, um sie zu speziellen Aufgaben differenziert einzusetzen.

Wegen der Höhe der finanziellen Belastung ist aber wohl in der Regel nicht ernsthaft daran zu denken, sondern eine Auswahl von bestenfalls wenigen Geräten zu treffen, die dem jeweiligen Vermessungsbetrieb und seinen speziellen Durchschnittsaufgaben am besten gerecht wird. Ist die Entscheidung über die Geräteauswahl getroffen, so bleibt noch immer die Frage nach dem zweckmäßigen und notwendigen Zubehör zu lösen. Der Praktiker darf an dieser Stelle den Wunsch an die Gerätehersteller vortragen, gerade bei dem Zubehör die Wünsche der Praxis zu berücksichtigen. Die Wünsche richten sich einmal unmittelbar an den Konstrukteur, praxisgerechtes Zubehör zu entwickeln; wahrscheinlich haben sie sich aber auch an die Adresse der Geschäftsleitungen zu richten, kompatibles, genormtes Zubehör zu produzieren, das es erlaubt, verschiedene Fabrikate miteinander zu kombinieren.

Wenn wir die vorhin skizzierte Auffächerung nach Arbeitsgebieten oder Arbeitszielen konkret anwenden, so wird das bedeuten:
2.1.1 Die heute noch zahlenmäßig beschränkte Gruppe der selbstregistrierenden elektro-optischen Tachymeter wird dann auszuwählen sein, wenn es sich um Aufgaben handelt, bei denen die Funktionskapazität auf wirtschaftlichste Weise ausgenutzt werden soll. In der Regel werden diese Tachymeter einzusetzen sein, wenn größere Mengen an Registrierungen regelmäßig anfallen; in diesem Fall wird es gleichzeitig darum gehen, die Menge der Messungsdaten auf die einfachste und sicherste Weise dem Datenverarbeitungsprozeß zuzuführen oder ggf. zu entnehmen. Ob selbstregistrierende elektro-optische Tachymeter vorzugsweise ingenieurtechnischen, topographischen oder katastertechnischen Aufgaben zuzuordnen sind, ist damit noch nicht entschieden. Meines Erachtens kann dieser Gerätetyp nach seiner Konzeption für topographische Zwecke vor allem in offenen, weiträumig überschaubaren und gleichzeitig stark gegliederten Gebieten hervorragend geeignet sein, wenn die noch vorhandenen Probleme der Genauigkeit der Höhenmessung gemeistert sind. Für einige ingenieur- und katastertechnische Aufgaben wird dieser Gerätetyp mit automatisch auf die Horizontale reduzierter Distanzanzeige ausgerüstet sein müssen.

2.1.2 Aus der bei weitem größeren Gruppe der elektro-optischen Tachymeter mit oder ohne automatische Anzeige, aber ohne Selbstregistrierung wird nach sehr viel differenzierteren Gesichtspunkten der geeignete Gerätetyp auszusuchen sein, je nachdem, ob es um Aufgaben höchster erreichbarer Genauigkeit, um höchste Reichweite oder größte Sicherheit geht.

Umgekehrt wird man annehmen dürfen, daß diese Geräte für topographische Aufnahmen weniger geeignet sind, für ingenieurtechnische und katastertechnische Aufgaben besonders dann, wenn die Funktionskapazität eine geringere Rolle spielt.

2.2 Eine maßgebende Teilaufgabe steht der Planung bei der Definition des häuslichen Auswertprogramms zu. Da über die Programmierungsaufgaben noch ein besonderer Vortrag folgt, soll dieses Kapitel nur beschränkt angesprochen werden.

Wichtig erscheint in diesem Zusammenhang folgendes:

2.2.1 Gleichgültig, ob eine Vermessung diesem oder jenem Zweck dient, ist der örtliche Vermessungsaufwand mit der häuslichen Bearbeitung aus wirtschaftlichen und technischen Gründen als eine Einheit zu begreifen.

Meßgerätetyp, Vermessungsmethode, Vermessungsprotokoll und Berechnung sind so aufeinander abzustimmen, daß der Gesamtaufwand optimal wird. Daraus resultiert im allgemeinen, daß der Planer des Feldeinsatzes im Konzert der oftmals widersprüchlichen Interessen besonders die Belange des Außendienstes wahrzunehmen hat. Gleichzeitig mit der Definition des Auswerteprogrammes sind die Minimalforderungen an die Außendiensttätigkeit festzulegen, die unabdingbar einzuhalten sind; andererseits ist der Rahmen der Maximalwünsche abzustecken, in dem dem Außendienst freier Raum gelassen werden kann. Welche Probleme damit verbunden sind, kann wohl z.B. damit beschrieben werden, daß der häusliche Bearbeiter am liebsten völlige Fehlerfreiheit voraussetzt, der Außendienstler hingegen dazu tendiert, die unvermeidbaren Fehler durch den Innendienst zweifelsfrei klären zu lassen.

2.2.2 Aus leicht verständlichen Gründen wiegt die Problematik bei selbstregistrierenden elektro-optischen Tachymetern besonders schwer. Es ist offensichtlich, daß bei diesen Geräten für den Außendienst besonders weitgehende, strikte einzuhaltende Forderungen programmiert und eingehalten werden müssen. Die Zuverlässigkeit, mit der diese Anforderungen erfüllt werden, entscheidet ggf. über den Erfolg oder Mißerfolg.

Als Beispiel hierfür möge besonders dienen, daß die Sicherheit in der Verschlüsselung von Kennziffern und Punkt-Nummern schnell an die dauernd zumutbare Belastungsgrenze für den Beobachter stößt.

Es kann nicht genügend darauf hingewiesen werden, daß die Belastung des Beobachters durch den Gebrauch von nur wenigen Ziffern für die Punkt-Nummern verringert werden muß - nach Möglichkeit sollte die Numerierung im Felde überhaupt entfallen und maschinell häuslich nachgeholt werden.

2.2.3 Bei der Definition des Auswerteprogrammes sollte so weitgehend wie möglich versucht werden, sämtliche möglichen Aufgabenstellungen - ob sie Topographie, Kataster oder Ingenieurtechnik betrifft - nach Baukastenprinzipien festzulegen, so daß der Feldbeobachter möglichst reibungslos unterschiedliche Aufgaben ohne längere Eingewöhnungszeiten bewältigen kann.

2.3 Als 3. Schwerpunkt für die Planung des Feldeinsatzes elektronischer Tachymeter ist die häusliche und örtliche Vorbereitung zu nennen.

Mehr denn je zwingt der Kostendruck eines vollausgerüsteten Vermessungstrupps dazu, diesem Unterlagen an die Hand zu geben, aus denen praktisch alle Unklarheiten ausgemerzt sind, so daß unnötige Zwangspausen bei der Vermessungsarbeit auf die völlig unvorhersehbaren Vorfälle beschränkt werden.

Trotz aller scheinbaren Selbstverständlichkeit kann nicht genügend auf den Wert hingewiesen werden, der darin liegt, Katasterunterlagen rechtzeitig, mit dem neuesten Stand der Festpunkte, zu beschaffen, auf einen geeigneten Maßstab zu bringen, die Vermessungsaufgabe scharf zu definieren, Aufmessungsobjekte vollständig zu katalogisieren und unwichtige Teile der Kartenunterlagen herauszufiltern, so daß dem örtlichen Erkunder im 1. Schritt die Aufgabenstellung vollständig klar wird und die Erkundung lückenlos der Aufgabenstellung entspricht.

Über die Zweckmäßigkeit, die örtliche Erkundung von der gleichen Kraft ausführen zu lassen, die den später folgenden Meßtrupp leitet, kann man vielleicht im Zweifel sein. Unbestreitbar wird aber sein, daß der Erkunder die gleiche Qualifikation haben sollte, mit den gleichen Grundsätzen denken und sehen sollte, so daß der Vermessungsvorgang bei der Erkundung vorweg bereits geistig einmal vollzogen wird. Im Ergebnis ist die Vermessung dann entweder genügend im Kopfe des Meßtruppmanagers vorgeprägt oder aus den Unterlagen ersichtlich. Jedenfalls kann die intensive Kenntnis des Geländes für die Organisation des Feldeinsatzes nicht hoch genug eingeschätzt werden.

Es verlockt dazu, an dieser Stelle einmal mehr darauf hinzuweisen, daß die einwandfreie Kennzeichnung, die Signalisierung oder kartenmäßige Darstellung eines Vermessungsobjektes zur Erkundung gehört; es kann nicht eine Angelegenheit der Vermessungsmethode sein, durch Kontrollvorgänge wie das doppelte Aufsuchen eines Vermessungspunktes scheinbar mehr Sicherheit zu bringen. Wird ein Vermessungspunkt beim 1. Mal falsch aufgesucht, dann wird es so auch beim 2. Male mit größter Wahrscheinlichkeit geschehen. Die besten Erfolge waren schon in der Vergangenheit bei konventionellen Meßgeräten durch massiven Aufwand von Farbe, Pflöcken, Reisern oder ähnlichen, in der Örtlichkeit kontrastierenden Mitteln vorhanden.

Nimmt man hinzu, daß elektro-optische Tachymeter im Gegensatz zu optischen Tachymetern nur eine schmale optische Direktsicht, keine keilförmige Sichtschneise mit Basis am Ziel, mehr brauchen, so zeigt sich damit, daß dem Signalisierungsvorgang heute noch mehr Bedeutung zuzumessen ist. Die Erkundung der Vermessungsobjekte hat nach Möglichkeit jeden Zweifel für den Vermessungstrupp vorweg auszuräumen.

Als Ergebnis einer sorgfältigen Erkundung ist weiter die Lage der Standpunkte festzulegen.

Mit der Einführung elektro-optischer Tachymeter haben sich die Vorstellungen darüber sicherlich zu Recht bereits gewandelt; eine endgültige

Sicherheit über die Grundsätze der Standpunkterkundung ist aber wohl noch nicht vorhanden, vermutlich, weil die Möglichkeiten noch nicht genügend systematisch erforscht worden sind und die Erfahrungen von recht unterschiedlichen äußeren Faktoren beeinflußt sind.

Einerseits deuten die Qualitäten der elektro-optischen Tachymeter darauf hin, das Standpunktnetz möglichst weitmaschig anzulegen: Auf diese Weise kann die für unsere Verhältnisse praktisch unbegrenzte Reichweite ausgenutzt werden, das gegebene Festpunktnetz kann recht gut ohne Mehraufwand überprüft werden, die Nachbarschaftsgenauigkeit spielt nur bei schlechtem Festpunktnetz eine Rolle. Weiter können die Standpunkte vorzugsweise an Stellen plaziert werden, die von Fahrzeugen erreicht werden, so daß die Wege- und Rüstzeiten verringert werden, in denen zwangsläufig nicht "produziert" wird.

Andererseits ist bereits von verschiedener Seite darauf hingewiesen worden, daß allgemeine Euphorie etwa nach dem Motto: "alles von einem Standpunkt" nicht angebracht ist.

Je weitmaschiger das Standpunktnetz erkundet wird, umso mehr bewirkt im mitteleuropäischen Raume normalerweise die Geländeform und der Aufwuchs, daß der Erkundungsaufwand "raffinierter" wird. Konsequenterweise steigt z.B. der Gebrauch von Messungsbesonderheiten, wie z.B. exzentrischer Zielungen, stark an. Synchron damit steigt der Zeitaufwand für die Erkundung, wird die Vermessungsarbeit schwieriger, weil unübersichtlicher. Auch der Einsatz von Funksprechgeräten kann nur als Erleichterung empfunden werden, nicht als Allheilmittel. Wägt man Vor- und Nachteile gerecht ab, so stellt sich heraus, daß im Extremfalle die Standpunktdichte keineswegs geringer wird, z.B. in Ortslagen und Waldgebieten. Im günstigen Falle sollte offenes, gut einsehbares Gelände aber auch rigoros ausgenutzt werden für eine gezielte Ausdehnung des Aufmessungsbereiches. Die kartenmäßige Darstellung solcher Erkundungsarbeit ist ohne Schablone und kann für einen herkömmlich denkenden Kritiker schockierend sein. Es darf aber nicht an äußerlichen Schönheiten gemessen werden, sondern an Kriterien der Genauigkeit, Zuverlässigkeit und ähnlichen Sachargumenten, die sich aus der jeweiligen Aufgabenstellung ergeben.

Alles in allem hoffe ich ausreichend dargestellt zu haben, daß die Erkundung eines Vermessungsobjektes echte konstruktive, kreative Ingenieurarbeit verlangt, zu der einerseits Rahmenrichtlinien, andererseits aber auch Ermessensfreiheit und Bewegungsspielraum gehören.

2.4 Schwerpunkt der Feldeinsatzplanung ist es, quantitativ und qualitativ genügendes Personal bereitzustellen. Da sich gelegentlich Qualität durch Quantität ersetzen läßt, ist eines mit dem anderen teilweise verwoben.

Wer sich täglich mit den Problemen herumschlägt, Menschen so zur Arbeit anzuleiten, daß "produziert" wird, gleichzeitig aber die "Qualität des Lebens"beachtet wird, der weiß, wie kurzfristig "Pläne" gültig sind. Trotzdem - einige Grundsätze sind herauszuarbeiten:

2.4.1 Der Meßtruppführer. Bei den Grundsätzen der Erkundung wurde bereits dargestellt, daß der Meßtruppführer mit dem Erkunder entweder identisch oder qualitativ gleichwertig sein muß. Der Meßtruppführer hat die Verantwortung für den sinnvollen Einsatz von hohen Investititons- und Personalkosten. Bei kleinen Vermessungsobjekten, so lange keine selbstregistrierenden Tachymeter eingesetzt werden, hat der Meßtruppführer eventuell gleichzeitig die Funktion des Beobachters und auch des Aufschreibers.

2.4.2 Der Beobachter wird notwendig, sobald es um größere Vermessungsprojekte geht, Geräte mit umfangreichem Bedienungsaufwand eingesetzt werden, speziell aber auch dort, wo selbstregistrierende Tachymeter benutzt werden. Der Beobachter hat eindeutig untergeordnete, nichtsdestoweniger aber qualitativ hochwertige Arbeit zu verrichten, die von der richtigen Aufstellung des Gerätes (der Horizontierung) über die Funktionskontrolle (nach einer Checkliste) bis zur Plausibilitätskontrolle der Ergebnisse (visuell - optisch über die Selbstanzeige, akustisch über das "Ticken" des Lochers z.B.) erstreckt.

Im Prinzip solle versucht werden, hochqualifizierten, langfristig als vertrauenswürdig erkannten und technisch begabten Meßgehilfenkräften diese Tätigkeit zu übertragen.

2.4.3 Der Aufschreiber wird bei elektro-optischen Geräten grundsätzlich nur noch selten als eigene Arbeitskraft notwendig sein, sonst in seiner Funktion vom Meßtruppführer oder Beobachter ersetzt.

2.4.4 Den Vermessungsgehilfen fällt in aller Regel mit dem Einsatz elektro-optischer Tachymeter weit mehr als früher verantwortliche Tätigkeit hinsichtlich Zuverlässigkeit, richtiger Handhabung der Geräte, zielgerechtes Verhalten im Gelände und Ausdauer zu. Dementsprechend sind die qualitativen Anforderungen gestiegen, allerdings ohne daß der Arbeitsmarkt bessere Möglichkeiten heute bieten würde.

Die Zahl der einzuplanenden Vermessungsgehilfen kann nicht allgemeingültig angegeben werden. Im Schnitt werden 3 - 5 Vermessungsgehilfen benötigt. Mit der Mindestzahl kommt eine Meßgruppe aus, wenn größere Punktmengen mit geringem Abstand von einem Standpunkt aus aufzumessen sind; die Meßgehilfen haben dann überwiegend die Funktion, die Vermessungspunkte mit Reflektoren zu besetzen.

Mit zunehmender Reichweite, geringerer Standpunktdichte, unübersichtlicher Geländestruktur nehmen die Wegelängen zu, die Rüstzeiten einschließlich der Transportzeiten verlängern sich und in der Regel steigt damit der Bedarf an Vermessungsgehilfen. Ich darf hierzu auf die bestechenden theoretischen und praktischen Überlegungen von Dr. Knoop in seiner Dissertation hinweisen.

Übergeordnetes Motiv der Personalplanung sollte es sein, möglichst langfristig ein festes "Team" zur Zusammenarbeit zu bewegen, in dem alle menschlichen Probleme durch die besondere Führungskunst des Meßtruppführers zurückgedrängt werden, so daß die Kapazität der Gruppe völlig natürlich auch einmal mit Mehr- oder Minderbelastungen bei wechselnden Konditionen fertig wird.

2.5 Weitere Planungsmerkmale erscheinen weniger wichtig und sollen deshalb in Stichworten genannt werden:

2.5.1 Die Wartungs- und Instandsetzungsbedürfnisse fortgeschrittener Meßgeräte sind gestiegen. Man wird gut tun, auch ohne unmittelbares Bedürfnis die Geräte Generaldurchsichten in relativ kurzen Abständen zu unterwerfen.

2.5.2 Es ist unbedingt notwendig, den täglichen Datenanfall umgehend auf plausible Weise vorzuprüfen, um Gerätefehler rechtzeitig zu erkennen oder systematische Messungsfehler abzustellen.

2.5.3 Auch wenn der Materialeinkauf keine eigentlichen Probleme bietet, wird darauf zu achten sein, daß Datenträger, Lochstreifen z.B. Verschlußteile des Gerätes und des Zubehörs rechtzeitig bestellt und auf Lager gehalten werden.

2.5.4 Die Archivierung der Meßergebnisse sollte so übersichtlich angelegt sein, daß spätere unerwartete Bedürfnisse, z.B. die Gerätefehlerbeurteilung, möglich sind.

## 3. Die Organisation des Feldeinsatzes

Die Organisation des Feldeinsatzes möchte ich am Beispiel eines Vermessungsprojektes erläutern, bei dem selbstregistrierende elektro-optische Tachymeter eingesetzt werden.

Die damit verbundene Willkür soll andere Geräte in ihrer Wertigkeit nicht herabsetzen; bezwecken möchte ich damit, strukturelle Probleme aufzeigen zu können, die ich für zukünftig typisch halte.

Eine weitere Spezialisierung soll darin liegen, daß das Vermessungsprojekt nach wirtschaftlichen Gesichtspunkten zu messen ist, was wohl zu Recht überwiegend zutrifft.

Den normalen Ablauf einer Vermessung brauche ich hier nicht zu erläutern; ich möchte stattdessen die Besonderheiten in den Vordergrund stellen.

Unter solchen Umständen kann die Organisation des Feldeinsatzes unmittelbar mit den folgenden Hauptkriterien gemessen werden.

3.1 Die Tagesmenge der Registrierungen

3.1.1 Wenn man unterstellt, daß das Vermessungsprogramm schematische Registrierungen vorsieht - wie tägliche Prüfung der Gerätefunktionen im Vorspann, allgemeine Projektangaben, Standpunkt-Nrn. und ähnliche Registrierungen, dann wird damit eine erste Organisationsaufgabe sichtbar, bei denen der Meßtruppführer eine Aufsichtsfunktion, der Beobachter eine Ausführungsfunktion hat.

Richtschnur für solche Tätigkeiten sollte eine klare und gleichbleibende Checkliste sein, von der man annehmen kann, daß sie im Laufe der Zeit aus dem Gedächtnis heraus beherrscht wird. Eingeschlossen in die Aufgabenstellung ist aber - hier wird eine Dauerbelastung für den Beobachter sichtbar - die konstante Beobachtung der Gerätefunktionen. Zum Glück stellt sich heraus, daß einige ständig zu kontrollierende Funktionen wie die Batteriespannung und das Wechseln der Batterie, das Auswechseln der Datenträger - beim Reg-Elta 14 die Lochstreifen -, das Beobachten der Additionskonstanten u.ä. fabrikatsabhängige Daten keine übermäßige Belastung mit sich bringt. Größere Nervenbelastung bringt es mit sich, wenn der Beobachter gelegentliche Gerätefehler, die allmählich durch Dejustierungen entstehen, oder plötzlich auftretende Fehler erkennen soll. Nach unseren Erfahrungen ist es z.B. am Reg-Elta 14 notwendig, gelegentlich - vielleicht täglich 1 mal - innerhalb eines maximalen Feintriebsausschlags die fortlaufend richtige Folge der Ziffern am Anzeigewerk zu kontrollieren, und zwar für beide Teilkreise. Weiter ist nach Standpunktwechseln auf Funktionsbereitschaft des Kompensators zu achten. Wünschenswert für den Beobachter wäre ein optisches oder akustisches Signal als Rückmeldung für den vollständig gespeicherten Datensatz. Wer weiß, wie deprimierend es ist, eine ganze Tagesarbeit - vielleicht sogar mehrere - wiederholen zu müssen, weil der Fehler nicht sofort erkannt wurde der kann die Nervenspannung der Beteiligten verstehen.

3.1.2 Die eigentliche Leistung des Meßtrupps wird im übrigen sichtbar durch die Zahl der Registrierungen für die Festlegung der Standpunkte und der polaren Vermessungspunkte.

Wenden wir uns der Festlegung der Standpunkte zunächst zu. Die Messung mit Zwangszentrierung wird aus den verschiedensten Gründen als selbstverständlich vorausgesetzt. Dann wird erkennbar, daß der Meßtruppführer auch bei ausgezeichneter Erkundung und Vorbereitung mit viel Umsicht im steten Wechsel mit anderen Aufgaben für die termingerechte Aufstellung der Standpunktstative in Meßrichtung und die Signalisierung der Anschlußrichtungen zu sorgen hat, die Kontrolle der vollständigen Messungsabläufe und der richtigen Numerierung übernimmt und für den Abruf wartender Meßgehilfen zuständig ist. Die tatsächliche Leistung des Meßtruppführers hängt natürlich davon ab, ob ein eingespieltes Team bereits automatisch selbständig arbeitet oder ob je nach Vermessungsobjekt ein Meßgehilfe für die Standpunktvorbereitung ausreicht oder mehrere notwendig sind. Der Einsatz von Kraftwagen oder Sprechfunkgerät als technisches Hilfsmittel für größere Schnelligkeit und bessere Übersicht muß für alle Beteiligten zumindest zeitweise angestrebt werden.

Beobachten wir die Aufnahme der polaren Vermessungspunkte, dann ist es Aufgabe des Meßtruppführers, die Vermessungsgehilfen auf die Vermessungspunkte einzuweisen, ihnen dabei die Reihenfolge anzugeben, unter Umständen die Anmarschwege (bei Wasserläufen) so zu erläutern, daß die Wegezeiten minimal bleiben; daneben sind die Messungsbesonderheiten so vorzubereiten, daß exzentrische Zielungen seitlich oder in Meßrichtung abgesetzt werden, Ergänzungsmaße gemessen, dem Beobachter für die Eingabe ins Ziffernwerk richtig wiedergegeben werden. Alle Anordnungen sind - wie zufällig - möglichst so zu treffen, daß der Beobachter in gleichmäßigem Rythmus das Ziffernwerk bedienen, das Ziel einstellen und registrieren kann. Unzweckmäßig erscheint die Vorwegvergabe der polaren Punkt-Nrn, besser die unmittelbare Vergabe bei der Messung, da dann die Ziffern regelmäßig nur geringe Veränderungen haben. Je mehr Polarpunkte je Standpunkt zu messen sind, je mehr die Punkte in unmittelbarer Nähe des Gerätestandpunktes liegen, umso mehr kann die Gerätekapazität laufend ausgelastet werden.

Schließlich hat der Meßtruppführer die Aufgabe, in Abhängigkeit von Entfernung und Sichtverhältnissen rechtzeitig für ausreichende Bestückung der Reflektoren mit Prismen zu sorgen, so daß Wartezeiten wegen unzureichender Signalstärke entfallen.

Unschwer läßt sich erkennen, daß nicht nur die Zahl der Registrierungen das Maß der Leistung eines Meßtrupps wiedergibt. Selbstverständlich ist die Qualität der Registrierungen ein wesentliches 2. Kriterium.

Unter der Qualität soll dabei nicht so sehr die zahlenmäßige richtige Registrierung verstanden werden, sondern vor allem die Länge der registrierten Entfernung. Die grundsätzlichen Erwägungen über Wegelängen, Wartezeiten und Personaleinsatz, die Dr. Knoop in seiner Dissertation anstellt, sind gegebenenfalls zu ergänzen durch Überlegungen, welchem Kostenteil bei der Organisation eines Meßtrupps das größte Gewicht gegeben werden muß.

In meinem Referat zum Geodätentag 1972 habe ich - unter vorgegebenen bestimmten Umständen - den Kostenanteil des Personals mit 56 %, die Kostenanteile Kapitalkosten und "Einmalkosten" mit zusammen 34 % und die Datenverarbeitung mit 10% angegeben.

Ungeachtet aller Bewertungsunsicherheiten ergibt sich daraus, daß der Meßtruppführer keinesfalls die fortlaufende, lückenlose Beschäftigung der Gerätekapazität vorrangig im Auge haben darf. Es dürfte vielmehr taktisches Ziel sein, mehr intuitiv als wissenschaftlich kalkuliert, die Personalkosten effektiv zu nutzen.

Da der Aufwand für Wegezeiten von einer bestimmten mittleren Punktdichte ab gegenüber der Zeit für Meßtätigkeit, besonders der Meßgehilfen, überwiegt, muß der Meßtruppführer seine Aufmerksamkeit in hohen Maß dafür verwenden, ob die Vermessungsgehilfen die zeitlich kürzesten Wege gehen und die Wartezeiten auf das Unvermeidbare gesenkt werden. Aus solchen Überlegungen muß weiter geschlossen werden, daß die theoretisch mögliche Zahl an einsetzbaren Kräften nicht das Maß für die Personalplanung vorgeben darf.

3.2 Haben wir bis hierher versucht, die Kriterien für die Organisation des Feldeinsatzes sozusagen im "keimfreien" Raum zu untersuchen, so soll nun noch allen Umständen der nötige Respekt erwiesen werden, die nach allen Erfahrungen unsere Außendiensttätigkeit leider erheblich beeinträchtigen:

3.2.1 Als Folge jahreszeitlicher und vorübergehender Witterungseinflüsse muß der Organisator des Feldeinsatzes praktisch jederzeit den Gebrauch des Meßgerätes einstellen und auf eine Tätigkeit umschwenken können, die bei bestimmten Witterungseinflüssen trotzdem noch erfüllt werden kann; Gleiches gilt dann, wenn Gerätefehler auftreten. Hierzu ist anscheinend recht zweckmäßig, Erkundung und Messung eines Vermessungsobjekts im Wechsel vorzunehmen und damit einen Ausweichpuffer bei solchen plötzlichen Ereignissen zu besitzen.

3.2.2 Als Folge der Jahreszeiten ist die Vegetation immer noch für elektro-optische Meßgeräte von so einschneidender Bedeutung, daß Erkundung und Vermessung in der Regel während der Vegetationszeit schwieriger und personalintensiver werden.

3.2.3 Wird im oder in der Nähe von Verkehr gemessen, werden die organisatorischen Anforderungen an das Geschick des Meßtruppführers besonders groß. Entweder muß er sich mit der Tatsache abplagen, daß ruhender Verkehr die Vermessungsobjekte verdeckt, oder er hat über ständige oder gelegentliche Warnposten für die Sicherheit des Verkehrs und seiner Untergebenen zu sorgen. Welche Organisationssorgen zu bewältigen sind, kann man am besten daran ablesen, wieviele Verkehrsschilder und Fluchtstangen im Laufe eines Jahres aus diesem Grunde "abgängig" sind.

Ohne mit der Aufzählung dieser symptomatischen Leistungen, die leider hinterher weitgehend unsichtbar sind, vollständig zu werden, ist wohl erkennbar, daß die Organisation des Feldeinsatzes nur teilweise eine meßtechnisch bedingte schöpferische Ingenieurleistung darstellt. Vielmehr wird der Meßtruppführer als Organisator, mit wachsender Bedeutung als Manager angesprochen - als Manager eines zwar kleinen, aber mit respektablen Kosten arbeitenden Arbeitssystems.

Die Organisationskunst besteht darin, zur Hälfte der Kosten Menschen mit allen Stärken und Schwächen zur Zusammenarbeit zu bewegen, zu einem weiteren Teil fortgeschrittene Technik, gleichfalls mit allen Tücken des Objektes, zu kennen und zu meistern, zum letzten wirtschaftlich verwertbare Meßergebnisse nach Hause zu bringen.

Die Verantwortung des Meßtruppführers verlagert sich damit im Verhältnis zur konventionellen bisherigen Meßtechnik von der eigentlichen Meßkunst zur administrativen Verantwortung.

Ich hoffe, in meinen Darlegungen genügend gezeigt zu haben, daß die Verantwortung trotz des Einsatzes fortgeschrittener Technik damit größer, nicht kleiner geworden ist.

Literatur:

Hallermann u. Zetsche ZfV 11/1968 S. 439 "Elektronische Nahbereichs-Entfernungsmesser"

EINSATZ DES REG-ELTA 14 BEI STRASSENBAUVERMESSUNGEN

Von Karl-H. Schulze

## 1. Einführung

Nach einer Prognose über die zukünftige Verkehrsentwicklung ist für die Bundesrepublik Deutschland im Jahre 1985 mit einem PKW-Bestand von ca. 20 Millionen zu rechnen. Das bedeutet eine Zunahme von rd. 40 % gegenüber dem PKW-Bestand vom Jahre 1970. Die zur Deckung des steigenden Straßenbedarfs erforderlichen Baumaßnahmen führen auch im Vermessungswesen zu einem Arbeitsvolumen, das nur durch Rationalisierungsmaßnahmen, Personalvermehrung oder erhöhte Auftragsvergabe bewältigt werden kann. Darüber hinaus ergibt sich oftmals infolge von Umplanungen die Notwendigkeit, Vermessungsarbeiten kurzfristig erledigen zu müssen, obwohl im Straßenbau von der Planungsidee bis zur Verkehrsübergabe im allgemeinen lange Fristen gegeben sind. Einen Beitrag, um diesen gesteigerten Leistungsanforderungen unter Einsatz der EDV gerecht zu werden, liefert bei der Straßenbauverwaltung des Landschaftsverbandes Westfalen-Lippe seit August 1971 das RegElta 14.

Über Organisation, Einsatzgebiete und Aufnahmetechnik, Auswertung der Meßdaten, Leistungsfähigkeit und Funktionssicherheit soll im folgenden berichtet werden. Einschränkend sei jedoch angemerkt, daß dieser Bericht auf Erfahrungen basiert, die von einer allein auf praktische Messungen ausgerichteten Dienststelle gesammelt wurden. Mit wissenschaftlichen Untersuchungsreihen oder -ergebnissen kann daher nicht aufgewartet werden.

## 2. Organisation

Die organisatorische Abwicklung eines RegElta 14-Einsatzes hängt unter anderem ab von Aufgabenbereich und Gliederung der Vermessungsstelle, bei der das Gerät eingesetzt wird. Die Straßenbauverwaltung des Landschaftsverbandes Westfalen-Lippe ist zuständig für den Neu- und Ausbau sowie die Unterhaltung der klassifizierten Straßen innerhalb des Landesteils Westfalen-Lippe. Sie ist organisatorisch in eine Hauptverwaltung und 19 Bauämter gegliedert. Bei jedem Bauamt befindet sich neben anderen Arbeitsgruppen eine Vermessungsgruppe, der die Durchführung der innerhalb des Bauamtsbereichs anfallenden Vermessungsarbeiten obliegt.

Der Einsatz des RegElta 14 bei den Bauämtern erfolgt zentral durch die Hauptverwaltung. Zur Terminabstimmung mit anderen Einsatzanforderungen macht das jeweilig zuständige Bauamt der Hauptverwaltung so früh wie möglich folgende Angaben:

1. Gewünschter Einsatztermin,
2. Ort und Art der Vermessung,
3. voraussichtliche Dauer der Vermessung.

Die Vorbereitung der RegElta-Messungen ist Aufgabe des Bauamtes. Zur Einweisung wurden zwei Vermessungsingenieure eines jeden Bauamtes in einer zweitägigen Schulung speziell mit der Arbeitsweise und Leistungsfähigkeit des RegElta 14 und den Möglichkeiten des Auswerteprogramms vertraut gemacht.

Nach Abschluß der Messungsvorbereitungen übersendet das Bauamt spätestens eine Woche vor dem gewünschten und von der Hauptverwaltung zugesagten Einsatztermin einen Aufmessungsplan in mehrfacher Ausfertigung, aus dem Instrumentenstandpunkte, Anschlußpunkte, gegebenenfalls alle Zielpunkte, Anfahrtswege usw. ersichtlich sind.

Zur Durchführung der Vermessung vereinigt sich ein Meßtrupp des Bauamtes, der die Arbeiten vorbereitet hat, mit dem RegElta-Trupp der Hauptverwaltung, bestehend aus einem Gerätebediener (Vermessungstechniker) und einen Kraftfahrer mit Meß-KW, so daß sich insgesamt folgende Personalbesetzung ergibt:

1 Meßtruppführer (Vermessungsingenieur),
1 Gerätebediener (Vermessungstechniker),
2 oder 3 Meßgehilfen (mit 1 Meß-KW),
1 Kraftfahrer (mit 1 Meß-KW).

Dem Vermessungsingenieur ist als Meßtruppführer die Organisation und Leitung der örtlichen Vermessung übertragen. Der Gerätebediener ist verantwortlich für die richtige und vollständige Erfassung der Meßdaten und die Erhaltung der Funktionstüchtigkeit des RegElta 14. Dem Kraftfahrer obliegt die Besetzung der Instrumentenstandpunkte mit Stativen und der Gerätetransport anhand eines Aufmessungsplanes. Die Meßgehilfen tragen zur besseren Identifizierbarkeit auf weite Entfernung verschiedenfarbige Westen und melden sich im Funksprechverkehr entsprechend. Eingesetzt werden Geräte japanischer Herkunft mit aufladbaren Batterien zu einem Stückpreis von ca. 450,-- DM. Die damit gesammelten Erfahrungen sind so positiv, daß von der zunächst vorgesehenen Beschaffung leistungsfähigerer Geräte abgesehen werden konnte.

Um den Gerätebediener von jeglichen für den Funksprechverkehr zu tätigenden Handgriffen freizustellen, wurde eine kleine Sende- und Empfangsanlage (Preis ca. 1.500,-- DM) mit folgenden Eigenschaften beschafft:

1. Die Anlage schaltet automatisch auf Sendebetrieb, wenn akustische Signale bestimmter Intensität, z.B. Sprachäußerungen, auf das Mikrofon treffen.
2. Die Anlage schaltet automatisch nach 2-3 Sekunden auf Empfang zurück, wenn weitere Signale ausbleiben.
3. Der Sendebetrieb der anderen Funksprechgeräte wird unterdrückt, sobald die Hauptanlage auf Sendebetrieb schaltet.

Die Sende- und Empfangsanlage hat sich hauptsächlich dann gut bewährt, wenn größere Punktmengen in zeitlich kurzer Folge für z.B. topographische Aufnahmen aufzumessen waren. Der für die Besetzung der Instrumentenstandpunkte und den Gerätetransport zuständige Kraftfahrer ist über ein im Meß-KW fest installiertes Funkgerät in den Funksprechverkehr mit einbezogen.

In Anbetracht der relativ großen Entfernungen zwischen der Hauptverwaltung in Münster und den verschiedenen Einsatzorten, die häufig sogar innerhalb eines Tages wechseln, wird als Transportfahrzeug für das RegElta 14 mit Zubehör ein wendiger PKW-Combi mit verstärkter Federung benutzt. Eine für diesen speziellen Zweck angefertigte Innenausstattung sorgt für sichere Arretierung, schonenden Transport und leicht erreichbare Unterbringung der Zubehörteile.

Durch die eingehende Beschreibung der gewählten Organisation sollte aufgezeigt werden, daß im Rahmen einer straffen Organisation jedem an einer RegElta-Messung Beteiligten ein fester Aufgabenbereich zuzuweisen ist. Nur dadurch wird die für eine hohe Meßleistung notwendige Routine erreicht.

## 3. Einsatzgebiet und Aufnahmetechnik

Das RegElta 14 wurde bisher zu ca.
80 % für Entwurfsvermessungen, zu
10 % für Bauvermessungen und zu
10 % für Katastervermessungen
eingesetzt.

### 3.1. Entwurfsvermessungen

### 3.1.1. Polygonierungen

Die Entwurfsvermessungen umfassen Polygonierungen für Paßpunktbestimmungen und Achsabsteckungen, Festpunktnetzmessungen für Bauwerksabsteckungen, topographische Aufnahmen zur Herstellung von Lageplänen und Profilaufnahmen für Entwurfsbearbeitungen. Von diesen Arbeiten entfällt der Hauptanteil des RegElta 14-Einsatzes auf Polygonierungen. Das liegt darin begründet, daß im Zuge einer Straßenbaumaßnahme im allgemeinen mindestens 2 Polygonzüge gemessen werden. Gemäß "Richtlinien für die Entwurfsgestaltung im Straßenbau (RE)" dient als Kartenunterlage für den Bauentwurf ein großmaßstäbiger topographischer Plan. Die zu seiner Herstellung auf photogrammetrischem Wege erforderliche Paßpunktbestimmung erfolgt im Hinblick auf die linienhafte Ausdehnung der Verkehrsbänder überwiegend terrestrisch durch Polygonierung. Da für die Auswahl des Paßpunktpolygons andere Gesichtspunkte als für das Absteckungspolygon maßgebend sind und sich im Bauentwurf gegenüber dem Vorentwurf aufgrund der Detailplanung Achsverschiebungen ergeben können, ist in der Regel eine nochmalige Polygonierung in unmittelbarer Nähe der Achse als Bezug für die Absteckung zweckmäßig.

Um die gerätespezifischen Eigenschaften eines elektro-optischen Tachymeters mit automatischer Meßwertregistrierung auszunutzen, wurde die Aufnahmetechnik der üblichen Polygonierung dahingehend abgewandelt, daß Polygon- und Polarpunktbestimmung miteinander kombiniert werden. Dabei ist die Messung so angelegt, daß zwischen Polygonpunkten jeweils Polarpunkte eingeschaltet sind. Die Polygonpunkte werden als Instrumentenstandpunkte nach folgenden Gesichtspunkten ausgewählt:

1. Die Polygonseitenlängen sollten möglichst groß sein.
2. Jeder Polarpunkt muß von mindestens einem Gerätestandpunkt anmeßbar sein.
3. Die Gerätestandpunkte sollten anfahrbar sein.
4. Vorhandene Festpunkte sollten anmeßbar sein.

Diese Auswahlkriterien führen dazu, daß die Lage der Polygonpunkte nicht unmittelbar auf den Zweck der Polygonierung abgestimmt sein muß; sie dient vielmehr als Rechengerüst für die Polarpunkte, die als Paßpunkte für die photogrammetrische Lageplanherstellung oder Bezugspunkte für die Absteckung die Funktionen der ursprünglichen Polygonpunkte übernehmen.

An Vorzügen dieser Messungsanordnung gegenüber der üblichen Polygonpunktbestimmung sind zu nennen:

1. Weniger Gerätestandpunkte, d.h. weniger Rüstzeiten,
2. mehr Messungen auf einem Gerätestandpunkt, d.h. bessere Ausnutzung der automatischen Registrierung,
3. großräumiger Einsatz, d.h. bessere Ausnutzung der elektro-optischen Entfernungsmessung,
4. Anfahrbarkeit der Gerätestandpunkte, d.h. schneller und bequemer Instrumenten- und Zubehörtransport.

Diesen Vorteilen steht ein Mehraufwand für die eingehende Erkundung und Vorbereitung der Messungen gegenüber. Ferner sind geeignete Sicherungen zu messen, auf die zumindest für die polar bestimmten Bezugspunkte zur Absteckung von Straßen- und Bauwerksachsen nicht verzichtet werden sollte. Der durch Sicherungsmessungen bedingte Mehraufwand ist bei Einsatz universeller Programme zur Auswertung beliebiger Messungsanordnungen nahezu unbedeutend, wie folgende Überlegungen zeigen: Soll ein Punkt durch eine zweite Polarbestimmung gesichert werden, so ist dies sowohl von demselben Standpunkt als auch von einem anderen Standpunkt aus möglich. Während die letztgenannte Möglichkeit völlig unabhängige Messungen und durchgreifende Kontrollen durch die unterschiedlichen Messungselemente garantiert, kann bei der Sicherungsmessung von demselben Standpunkt aus die Unabhängigkeit der Messungen dadurch erzielt werden, daß eine andere Anschlußrichtung, eine andere Zielpunktrichtung und eine andere Strecke verwandt werden. Diese Art der Sicherung gelangt bei der kombinierten Polygon-Polarpunktmessung hauptsächlich zum Einsatz, da sie Erkundungs- und Messungsvorteile besitzt. Es erfolgen nämlich beide Messungen unmittelbar hintereinander von demselben Standpunkt aus, so daß zusätzliche Wartezeiten oder Wegstrecken der Meßgehilfen und Zwangsbedingungen für die Erkundung entfallen. Natürlich bietet eine unabhängige Doppelsignalisierung, wenn sie von verschiedenen Personen zeitlich nicht unmittelbar hintereinander vorgenommen wird, eine höhere Sicherheit gegen Punktverwechselungen oder Falschbezeichnungen. Wird jedoch die Messungsvorbereitung gewissenhaft durchgeführt, scheiden derartige Fehlermöglichkeiten weitgehend aus, und es brauchen nur noch - wenn überhaupt - Kontrollen in Bezug auf etwaige Messungs- und Registrierfehler sowie Beobachtungs- und Signalisierungsungenauigkeiten beim Aufhalten der Prismenstäbe vorgesehen zu werden.

Wie lassen sich nun die gewünschten Sicherungsmessungen mit möglichst geringem Messungsaufwand verwirklichen? Die Polygonierung - das Gerüst für die Polarpunktbestimmung - ist anhand von Abschlußfehlern, maximalenVerbesserungen nach der Ausgleichung, mittleren Koordinatenfehlern oder sonstigen Kriterien zu beurteilen. Die Polarpunktbestimmung wird gegen die o.a. Fehlermöglichkeiten in der Weise gesichert, daß zu jedem Punkt Richtung und Strecke einmal zentrisch und darüber hinaus exzentrisch im Rahmen einer Zielpunktzentrierung gemessen werden. Dabei handelt es sich um eine spezielle Zielpunktexzentrizität, da das Exzentrum entweder auf der Verbindungsgeraden zwischen dem Instrumentenstandpunkt und dem Zielpunktzentrum (davor oder dahinter) oder auf dem Thales-Kreis über dem Instrumentenstandpunkt und dem Zielpunktzentrum angeordnet sein muß. Durch die speziellen Anforderungen an die Zielpunktexzentrizität ist die Messung des Zentrierungswinkels im Zielpunkt nicht erforderlich; nur die Strecke zum Exzentrum findet bei der Messung Berücksichtigung. Das geschieht in der Weise, daß für die Sicherungsmessung der Meßgehilfe entsprechend den getroffenen Verabredungen die Signalisierung vornimmt und die exzentrische Strecke nach Messung mit einem Zollstock oder Meßband dem Beobachter mitteilt, der sie an der dafür vorgesehenen Stelle im Zifferneinstellwerk vermerkt. Die Aufstellung des Reflektors auf dem Thaleskreis bereitet keine Schwierigkeiten und wird von den Meßgehilfen schon nach kurzer Zeit gut beherrscht, wenn die Exzentrizitäten bei 2-3 Dezimetern bleiben. Bei größeren Exzentrizitäten ist zur Einhaltung des rechten Winkels ein Winkelprisma zur Hilfe zu nahmen.

Diese Messungsanordnung eignet sich in Anbetracht der überwiegend großen Strecken ($> 100$ m) vor allem zur Aufdeckung von Fehlern in den drei letzten Stellen der Richtungs- und Entfernungswerte. Die Gefahr, daß Fehler der ersten drei Stellen unentdeckt bleiben, besteht m.E. nur in sehr geringem Maß, da sie als grobe Fehler bei Folgemessungen leicht identifiziert werden können.

Die spezielle Zielpunktexzentrizität zum Zwecke der Sicherungsmessung erfüllt damit die Anforderungen, die an eine Kontrolle bezüglich Wirksamkeit und Wirtschaftlichkeit zu stellen sind: unterschiedliche Richtungswinkel und unterschiedliche Strecken zur Bestimmung ein und desselben Zielpunktes unter Beibehaltung des Gerätestandpunktes. Daneben kommt der speziellen Zielpunktexzentrizität noch die Bedeutung zu, daß hiermit Polarpunkte erfaßt werden können, auch wenn eine direkte Sicht nicht möglich ist.

Die Richtungsbeobachtungen erfolgen grundsätzlich in einer Fernrohrlage, es sei denn, daß wichtige Gründe wie z.B. starker Wind, sehr steile Visuren usw. eine Messung in beiden Fernrohrlagen zweckmäßig erscheinen lassen. Die Instrumentenfehler werden einmal pro Woche bestimmt.

Die Aufnahmetechnik der kombinierten Polygon-Polarpunktmessung mit Doppelbestimmung der Polarpunkte von jeweils nur einem Polygonpunkt verlangt nach besonderer Beachtung des für Absteckungsaufgaben so wichtigen Prinzips der Nachbarschaft. Die nach der Ausgleichungsrechnung aus den Abrissen für Richtungen und Strecken ersichtlichen Verbesserungen der ursprünglichen Meßdaten resultieren aus Beobachtungs-, Zentrierungs- und Messungsungenauigkeiten sowie Spannungen im Festpunktfeld. Bei einer Ausgleichung unter Zwang finden die aufgrund von Netzspannungen anzubringenden Verbesserungen unterschiedliche Berücksichtigung, je nachdem es sich um Polygonseiten und -richtungen oder Polarstrecken und -richtungen handelt. Die Polarrichtungen machen in der Ausgleichung nur die durch Anbringung der Orientierungsunbekannten bewirkte Drehung mit. Bezüglich der Polarstrecken erfolgt nur eine Verbesserung aufgrund einer Mehrfachbestimmung. Dagegen gehen in die Polygonseiten und -richtungen darüber hinaus die Netzspannungen ein. Insofern ist das Prinzip der Nachbarschaft für die Polarpunkte untereinander, die von verschiedenen Standpunkten aufgenommen wurden, nicht mehr gewährleistet. Mit diesem Mangel ist jedoch auch eine Polarpunktmessung behaftet, bei der die Doppelbestimmung von benachbarten Standpunkten durchgeführt wird. Möglichkeiten zur Berücksichtigung der Netzspannungen werden in dem Abschnitt "Auswertung der Meßdaten" aufgezeigt.

Abschließend noch einige Worte zur Genauigkeit der Punktbestimmung durch die kombinierte Polygon-Polarpunktmessung. Sie wird bestimmt von der Winkel- und Entfernungsmeßgenauigkeit des benutzten Meßgerätes. Zur Erzielung annähernd gleicher Werte für die Halbachsen der fehleranzeigenden Figur wurden für das RegElta 14 die Einflüsse des Richtungs- und Streckenmeßfehlers auf die Polarpunktbestimmung ermittelt und in einem Diagramm dargestellt. Die Vorbereitungstrupps der Bauämter können somit die geforderte Punktgenauigkeit bei der Auswahl der Streckenlängen im Rahmen der Messungsvorbereitung berücksichtigen.

### 3.1.2 Festpunktnetzmessungen

Festpunktnetzmessungen fallen hauptsächlich an für Bauwerksabsteckungen oder Verdichtungen des trigonometrischen Festpunktfeldes. Derartige Arbeiten wurden zunächst nicht in Angriff genommen, da ein Programm, das neben der Aufbereitung der Meßdaten auch die Auswertung in Form einer Netzausgleichung ohne manuelle Ergänzungstätigkeiten durchführt, nicht zur Verfügung stand. Es ist zwar vereinzelt von der Möglichkeit Gebrauch gemacht worden, automatisch aufbereitete Meßdaten in Ablochbelege für vorhandene Netzausgleichsprogramme einzutragen, um so zu Ergebnissen zu gelangen. Diese Arbeitsweise ist jedoch sehr aufwendig und vor allem fehleranfällig. Seit einem halben Jahr befindet sich ein auf klassisch geodätischen Methoden der Netzausgleichung beruhendes Rechenprogramm im Einsatz, bei dem ein ununterbrochener Datenfluß gewährleistet ist.

Für Präzisionsmessungen ist versucht worden, mit Hilfe einer 20 m -Basis den sinusförmigen Streckenfehler des RegElta 14, der durch eine elektrische Verkoppelung zwischen Sendeoszillator und Empfänger bedingt ist, zu ermitteln und bei der Streckenauswertung entsprechend zu berücksichtigen. Infolge der Unzulänglichkeit der Basis und der Streuung der Einzelmessung von ± 3 mm konnte jedoch ein reproduzierbarer Wert für den zyklischen Fehler nicht ermittelt werden.

### 3.1.3 Topographische Aufnahmen

Einem Einsatz des RegElta 14 für topographische Geländeaufnahmen wurde anfangs mit Skepsis entgegengesehen. Unter der Annahme, daß die erzielbare Punktzahl gegenüber herkömmlichen Diagrammtachymetern nur unwesentlich höher sein würde, schien der Einsatz eines relativ teuren Gerätes unter wirtschaftlichen Aspekten nicht vertretbar zu sein. Die Überlegungen gingen davon aus, daß die Registrierdauer in Anbetracht von Arbeitsgeschwindigkeit und Wartezeit der Meßgehilfen von untergeordneter Bedeutung ist, und die Aufnahmetechnik ansonsten der herkömmlicher Verfahren entspricht. Als anläßlich einer photogrammetrischen Auswertung zur Herstellung eines Lageplanes größere Gebiete infolge schlechter Einsichtmöglichkeiten nicht ausgemessen werden konnten, wurde die Verwendbarkeit zunächst im Rahmen einer Probeaufnahme getestet. Aufgrund einer Vielzahl von topographischen Aufnahmen hat sich inzwischen erwiesen, daß die Stärke des RegElta 14-Einsatzes nicht so sehr in der Punktmenge als vielmehr in der Unabhängigkeit von Geländeform und Sichthindernissen und dem großräumigen Einsatz zu sehen ist. Darüber hinaus schafft natürlich ein zu Koordinaten verarbeitetes Messungsergebnis die Voraussetzung für eine automatische Kartierung und den Einsatz von Digitalen Geländemodellen.

Was das automatische Zeichnen anbetrifft, besteht ein erster, aber keinesfalls befriedigender Schritt in der manuellen Aufbereitung der mit Hilfe eines registrierenden Tachymeters gewonnenen Koordinaten durch Hinzufügen von Zeichenstatements. Auf der Grundlage eines allgemeinen Zeichenprogramms setzt der Steuerrechner der Zeichenanlage das in Form des manuell erstellten Steuerstreifens eingegebene Datenmaterial in Steuerbefehle um, die die Bewegungen des Zeichenkopfes bewirken. Dieses Verfahren wurde im Rahmen einer umfangreichen topographischen Aufnahme in bezug auf Zeitersparnis und Wirtschaftlichkeit untersucht. Als Ergebnis ist festzustellen, daß bei einer topographischen Aufnahme der Zeitaufwand für die Erstellung der umfangreichen Ablochbelege zur automatischen Zeichnung doch sehr beträchtlich ist und im Vergleich zur manuellen Bearbeitung nur eine geringe Zeitersparnis erzielt wird. Anzustreben ist daher ein ununterbrochener Datenfluß von der automatischen Registrierung bis zum datengesteuerten Zeichnen. Das zwölfziffrige Einstellwerk eröffnet die Möglichkeit, neben der schon praktizierten Kennzeichnung der Meßdaten für die Berechnung auch eine Codierung für die Steuerung der Zeichenanlage vorzunehmen. Dabei wird man sich nicht mit der reinen Kartierung begnügen; Punktverbindungen und Signaturen liegen im Bereich der zu verwirklichenden Möglichkeiten. Erste Programmentwicklungen stehen bereits zur Verfügung, und es wäre wünschenswert, wenn weitere Anstrengungen in dieser Richtung unternommen würden.

### 3.1.4 Profilaufnahmen

Der Planungsablauf für eine Straßenbaumaßnahme gliedert sich in die Vorplanung als Ergebnis der ersten planerischen Überlegungen, in den Vorentwurf als Ergebnis aller vorausgegangenen Untersuchungen mit Festlegung der wesentlichen Merkmale einer Straße und in den Bauentwurf, der die baureife Ausarbeitung der Straßenplanung darstellt. Schon im Vorentwurf finden die Höhenverhältnisse des Geländes Berücksichtigung, da sie sich z.B. auf fahrdynamische Überlegungen, Baukosten, Formschönheit und Betriebskosten auswirken. Dazu werden neben einer Darstellung des Geländes durch Höhenschichtlinien vor allem Längen- und Querschnitte für die Planums- und Massenberechnung und die Sichtweitenberechnung benötigt. Zur Ermittlung der Längen- und Querschnitte bieten sich mehrere Möglichkeiten an: Interpolierte Geländeprofile aus Höhenschichtlinien, Geländeprofile durch terrestrische Messungen, photogrammetrische Profilaufnahme, photogrammetrische Punktaufnahme und terrestrische Punktaufnahme. Unabhängig vom jeweiligen Verfahren sind die für die Folgeberechnungen im Straßenentwurf notwendigen Ausgangsdaten die gleichen. Im IBM-Programmsystem "Straßenbau" befinden sich Station des Profils, Achsabstand und Höhe in der Kartenart o55. Mit Hilfe der automatischen Meßwertregistrierung wurden erstmals auch für terrestrische Profilmessungen die Voraussetzungen geschaffen, einen ununterbrochenen Datenfluß von der Aufnahme bis zur formatgerechten Ausgabe des Profils zu erhalten. Die drei zuerst genannten Verfahren sind mit einem gravierenden Nachteil behaftet, und zwar muß zur Ermittlung der Profile der Achsverlauf bis auf geringfügige Toleranzen bekannt und bei dem terrestrischen Verfahren sogar schon ins Gelände übertragen sein. Darüber hinaus sind die Messungen zur Ermittlung der Profile bei Achsverschiebungen, die sich in der Detailplanung ergeben können, zu ergänzen bzw. zu wiederholen. Dagegen sind die photogrammetrische und die terrestrische Punktaufnahme nicht an diese Bedingungen gebunden, da durch sie ein Digitales Geländemodell aufgebaut wird, aus dem sich beliebig Längen- und Querschnitte rechnerisch ableiten lassen.

In dem sich aus der Vorplanung ergebenden Korridor für den möglichen Verlauf der Trasse werden repräsentative Geländepunkte ausgewählt und aufgemessen. Aus diesem Punktfeld errechnet das bei der Straßenbauverwaltung des Landschaftsverbandes Westfalen-Lippe eingesetzte Programm zur Auswertung eines Digitalen Geländemodells der Firma IBM den Abstand von der Straßenachse und die Höhe der Profilpunkte. Dieses Verfahren ermöglicht dem Planungsingenieur eine Arbeitsweise, die ihm weitgehend Freiheiten bei der Geländeerfassung und der Trassenwahl gewährt. Dem im Programm angewandten Berechnungsverfahren liegt die bei der französischen Straßenbauverwaltung entwickelte Methode des "semis des points" zugrunde. Diese Methode versucht die im Nahbereich jedes Profilpunktes durch die Geländepunkte repräsentierte Geländeform durch eine räumlich gekrümmte Fläche anzunähern. Die Funktion der Raumfläche wird durch eine Ausgleichung nach vermittelnden Beobachtungen aus den Raumkoordinaten der erfaßten Geländepunkte bestimmt. Über die so gewonnenen Koeffizienten der Flächenfunktion wird dann die Höhe des Profilpunktes berechnet.

Während das Problem der Datenerfassung und des Datenflusses mit Hilfe der Photogrammetrie und jetzt auch mit automatisch registrierenden Tachymetern technisch gelöst ist, sind bezüglich der Datenauswahl, der Anwendungsbereiche, der erzielbaren Genauigkeiten und der zweckmäßig zu verwendenden Interpolationsmethoden noch weitere Untersuchungen erforderlich.

Für den Bauentwurf reicht in der Regel die Genauigkeit der aus einem Digitalen Geländemodell abgeleiteten Höhen nicht; die Längen- und Querschnitte sind daher direkt zu messen. Zur Auswertung derartiger Messungen stehen zwei Programmversionen zur Verfügung, deren wirtschaftlicher Einsatz erst durch die automatische Meßwertregistrierung der neuen Gerätegeneration gegeben ist. Das erste Verfahren bestimmt über den Cosinussatz aus den zwischen Gerätestandpunkt und Profilpunkten gemessenen Abständen und Richtungen die Profilpunktabstände. Da der Standpunkt auch außerhalb der Profillinien angeordnet sein darf, handelt es sich um eine indirekte Abstandmessung, ähnlich der Bestimmung der Wurfweiten bei sportlichen Veranstaltungen. Ein kleiner Nachteil dieses Verfahrens besteht darin, daß der Schnittpunkt der Achse mit der Profillinie und die Position der Profilpunkte zur Achse (rechts oder links) besonders gekennzeichnet sein müssen, und dadurch zusätzliche Schlüsselzahlen erforderlich sind.

Das zweite Verfahren der Profilauswertung setzt das Vorhandensein von Koordinaten für die Profilpunkte voraus. Die seitlichen Abstände werden aus einer Transformation auf die Achse gewonnen und dabei einigen logischen Überprüfungen unterzogen. So wird z.B. untersucht, wie weit die einzelnen Profilpunkte von der Profillinie (Achsnormale im ermittelten Achspunkt) abweichen. Der Nachteil dieses Verfahrens besteht in der

Bedingung, daß zur Berechnung der Profilpunkte Anschlußkoordinaten zur Verfügung stehen müssen. Allerdings bedeutet diese Bedingung in den wenigsten Fällen eine Einschränkung, da grundsätzlich alle Achshauptpunkte koordinatenmäßig bestimmt und abgesteckt werden, so daß genügend Anschlußpunkte in unmittelbarer Nähe vorhanden sind.

## 3.2. Bauvermessungen

Bei der Bauausführung im Straßenbau ist festgelegt, welche vermessungstechnischen Arbeiten vom Auftraggeber und welche vom Auftragnehmer auszuführen sind. So obliegt z.B. die Bauleitung dem Auftragnehmer, während die Bauüberwachung Aufgabe des Auftraggebers mit dem Ziel ist, die Sicherstellung der vertragsmäßigen Abwicklung des Bauvertrages zu gewährleisten Aus einer Vielzahl dieser Arbeiten, bei denen das RegElta 14 eingesetzt wurde, möchte ich nur zwei Beispiele auswählen. Gegen Beendigung der Deckenbauarbeiten an einer Bundesautobahn (BAB) war der Vermessungsgruppe die Aufgabe gestellt, die Lage der BAB-Achse auf einer Länge von ca. 10 km koordinatenmäßig zu überprüfen.

Dazu wurde die kombinierte Polygon-Polarpunktmessung ausgewählt, bei der nach Möglichkeit An- bzw. Abschlußpunkte identisch mit den für die Bauausführung übergebenen Festpunkten sein sollten. Die Mehrzahl der übergebenen Festpunkte war jedoch durch Landschaftsbauarbeiten verlorengegangen. Als Ersatzpunkte dienten die Sollschnittpunkte der bereits abgenommenen Bauwerksachsen mit der Straßenachse. Diese Punkte waren von dem für die Bauausführung bestimmten Polygon abgesteckt und durch Bolzen vermerkt worden. Die koordinatenmäßig bekannten Gerätestandpunkte auf den Bauwerken boten sich für die RegElta-Messung deshalb besonders an, weil die Punkte alle anfahrbar waren, und außerdem durch die erhöhte Lage gute Sichtmöglichkeiten bestanden.

Die zu überprüfenden Hektometerstationen hatte die Baufirma bereits für die Abnahmeprofile auf den Bordsteinen gekennzeichnet. Die Bordsteine besitzen einen Sollabstand von 2,00 m von der Soll-BAB-Achse. Eine direkte Kontrolle der Achse war durch die bereits angebrachten Distanzleitplanken nicht möglich.

Zur Auswertung der RegElta 14-Messung wurden sämtliche Polygon- und Polarpunkte mittels Zwangspunktdiagnose auf die Soll-BAB-Achse transformiert. Die Zwangspunktdiagnose ermittelt damit die Ist-Abstände der Markierungen auf den Bordsteinen von der Soll-Achse und von den vorgegebenen Stationen. Größere Abweichungen von dem Sollabstand wurden in der Örtlichkeit durch Messen nachgeprüft und bestätigt. Die festgestellten

Abweichungen reichten in diesem Fall bis in die Größenordnung von 40 cm in Achsrichtung und 20 cm senkrecht dazu.

Das zweite Beispiel für einen Einsatz des RegElta 14 im Rahmen von Bauvermessungen bezieht sich auf die Feststellung von Erdmassenbewegungen. Oberhalb einer Straße befindet sich die Gleisanlage eines Elektrizitätswerkes. Durch örtliche Gegebenheiten konnte bei der Abböschung von der Gleisanlage zur Straße ein natürliches Böschungsverhältnis nicht eingehalten werden. Der Höhenunterschied von 20 - 30 m und der zur Verfügung stehende Abstand in der gleichen Größenordnung erforderte ein Böschungsverhältnis von 1:1 und das Einbringen von Stützen als Schutz für die Straße. Außerdem sollte eine höhere Standfestigkeit durch Anpflanzungen erzielt werden. Trotz dieser Sicherungsmaßnahmen war ein Abrutschen der Böschung zu befürchten. Zum Nachweis etwaiger Bewegungen wurden 11 Rohrfestpunkte drei Meter tief in den Hang eingebracht und höhen- und lagemäßig in regelmäßigen Zeitabständen kontrolliert. Zur Lagebestimmung diente ein Wild T2 mit Basislatte. Die Ursprungsmessung im Jahre 1964 erfolgte unter großem Aufwand und Beachtung aller Regeln der Vermessungstechnik. Die Messungen in den Folgejahren fanden infolge einer 50 cm dicken Schicht aus Flugasche, die sich über den Hang gelegt hatte, und durch die mittlerweile wild wuchernde Anpflanzung unter außerordentlich erschwerten Bedingungen statt. Zur Auswertung wurden die ermittelten Koordinaten der Rohrfestpunkte - bezogen auf die Ursprungsmessung - jeweils in Koordinatensysteme eingetragen.

Unter Ausnutzung der relativ großen Reichweite des RegElta 14 gelang es, die im Jahre 1972 fällige Überprüfung der Rohrfestpunkte mit dessen Hilfe durchzuführen. Als Standpunkt diente ein standsicherer Pfeiler, der bei den vorausgegangenen Lagevermessungen als Ausgangspunkt verwendet worden war und von dem der gesamte Hang bestrichen werden konnte.

Die daraus abgeleiteten Koordinaten zeigten gegenüber der Ursprungsmessung Abweichungen in beiden Achsrichtungen von maximal nur 5mm. Dagegen ergaben sich gegenüber den Koordinaten aus den Messungen der Jahre 1967 - 1971 Abweichungen von bis zu 4 cm. Da der Hang in bezug auf die letzte Kontrollmessung mit T2 und Basislatte sicher nicht bergauf gewandert war, konnten die an einigen Rohrfestpunkten festgestellten und als systematische Lageveränderungen interpretierten Abweichungen eindeutig auf Messungsungenauigkeiten zurückgeführt werden.

Als Ergebnis wäre festzustellen, daß mit Hilfe der elektro-optischen Tachymetrie unter erheblich geringerem Meßaufwand ein zuverlässigeres Ergebnis erzielt wurde.

## 3.3. Katastervermessungen

Mit RdErl. d. Innenministers von NW vom 17.1.1972 (n.v.) -ID 3-3212 wurden vorläufige Richtlinien für die Polaraufnahme mit elektronischen Tachymetern und Entfernungsmessern bei Katastervermessungen zur Kenntnisnahme und Beachtung herausgegeben.

In diesem RdErl. sind Sicherung der Polaraufnahmen, Genauigkeitsanforderungen und Auswerteverfahren eingehend behandelt.

Wie bei der schon beschriebenen Polygon-Polarpunktmessung werden bei der Straßenbauverwaltung die Grenzpunkte durch eine zweite polare Aufnahme von demselben Standpunkt aus unter Benutzung einer zweiten Anschlußrichtung gesichert. Befindet sich das Gerät längere Zeit auf einem Standpunkt oder wird eine größere Anzahl von Zielpunkten aufgenommen, dient ein erneutes Einstellen der Anschlußrichtungen am Schluß der Überprüfung der Orientierung des Messungssatzes. Zur Sicherung der gesamten Vermessung werden messungstechnisch unabhängige Standpunktsysteme an den Rändern über einzelne Punkte, die sowohl von dem Standpunkt selbst als auch von den benachbarten Standpunkten aus aufgenommen werden, verknüpft. Die Standpunkte brauchen nicht unbedingt Bestandteile des Festpunktfeldes zu sein; sie sind aber in jedem Fall vermarkt.

Die vorausgehende Feststellung der alten Grenzen in Gebieten mit einwandfreien Vermessungen und Koordinatenkataster kann in der Regel auf einfache Weise erfolgen, indem geprüft wird, ob die Vermarkungen der Grenzpunkte noch unversehrt vorhanden sind. Die Lagerichtigkeit dieser Punkte wird später aufgrund der Aufmessung mit dem RegElta 14 durch Koordinatenvergleich geprüft. Die Vermarkung der neuen Grenzen wird weitgehend unabhängig von den alten Grenzen vorgenommen und richtet sich hauptsächlich nach den Begrenzungslinien des Baukörpers. Die Vermarkung der Schnittpunkte der alten mit den neuen Grenzen erfolgt erst im Anschluß an die Aufmessung aufgrund der Koordinaten- und Absteckungsberechnung für die Schnittpunkte.

In Gebieten mit älterem Kataster wird die Aufmessung soweit ausgedehnt, daß auch die festgestellten alten Grenzpunkte koordinatenmäßig berechnet und somit automatisch kartiert werden können.

An Vorteilen des RegElta 14-Einsatzes gegenüber der Orthogonalmethode oder der Polarbestimmung mit herkömmlichen Geräten sind zu nennen:
1. Die Meßsicherheit und Genauigkeit,
2. die Reichweite,

3. der ununterbrochene Datenfluß bis zur Koordinate als Voraussetzung für die automatische Flächenberechnung und Kartierung und
4. die relativ einfache Erfassung topographischer Gegenstände.

## 4. Auswertung der Meßdaten

Im Zusammenhang mit der Erprobung eines im Jahre 1969 vom Bundesminister für Verkehr (BMV) beschafften Prototyps wurde ein "Programmsystem zur Verarbeitung der von RegElta 14 registrierten Meßergebnisse" erstellt. Grundsätzliche Überlegungen gingen damals davon aus, daß es nicht notwendig sei, die Programmierung für die vollständige Verarbeitung der Meßdaten bis zu den Ergebnissen durchzuführen, sondern daß es genüge, Vorprogramme zu schreiben für bereits vorhandene Programme auf dem Gebiet des Vermessungswesens. Da die Straßenbauverwaltungen der Länder überwiegend mit IBM-Rechenanlagen ausgerüstet sind, wurden für folgende Vermessungsprogramme Anschlüsse geschaffen:
1. Polygonzug- Polygonnetzberechnung,
2. Kleinpunktberechnung polar,
3. terrestrische Geländequerprofile.

Diese Konzeption wurde von der Straßenbauverwaltung des Landschaftsverbandes Westfalen-Lippe im Juli 1971 übernommen und bis Mai 1972 angewandt. Zur Verfügung steht eine IBM-Anlage 360/30 - 64 K mit Platten- und Bandbetrieb.

Hauptgründe für die Installation eines neuen Programmsystems waren die mangelnde Universalität und die Vielzahl der Schlüsselzahlen der BMV-Version. Ein diesbezüglich fortschrittlicheres Programm bot sich u.a. in dem sog. "Computer-Programm für die Automatische Auswertung von RegElta-Messungen" von G. Heupel, Bonn. Im folgenden soll vornehmlich über Erfahrungen aus der Sicht des Anwenders berichtet werden, da Erläuterungen zur Programmierung und Rechentechnik dem Verfasser vorbehalten bleiben sollen.

Beim Landschaftsverband Westfalen-Lippe sind dem eigentlichen "Heupel-Programm" zwei Programme vorgeschaltet, die einige Aufgaben der Datenorganisation erledigen und dem BMV-Programmsystem entnommen sind. Die Registrierungen werden in der Reihenfolge, wie sie sich auf dem Lochstreifen befinden, eingelesen und numeriert, soweit sie nicht durch Schlüsselzahlen als Irrungen gekennzeichnet sind. Darüber hinaus werden sie geprüft auf ungültige Zeichen im Lochstreifen, auf Satzlänge und besonders auf Länge des Inhaltes des Zifferneinstellwerkes sowie der Meßwerte und als Tabelle ausgeschrieben. Ferner werden alle numerierten Sätze in einer Plattendatei gespeichert. Das zweite Programm schafft die

Möglichkeit, den auf Platte gespeicherten Registrierungen an beliebig vielen Stellen beliebig viele Registrierungen hinzuzufügen und gleichzeitig an jeder gewünschten Stelle beliebig viele Registrierungen zu löschen. In der Ausgabe wird wieder ein Ausdruck aller Registrierungen erstellt, wobei die hinzugefügten gekennzeichnet sind. Der so aufbereitete Datenbestand befindet sich nach Ablauf des Programms auf einer neuen Datei. Der weitere Ablauf des Rechenganges ist der Zeiss-Veröffentlichung "Software 1" zu entnehmen, die jedoch hinsichtlich einer Verzweigung, nämlich des Starts eines Fehlersuchprogramms, nicht auf dem neuesten Stand ist. Der Rechenablauf ist so gestaltet, daß über Entscheidungsmöglichkeiten nahezu jede gewünschte Berechnungsart erzeugt werden kann. In diesem Zusammenhang möchte ich noch einmal auf die rechentechnische Behandlung von Netzspannungen zurückkommen.

Wenn sie ein auf den jeweiligen Zweck der Vermessung abzustimmendes oder aus Vorschriften abzuleitendes Maß überschreiten, sind Entscheidungen zu treffen, in welcher Form die einwandfreien Meßdaten verwertet werden sollen. Im Einzelfall wird man sich mit einem örtlichen System begnügen können. Gebräuchlichste Methode bei Polygonierungen und Netzmessungen ist jedoch die Berechnung in einem örtlichen System mit anschließender Transformation auf die verwendeten Festpunkte. Bekanntlich bewirkt die Helmert-Transformation eine Dreh-Streckung unter gleichzeitiger Minimierung der Quadratsumme der Restklaffungen an den Stützpunkten. Diese Berechnungsart ist eine Hilfe, vorhandene Netzspannungen aufzudecken und sie zu lokalisieren. Sich mit diesem Ergebnis zufrieden zu geben und die Restklaffungen an den Stützpunkten zu belassen, würde die Schaffung von Unstetigkeitsstellen bedeuten. Darüber hinaus wird den Messungsungenauigkeiten nicht oder nur unbefriedigend Rechnung getragen, es sei denn, daß in der zwangsfreien Ausgleichung genügend Überbestimmungen vorhanden sind. Bezüglich eines Polygonzuges ist jedoch im Hinblick auf die in der Regel nur geringen Überbestimmung festzustellen, daß eine zwangsfreie Berechnung mit anschließender Transformation den Genauigkeitsrelationen der RegElta 14-Messungen in keiner Weise gerecht wird. In Anbetracht von Richtungsbeobachtungen in nur einer Fernrohrlage und der begrenzten Winkelauflösung wären Verbesserungen angebracht. Dies geschieht jedoch nicht; die Winkel bleiben im Inneren bei der Ähnlichkeitstransformation unverändert.

Ein Lösungsweg für die Bewältigung der Netzspannungen besteht in einem geeigneten Interpolationsverfahren, das aus Klaffungen an zahlreichen Stützpunkten Informationen ableitet für eine ortsabhängige Verbesserung der Neupunktkoordinaten.

Bei Straßenbauvermessungen ist infolge der linienhaften Ausdehnung die Stützpunktanzahl im allgemeinen gering. Hier gilt es, mit Hilfe der EDV sämtliche Möglichkeiten auszuschöpfen, um zu Informationen über die Güte der verwendeten Anschlußpunkte zu gelangen. Es bleibt dann dem Fachmann überlassen, sich unter Abwägung von Messungszweck und Netzspannungen für das geeignete Berechnungsverfahren zu entscheiden. Unter diesen Aspekten biete das "Heupel-Programm" alle praxisnahen Entscheidungshilfen in einem Rechengang.

Die Auswertung der Registrierungen läuft organisatorisch in folgender Weise ab: Für zwei RegElta 14-Geräte stehen drei Bediener zur Verfügung, die sich gegenseitig abwechseln. Jeder Gerätebediener ist verantwortlich für die sinnvolle und richtige Verarbeitung der Meßdaten bis zur vollständigen Abwicklung des Auftrages. Dazu gehört u.a. das Ausfüllen der Ablochbelege für die Datenorganisation, für die Steuerdaten zum Programmablauf und für die Festpunkt- und Näherungskoordinaten.

In der Regel werden zwei bis drei Rechengänge benötigt, bis vorhandene Widersprüche anhand von Fehlermeldungen interpretiert und durch Korrekturen beseitigt sind. Häufigste Ursache für Widersprüche sind neben grob fehlerhaften Anschlußkoordinaten Verstöße gegen Schlüsselzahlbedeutungen und im Programm festgelegte Messungsanordnungen. In diesem Zusammenhang ist es angebracht, einige Ausführungen zur Qualifikation des Gerätebedieners zu machen. Seine Bedeutung im Rahmen des RegElta 14-Einsatzes wird vielfach herabgespielt, obwohl er neben dem oft zitierten Knöpfchendrücken schon im Felde die entscheidenden Weichen für den anzustrebenden ununterbrochenen Datenfluß stellt. Trotz eines Minimums an Schlüsselzahlen und Programmverabredungen besteht zwischen der Fehlerquote für den einzelnen Gerätebediener und seiner Ausbildung, Berufserfahrung und Konzentrationsfähigkeit eine jederzeit nachzuweisende Abhängigkeit. M.E. sollten deshalb nur solche Fachkräfte mit der Bedienung eines RegElta 14 betruut werden, die den geometrischen Zusammenhang der Messungen durchschauen und in der Lage sind, die Auswertung mit Ausnahme der Ausgleichung auch manuell durchzuführen. Zwar liegt bei der beschriebenen Organisationsform die Verantwortung für die Vorbereitung in Händen von Ingenieuren. Der Gerätebediener ist somit von Entscheidungen über Messungsanordnungen weitgehend freigestellt; er hat aber dennoch für die vollständige Erfassung der Elemente bei z.B. Ziel- und Standpunktzentrierungen zu sorgen. Solange die Widersprüche ohne örtliche Nachmessungen zu beheben sind, ist die Wirtschaftlichkeit kaum beeinträchtigt, auch wenn ein oder zwei zusätzliche Rechendurchgänge notwendig werden. Wenn jedoch einzelne Messungen nachzuholen sind, ist die Rentabilität sehr schnell in Frage gestellt.

5. Leistungsfähigkeit und Funktionssicherheit

Nachdem die Serienfertigung des Reg-Elta 14 nahezu 1 1/2 Jahre läuft und sich die ersten Geräte ebenso lange im praktischen Einsatz befinden, können Leistungsfähigkeit und Funktionssicherheit recht zuverlässig beurteilt werden.

Das RegElta 14 der Straßenbauverwaltung stand den Bauämtern in der Zeit vom 15.9.1971 bis 14.9.1972 an insgesamt 137 Außendiensttagen zur Verfügung. Davon konnte infolge schlechter Witterung an 11 Tagen überhaupt nicht gemessen werden, so daß insgesamt 126 Arbeitstage einschließlich Schlechtwetterzeiten übrig bleiben. Die relativ geringe Zahl von 137 Außendiensttagen ist bedingt durch teilweise Überschneidung der Einsatzanforderungen, durch Urlaub und Krankheit der Gerätebediener und durch Störungen an Gerät und Zubehör, die einen Ausfall von insgesamt 16 Arbeitstagen verursachten. In den 126 Arbeitstagen wurden zusammengefaßt folgende größere Positionen gemessen:
1. Polygonzüge von insgesamt ca. 480 km Länge und 1300 Standpunkten und 4000 polar bestimmten Punkten,
2. Tachymeteraufnahme über ca. 170 ha mit ca. 7200 Tachymeterpunkten,
3. Richtungs- und Streckennetze mit 210 Neupunkten für Straßen und Bauwerke.

Auf einen Arbeitstag umgelegt bedeutet das eine Leistung von 3,8 km Polygonzug mit 10 Standpunkten und 32 polar angehängten Punkten. Hinzu kommen 1,4 ha Tachymeteraufnahme mit 57 Tachymeterpunkten und 2 Neupunkte eines Richtungs- und Streckennetzes.

Bei reinen Polygonierungen wurden an Tagesleistungen im Jahresdurchschnitt erzielt: Gesamtlänge =(15-25) x mittlere Polygonseitenlänge. Der erreichte Maximalwert beträgt 35 Standpunkte/Arbeitstag, das entsprach in diesem speziellen Fall 14,2 km/Tag. Für Tachymeteraufnahmen liegt die durchschnittliche Tagesleistung bei 250 - 350 Tachymeterpunkten, der Maximalwert betrug 570 Punkte.

Um den Wert zu ermitteln, der mit dieser Leistung erarbeitet wurde, soll der Kostenanteil für Aufmessung und Berechnung eines Polygonzuges und einer Tachymeteraufnahme unter besonderer Berücksichtigung der vergleichsweise aufwendigen Erkundung und Vorbereitung abgeschätzt und in Ansatz gebracht werden. Dies ist aufgrund eines Preisspiegels, der über Jahre hinweg schon für derartige Arbeiten geführt wird, möglich. Demnach dürften für einen Polygonzug 50 % der Gesamtkosten (1.000,-- DM/km) = 500,-- DM/km und für eine Tachymeteraufnahme 70 % der Gesamtkosten (220,-- DM/ha) = 150 DM/ha realistisch sein.

An Kosten für Geräteamortisation, Meß-KW und Datenverarbeitung werden die von W. Rose, Olpe ("Die Wirtschaftlichkeit elektronischer Tachymeter in Abhängigkeit von Sicherheitsanforderung, Genauigkeit und Festpunktnetz"; Referat anläßlich des 57. Deutschen Geodätentages in Braunschweig) veröffentlichten Werte in Höhe von insgesamt 1.550,-- DM/Arbeitstag zugrunde gelegt. In dieser Zahl sind an Kosten für die Gestellung der Dienstkräfte 870,-- DM/Arbeitstag enthalten, die einer Korrektur bedürfen, da sie für das Jahr 1970 ermittelt wurden. Unter Zugrundelegung einer 25 %-igen Steigerung infolge Tariferhöhungen ergeben sich für das Jahr 1972 an Personalkosten rd. 1.090,-- DM/Arbeitstag und damit an Gesamtkosten rd. 1.770,-- DM/Arbeitstag. Bezogen auf den o.a. Zeitraum steht den Kosten von rd. 242.500,-- DM ein erarbeiteter Wert von rd. 265.500,-- DM gegenüber. Wird davon ausgegangen, daß in der von Rose aufgestellten Kostenanalyse eine Gewinnspanne von mindestens 10 % steckt, beträgt der Reingewinn insgesamt rd. 47.000,-- DM/Jahr. Nur unter günstigsten Einsatzbedingungen und voller Auslastung ist demnach eine Amortisation der Geräteanschaffung innerhalb eines Jahres zu erzielen.

Grundsätzlich ist zu der Aussagekraft eines derartigen Leistungsnachweises zu bemerken, daß aufgrund der Vielzahl der ihn beeinflussenden Faktoren eine Übertragbarkeit auf Gerätebenutzer mit anderen Aufgabengebieten nur unter Vorbehalt möglich ist. Zu der Verschiedenheit der Aufgabenbereiche kommt darüber hinaus ein verschieden starkes Engagement der Personen, die für Einsatz und Organisation des Systems verantwortlich sind. Hier liegt m. E. eine wesentliche Einflußgröße für den Rentabilitätsgrad, die sich jedoch jeglicher Normierung entzieht.

Leistungsfähigkeit und Funktionssicherheit sind eng miteinander verknüpft. Ein Totalausfall des Gerätes verursacht Umdisponierungen, Wartezeiten und Terminverschiebungen; Messungsfehler stellen die Verwertbarkeit der Ergebnisse in Frage. Durch Totalausfall wurde das RegElta 14 an insgesamt 16 Arbeitstagen nicht bzw. vergebens eingesetzt. Infolge einer Dejustierung traten in der Zenitdistanzanzeige an einer bestimmten Stelle Doppelziffern auf. Die Beseitigung dieser Störungen nahm insgesamt acht Arbeitstage in Anspruch. Ein Defekt im Verbindungskabel zwischen Meßgerät und Stanzer führte in drei Fällen zu einer Serie von Fehlregistrierungen (Ziffern "8", "9" und Buchstaben), ehe die Ursache aufgedeckt werden konnte. Da der Registrierrhythmus akustisch keine Unregelmäßigkeiten aufwies, wurden die Fehlregistrierungen immer erst nach Auflisten erkannt. Somit mußte die Arbeit von insgesamt fünf Arbeitstagen wiederholt werden. Die drei verbleibenden Ausfalltage sind ebenfalls auf einen Defekt im Verbindungskabel zurückzuführen, der in diesem Fall ein Auslösen der Registrierungen jedoch verhinderte.

An Falschmessungen bzw. -registrierungen wurden unter ca. 18000 Registrierungen mit Sicherheit festgestellt:
1. Ein 200-m Streckenfehler bei der Additionskonstantenmessung,
2. ein 100-m Streckenfehler bei einer Streckenmessung über ca. 300 m,
3. sieben grobe Fehler in der Zenitdistanzmessung, die eine unrichtige Reduktion der Strecke bewirkten.

An dieser Stelle möchte ich noch einmal die Frage nach der Notwendigkeit von Kontrollmessungen aufgreifen. Ob sie für die Fehlerquote von 0,5 $^{o}/oo$ erforderlich sind, mag dahingestellt bleiben. Bei der beschriebenen Messungsanordnung der speziellen Zielpunktexzentrizität sind sie zumindest vertretbar, da die Meßgeschwindigkeit kaum beeinträchtigt wird.

Neben den groben Fehlern konnten Meßungenauigkeiten über das von der Herstellerfirma angegebene Maß für die Zenitdistanzmessung festgestellt werden. Auch bei streng lotrechter Stehachse und justiertem Höhenindex ergaben sich Abweichungen von bis zu $1^{c}$ zwischen beiden Fernrohrlagen, und zwar in Abhängigkeit von der Außentemperatur (Anm.: Dieser Fehler wurde inzwischen von der Herstellerfirma beseitigt.) Außerdem ist eine starke Windabhängigkeit des automatischen Höhenindexes zu verzeichnen.

Die Additionskonstante zeigt eine Temperaturabhängigkeit, die bei extremen Verhältnissen (dt = 20 Grad C) bis zu 4 cm ausmacht.

Zusammenfassend ist festzustellen, daß das RegElta 14 in der Straßenbauverwaltung unter allen Einsatzbedingungen funktionssicher arbeitete und die gesetzten Erwartungen erfüllt hat. Bei auftretenden Defekten am Instrument erwies sich der Kundendienst durch raschen Einsatz als mustergültig und entgegenkommend.

# ERGEBNISSE EINER PROGRAMMENTWICKLUNG ZUR BLOCKAUSGLEICHUNG GROSSRÄUMIGER POLARAUFNAHMEN

Von F. Ackermann

## 1. Rückblick

Beim Oberkochener Geo-Instrumentenkurs 1970 habe ich vorgeschlagen, zur Berechnung und Ausgleichung großräumiger Polaraufnahmen das Prinzip der Blockberechnung heranzuziehen, das sich in der Photogrammetrie so hervorragend bewährt hat, s. (1).

Bei diesem Prinzip geht man davon aus (Abb. 1), daß die Aufnahme von Meßpunkten z.B. mit einem Reg Elta 14 von einem Instrumentenstandpunkt

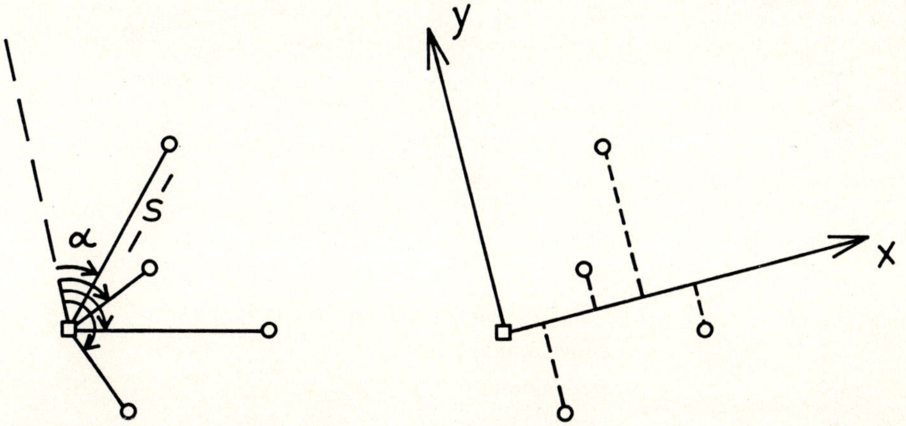


Abbildung 1:
Unabhängige Meßeinheit (ME)
Polarkoordinaten — rechtwinklige Koordinaten

aus nach der Reduktion auf die Horizontale die Lagebestimmung dieser Meßpunkte in einem örtlichen Polarkoordinatensystem darstellt. Wenn wir diese Punktbestimmung in Form von Polarkoordinaten in ein beliebiges örtliches kartesisches Koordinatensystem überführen, können wir von standpunktbezogenen Meßeinheiten sprechen, die den Modellen in der Photogrammetrie vergleichbar sind. Dementsprechend können wir die vollständige Berechnung aller Polaraufnahmen eines Gebietes durch das Prinzip der simultanen verketteten Helmert-Transformationen darstellen, s. Abb. 2 und Abb. 3. Mit Hilfe von sogenannten Verknüpfungspunkten wird bei diesen simultanen Transformationen erreicht, daß die verschiedenen Meßeinheiten zu einem Blockverband zusammengefügt werden, der mit Hilfe einbezogener Festpunkte gleichzeitig auf das übergeordnete Landesnetz eingepaßt ist.

Die Betonung liegt bei dieser Methode auf der Reichweite der simultanen Berechnung auch für den Fall großer oder sehr großer Systeme mit Tausenden von Punkten. Die Abb. 2 und 3 zeigen deutlich, daß diese Blockmethode

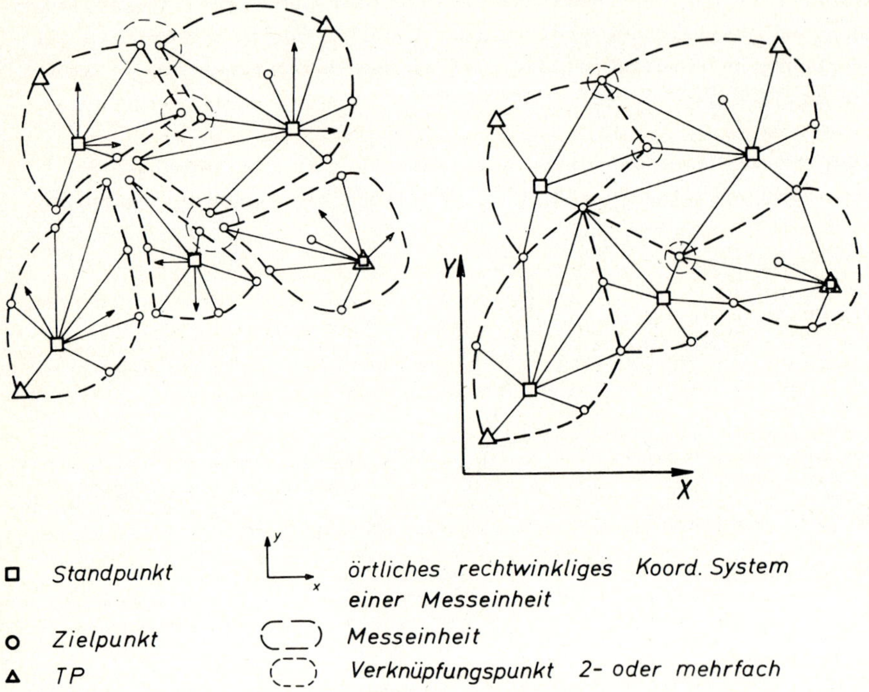


Abbildung 2:
Blockprinzip-Ausgangsdaten

Abbildung 3:
Blockprinzip - Ergebnis

in deutlichem Gegensatz zu dem hierarchischen Prinzip der konventionellen Aufnahme und Berechnungsmethode steht, bei der man erst über Polygonzüge und Punkteinschaltungen ein übergeordnetes Netz von Instrumentenstandpunkten zu bestimmen pflegt, in das dann die Polarpunkte eingehängt werden.

Dieser Vorschlag der Punktberechnung durch simultane verkettete Helmert-Transformationen beruht hauptsächlich auf folgenden Gesichtspunkten:

1.1 Mit den modernen elektronischen Tachymetern sind die Voraussetzungen für den hierarchischen Aufbau eines Punktfeldes im Anwendungsbereich dieser Geräte nicht oder kaum mehr gegeben, weil

- die Grenzpunkte gleich genau gemessen werden wie Polygonpunkte bisheriger Art und die Genauigkeit nur schwach von der Entfernung abhängig ist

- die Reichweite der Geräte große Bewegungsfreiheit im Gelände ermöglicht

- mit der freien Stationierung das Messen im Feld erheblich freizügiger und dadurch die Erkundung im Felde sehr wesentlich erleichtert wird. Darüber machen Kraus/Krack im anschließenden Korreferat noch nähere Ausführungen.

1.2 Die Blockmethode gewährleistet eine hervorragende Genauigkeit eines großen Punktverbandes. In der Photogrammetrie sind darüber umfangreiche theoretische und praktische Genauigkeitsuntersuchungen angestellt worden. Insbesondere in Fällen mit starker Verknüpfung benachbarter Meßeinheiten und mit einer hinreichenden Absicherung des Blocks durch gegebene trigonometrische Punkte kann erwartet werden, daß ein Blockverband praktisch eine absolute Koordinatengenauigkeit erreicht, die unmittelbar im Bereich der Meßgenauigket der Aufnahme liegt. Mit anderen Worten findet fast keine Akkumulation der Elementarfehler statt. Außerdem ist die Relativ-Genauigkeit noch günstiger als die Absolut-Genauigkeit, so daß der Blockverband in sich außerordentlich homogen ist.

Auf die Genauigkeitseigenschaften von Blöcken kann hier nicht weiter eingegangen sondern nur zusammenfassend festgestellt werden, daß ein Blockverband praktisch ohne Größenbeschränkung ein außerordentlich homogenes genaues Punktfeld bildet, wenn alle Informationen (Verknüpfungen) benützt werden.

Weiterhin sei angedeutet und wiederholt, daß diese Methode auch zur Berechnung von Polygonnetzen und unter gewissen Voraussetzungen sogar von Dreiecksnetzen geeignet ist.

Bei der Vorstellung der Blockmethode (1) wurde deutlich darauf hingewiesen, daß es sich im Sinne der strengen Ausgleichung um eine Näherungsmethode handelt, deren Ergebnisse aber denen einer strengen Ausgleichung kaum nachstehen. Dieser Komplex wird zur Zeit untersucht.

1.3. Den wichtigsten Gesichtspunkt, unter dem die Blockmethode zu sehen ist, bildet die Automation. Dem hohen Automationsgrad der Meßgeräte muß heute ein entsprechend hoher der Berechnungsverfahren gegenüberstehen. Hier können wiederum nur die Stichworte wiederholt werden, mit denen diese Berechnungsmethode charakterisiert ist:

Es handelt sich um ein lineares Formelsystem, deshalb sind keine Iterationen und keine Näherungswerte erforderlich. Das System ist geeignet, fast unbegrenzt viele Punkte und ebenso fast unbegrenzt viele Standpunkte zuzulassen. Es ist auf die Behandlung großer Datenmengen einschließlich der automatischen Strategie der Berechnung eingerichtet, dabei werden sämtliche Meßinformationen ausgenützt, d.h. sämtliche Verknüpfungen berücksichtigt.

Die manuellen Vorbereitungen bleiben sehr gering, es werden keine Anforderungen an Punktnummern gestellt. Die Methode kann ohne Schwierigkeiten beliebige Doppel- oder Mehrfachmessungen behandeln. Allgemein werden von der Berechnung her keinerlei Rückforderungen an die Messung gestellt mit Ausnahme der Grundvoraussetzung, daß benachbarte Meßeinheiten miteinander verknüpfen.

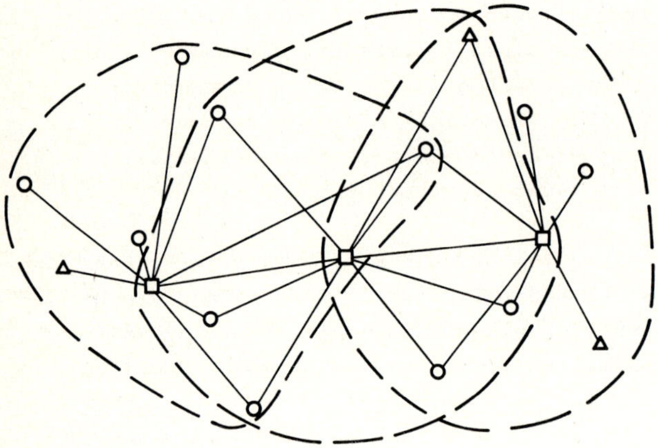

Abbildung 4:
Überlappende Meßeinheiten

Genannt seien weiterhin die Möglichkeiten zur automatischen Erkennung von Aufnahmefehlern und die Erkennung und Beherrschung von Netzspannungen.

Nicht zu unterschätzen sind weiterhin die Sekundärvorteile der vollständigen Dokumentation der Berechnung und vor allem auch der vollständigen Dokumentation aller Kontrollen, was allerdings heute für jedes einigermaßen automatisierte Berechnungssystem gilt oder gelten sollte.

Die Methode geht grundsätzlich davon aus, daß leistungsfähige Rechenanlagen verwendet werden und daß große Projekte vorliegen bzw. möglicherweise vorliegen. Dazu soll der Hinweis genügen, daß z.B. die Flurbereinigung in Baden-Württemberg jährlich etwa 200 000 Punkte aufzunehmen hat. Die Strategie der Großrechenanlagen ist an anderer Stelle schon erläutert worden (2). Hier sei zusammengefaßt, daß die Zweckmäßigkeit von Großrechenanlagen auf folgenden Eigenschaften beruht:

Großrechenanlagen rechnen pro Rechenoperation wesentlich billiger als kleinere Anlagen. Sie sind in zunehmendem Maße verfügbar, z.B. sind bzw. werden bis 1973 bei einer ganzen Anzahl von Länderbehörden Rechenanlagen der Typen 145, 155 und 165 der IBM-Serie 370 installiert. Und schließlich gilt das allgemeine Prinzip, daß für gegebene Großaufgaben auch die angemessenen Hilfsmittel benützt werden sollen. Es geht also um die Ausschöpfung der heute technisch und vom Bedarf her gegebenen Möglichkeiten. Nach den Erfahrungen in der Photogrammetrie kann man erwarten, daß derartige Systeme erfolgreich und ökonomisch sein müßten. Damit sei nicht gesagt, daß in einem anderen Anwendungsbereich nicht auch einfachere Voraussetzungen und Zielsetzungen praktikabel sein können.

## 2. Die Programmentwicklung

Im folgenden wird berichtet, daß der Vorschlag, die Blockmethode für die Berechnung von Polaraufnahmen heranzuziehen, inzwischen aufgegriffen und ein entsprechendes Programmsystem mit gewissen Erweiterungen in den vergangenen 1 1/2 Jahren realisiert worden ist und daß die ersten Erfahrungen die erwartete Leistungsfähigkeit bestätigen.

2.1 Die Flurbereinigungsbehörden einiger Länder (insbesondere Baden-Württemberg) und des Bundes haben den damaligen Vorschlag aufgegriffen und dem Institut für Photogrammetrie der Universität Stuttgart einen entsprechenden Forschungs- und Entwicklungsauftrag erteilt. Dementsprechend wird das Programmsystem allen Behörden des Bundes und der Länder kostenlos zur Verfügung stehen. Das System ist von Dr. K. Kraus und Dipl.-Ing. K. Krack unter Mitwirkung von Dipl.-Math. H. Klein bearbeitet worden. Die Kontaktstelle mit den Behörden bildete das Landesamt für Flurbereinigung und Siedlung Baden-Württemberg in Ludwigsburg (Herr Reg. Verm.Dir. E. Wahl und Herr Reg.Verm.Rat Klein) sowie das Landesvermessungsamt Baden-Württemberg in Stuttgart (Herr Reg.Verm.Rat Schenk).

### 2.2 Vorprogramm

Die Abb. 5 zeigt die Unterteilung des Programmsystems. Dabei steht außerhalb des Ausgleichungsprogramms das sogenannte Vorprogramm am Beginn des Prozesses. Es hat die Aufgabe, die Meßdaten, wie sie vom Gerät kommen, aufzubereiten, d.h. im einzelnen zu prüfen, zu reduzieren und zu ordnen. Dieses Vorprogramm, das derzeit auf das Gerät Reg Elta 14 abgestimmt ist, hat das Landesamt für Flurbereinigung und Siedlung in Zusammenarbeit mit dem Landesvermessungsamt Baden-Württemberg entwickelt. Eine derartige Arbeitsteilung lag nahe, da das Vorprogramm im einzelnen

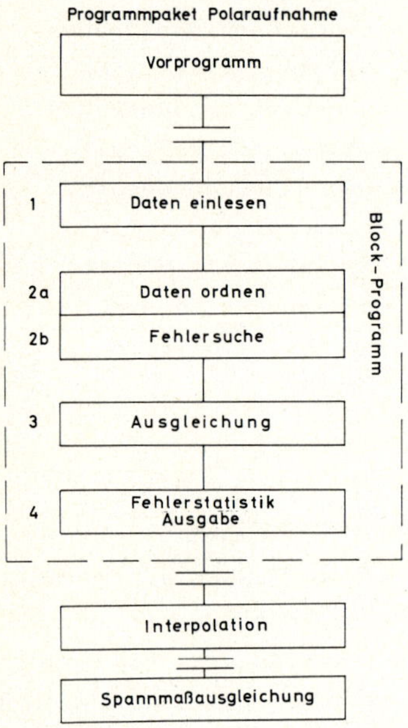


Abbildung 5:
Programm-Gliederung

die Belange der Verwaltungen, insbesondere die Schlüsselzahlen der AdV und die amtlichen Meßvorschriften zu beachten hat. Für ein getrenntes Vorprogramm gibt es außerdem den technischen Grund, daß die vom Reg Elta 14 ausgegebenen Lochstreifen in der Regel nicht mehr unmittelbar am Großcomputer eingelesen werden können, daß also eine vorgeschaltete Datenwandlung ohnehin erforderlich ist.

Das Vorprogramm ist seit September 1972 operativ und steht als getrennter Programmteil zur Verfügung. Es ist in der PL1-Sprache programmiert und damit unmittelbar auf die IBM-Rechenanlagen der Verwaltung abgestimmt. Dieses Vorprogramm ist so allgemein konzipiert, daß es nicht nur das Blockprogramm, sondern auch die konventionellen Rechenverfahren und darauf zugeschnittene Rechenprogramme zu bedienen vermag. Für die anschließende Blockausgleichung ist lediglich ein spezieller Ausgang mit reduzierten rechtwinkligen Koordinaten vorgesehen. Das Programm erzeugt und gibt bereinigtes Datenmaterial auf Magnetband zur weiteren

Datenverarbeitung aus. Von seiten des Blockprogramms ist auf die Gestaltung des Vorprogramms kein Einfluß ausgeübt worden. Es waren lediglich die Übergangsbedingungen festzulegen und einzuhalten.

Allgemein kann gesagt werden, daß das Vorprogramm nach modernen Gesichtspunkten automationsgerecht erstellt worden ist. Es stellt ein schönes Beispiel für die sinnvolle Arbeitsteilung und Kooperation verschiedener Instanzen dar. Ich möchte mich an dieser Stelle besonders für die gute Zusammenarbeit bedanken.

## 2.3. Das Blockprogramm

Der Kern des Blockprogramms ist die Bestimmung und Durchführung der simultanen Helmert-Transformationen aller Meßeinheiten. Das Programm geht davon aus, daß als Input die gemessenen Punkte nach Meßeinheiten geordnet vorliegen, jeweils bezogen auf örtliche kartesische Koordinatensysteme (Standpunktsysteme, Meßeinheiten). Etwaige Reduktionen für Gerätefehler usw. sollen schon angebracht sein. Die als Ausgleichung nach der Methode der kleinsten Quadrate angesetzten gemeinsamen Transformationen der Meßeinheiten zu einem Blockverband und in das übergeordnete Festpunktsystem sind durch die sogenannten Verknüpfungspunkte bestimmt. Das sind Punkte, die in mindestens zwei Meßeinheiten gemessen wurden und deren Soll-Identität die Verknüpfung oder Verkettung der betreffenden Meßeinheiten bewirken. Ebenfalls als Verknüpfungen besonderer Art sind die gegebenen Festpunkte aufzufassen. Sie verknüpfen die Meßeinheiten mit dem Festpunktfeld, das als übergeordnete Meßeinheit aufgefaßt wird (Meßeinheit 0, entspricht dem Null-Modell in der Photogrammetrie) und formal wie eine beliebige Meßeinheit behandelt wird, mit der Einschränkung, daß sie nicht transformiert zu werden braucht.

Abb. 6 mit den zugehörigen Gleichungen der Tabelle 1 zeigt den Ansatz für die Ausgleichung, wonach jeder gemessene Verknüpfungspunkt Anlaß zu zwei Fehlergleichungen für die Transformation und Ausgleichung gibt. Unbekannte sind bei diesem Ansatz die je 4 Transformationsparameter der Helmert-Transformationen und die Landeskoordinaten aller Verknüpfungspunkte. (Im Prinzip sind auch die nur einfach gemessenen Neupunkte in die Ausgleichung einbezogen. Ihre Bestimmung ist aber identisch mit der nachträglichen Transformation, so daß die Blockausgleichung unmittelbar nur mit der Gruppe der Verknüpfungspunkte zu tun hat). Insgesamt liegen also bei $i$ Standpunkten und j Verknüpfungspunkten $4n_i + 2n_j$ Unbekannte vor.

Tabelle 1 Fehlergleichungsansatz für verkettete Helmert-Transformation (zu Abb. 6)

| | $j = n'_i \ldots n_i$ | $j = n'_k \ldots n_k$ | $j = n'_o \ldots n_o$ | $j = 1 \ldots n_j$ | $j = n'_i \ldots n_i$ | $j = n'_k \ldots n_k$ | Absolut Glieder |
|---|---|---|---|---|---|---|---|
| Meßeinh. i | $-V^x_{ij}$<br>$-V^y_{ij}$ | | | $+X_j$<br>$+Y_j$ | $= a_i x_{ij} - b_i y_{ij} + c_i$<br>$= a_i y_{ij} + b_i x_{ij} + d_i$ | | |
| Meßeinh. k | | $-V^x_{kj}$<br>$-V^y_{kj}$ | | $+X_j$<br>$+Y_j$ | $=$<br>$=$ | $a_k x_{kj} - b_k y_{kj} + c_k$<br>$a_k y_{kj} + b_k x_{kj} + d_k$ | |
| Festpunkte (Meßeinh. 0) | | | $-V^x_j$<br>$-V^x_j$ | $+X_j$<br>$+Y_j$ | $=$<br>$=$ | | $X^{TP}_j$<br>$Y^{TP}_j$ |

Dadurch, daß die "Festpunkte" als Meßpunkte einer übergeordneten Meßeinheit 0 mit eigenen Fehlergleichungen behandelt werden, können ihnen Gewichte und dementsprechend Verbesserungen in der Ausgleichung zugeordnet werden. Die Koordinaten jedes Festpunktes können individuelle Gewichte

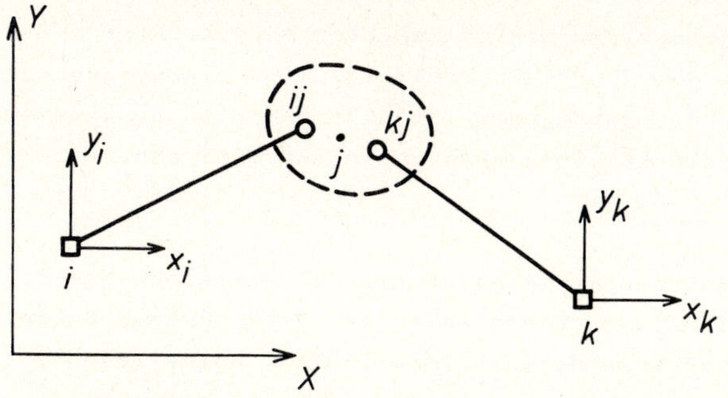


Abbildung 6.:
Ausgleichungsansatz für verkettete Helmert-Transformation,
Standpunkte i, k; Verknüpfungspunkt j (einschließlich TP);
Messungen ij, kj bzw. 0j

erhalten. Der Sonderfall des Gewichts $\infty$ (numerisch durch einen sehr großen Zahlenwert angenähert) entspricht dann der konventionellen Vorschrift, die gegebenen Koordinaten der Festpunkte unverändert anzuhalten, d.h. ihnen die Verbesserungen 0 zuzuordnen.

Der Formelansatz der Fehlergleichungen zeigt in direkter Weise auch formal, daß die verschiedenen Transformationen nur über die Verknüpfungspunkte (einschließlich der Festpunkte) verbunden sind. Es ist eine wesentliche Aufgabe des Rechenprogrammes, die Verknüpfungen festzustellen und die Meßeinheiten entsprechend zu ordnen. Die Identifizierung der Verknüpfungs- und der Festpunkte geschieht anhand der Punktnummern. Ein bestimmter Geländepunkt, der mehrere Meßeinheiten verknüpft, erscheint in jeder der betroffenen Meßeinheiten mit derselben Punktnummer, wodurch die Verknüpfungen eindeutig festliegen. Es braucht also nicht schon bei der Messung festgehalten werden, ob und wie oft ein Punkt verknüpft.

Die Weiterverarbeitung der Fehlergleichungen zu Normalgleichungen ergibt eine ganz bestimmte Struktur der Koeffizientenmatrix der Normalgleichungen, die in der photogrammetrischen Literatur ausführlich behandelt ist, siehe z.B. (3). Dank dieser Struktur ist es zweckmäßig, die Neupunktskoordinaten als Unbekannte aus den Normalgleichungen zu eliminieren und aus dem verbleibenden teilreduzierten Normalgleichungssystem die $4n_i$ unbekannten Transformationsparameter zu lösen. Das teilreduzierte Normalgleichungssystem hat immer noch einen beträchtlichen Umfang. Wenn wir davon ausgehen, daß ohne weiteres 500 Meßeinheiten vorkommen können, ist mit 2000 oder mehr unbekannten Transformationsparametern zu rechnen. Aufgrund der geometrischen Zusammenhänge kann bei diesem teilreduzierten Normalgleichungssystem eine völlig gesetzmäßig aufgebaute Bandstruktur mit (fast) minimaler Bandbreite erreicht werden. In dem ausgearbeiteten Programmsystem wird durch eine automatische Ordnung der miteinander verknüpfenden Meßeinheiten ein teilreduziertes System von Normalgleichungen mit einer derartigen minimalisierten Bandstruktur aufgestellt und anschließend mit dem HYCHOL-Programm (Hyper-Cholesky-System, s. (4)) direkt gelöst. Dieses Lösungsprogramm ist außerordentlich wirksam und allgemein anwendbar, wie den Leistungsangaben in der Literatur entnommen werden kann.

Nach der Lösung der Transformationsparameter können die einzelnen Meßeinheiten transformiert, die endgültigen Koordinaten der Verknüpfungspunkte bestimmt und die Koordinatenverbesserungen v (Restfehler) ausgewiesen werden.

Unter Hinweis auf das Blockschema Abb. 5 wird nun kurz die Gliederung des Ausgleichungsprogramms in 5 Teile erläutert:

Teil 1: Einlesen der Daten vom Vorprogramm und formale Prüfung.
Die formale Prüfung wiederholt zum Teil noch einmal Operationen des Vorprogramms. Sie erhält Bedeutung, wenn ein anderes Vorprogramm benützt wird. Die Daten werden standpunktweise eingelesen und zusätzlich die Liste der gegebenen Festpunkte, das sogenannte Nullsystem. Die eingelesenen Daten werden extern auf Platten in Records abgespeichert. Die Länge der Records ist variabel, um die Rechenzeiten günstig beeinflussen zu können.

Teil 2a: Automatisches Suchen der Verknüpfungen über Punktnummern mit einem logarithmischen Suchprozeß.
Diese Ordnung der Daten erfolgt ohne Zuhilfenahme einer Punktnummernkodierung, sondern benützt lediglich die Identität der Punktnummern der Meßpunkte in verschiedenen Meßeinheiten bzw. in der Liste der Festpunkte. Ausgehend von dem ersten eingelesenen Modell wird dabei eine optimale Reihenfolge der Meßeinheiten im Hinblick auf eine minimale Bandbreite des reduzierten Normalgleichungssystems aufgestellt. Auch diese Zuordnungsmatrix wird extern gespeichert. Bei großen Datenmengen kommt diesem Ordnungsteil eine außerordentlich große Bedeutung zu. Er ist auch nach Programmier- und Rechenaufwand dem arithmetischen Teil der Ausgleichung vergleichbar.

Teil 2b: Als völlig neuer Programmteil wurde ein automatischer Fehlersuchprozeß entwickelt, der die erst im Blockverband erkennbaren Datenfehler zum Gegenstand hat, also diejenigen Aufnahmefehler, die nicht sofort über formale Kriterien, sondern erst aufgrund von Widersprüchen an Verknüpfungspunkten aufgedeckt werden können.

Teil 3: Bildung der reduzierten Normalgleichungen, submatrizenweise; Lösung mit dem HYCHOL-Programm und Transformation aller Meßeinheiten.

Teil 4: Berechnung der ausgeglichenen Punkte sowie der Verbesserungen und gewisser Fehlermaße; Ausgabe der Ergebnisse auf Magnetband und als Sichtprotokoll.

Das Rechenprogramm umfaßt insgesamt etwa 40 K Worte, die einzelnen Programmteile werden jedoch separat in den Kern geholt und beanspruchen maximal 12 K Worte. Der Prinzip-Ablauf des Programms bedarf an dieser Stelle keiner weiteren Erläuterungen, zumal der Linearität der Fehlergleichungen wegen keine Iterationen erforderlich sind.

An dieser Stelle ist jedoch auf das Problem der groben Datenfehler hinzuweisen. Normalerweise werden z.B. in der Photogrammetrie Blockausgleichungen mehrfach durchgerechnet, weil die im Datenmaterial stets enthaltenen groben Fehler nur schrittweise eliminiert werden können. Auch bei Polaraufnahmen ist mit einem entsprechenden Anteil grober Datenfehler zu rechnen. Rose nennt in (5) 2 % als empirische Fehlerquote für die groben Aufnahmefehler, die sich im wesentlichen aus Punktverwechslungen, Numerierungsfehlern und eventuell auch Registrierfehlern zusammensetzen. Es ist von außerordentlicher praktischer Bedeutung, wenn es gelingt, die groben Fehler automatisch zu erkennen und vielleicht einen großen Teil dieser Fehler automatisch zu eliminieren und zu korrigieren. K. Kraus hat hierzu ein Fehlersuchprogramm entwickelt, über das im nachfolgenden Korreferat berichtet wird. Es geht im Prinzip darum, daß durch Vergleiche der Nahtstellen benachbarter Meßeinheiten die groben Fehler lokalisiert und bis zu einem gewissen Grade auch automatisch eliminiert und korrigiert werden können. Wenn keine automatische Korrektur möglich ist, werden wenigstens Hinweise ausgedruckt, damit die manuelle Fehlersuche gezielt ansetzen kann.

Als Zusatzprogramme zu dem Blockprogramm, die gegebenenfalls eingesetzt werden können, stehen die Kleinste-Quadrate-Interpolation zur Beseitigung von Netzspannungen und die Spannmaßausgleichung zur Verfügung. Auf diese Programme sei nur hingewiesen, sie können hier nicht behandelt werden.

Tabelle 2 Polaraufnahme - berechnete Projekte bis Oktober 1972

| Projekt | ME | Gelände-punkte | Mess-punkte | Fest-punkte | Redun-danz | Mehrfachverknüpfungen 1- | 2- | 3- | 4- | 5- | 6- | 7- | 8-fach |
|---|---|---|---|---|---|---|---|---|---|---|---|---|---|
| Mettern-zimmern (fingiert) | 11 | 39 | 142 | 9 | 180 | - | 10 | 6 | 11 | 12 | - | - | - |
| Bamberg | 12 | 968 | 1017 | 6 | 62 | 935 | 26 | 3 | 2 | - | 1 | 1 | - |
| Rheidt | 8 | 20 | 51 | 5 | 38 | 5 | 4 | 8 | 1 | 2 | - | - | - |
| Roßwag | 48 | 700 | 1480 | 11 | 1390 | 72 | 559 | 22 | 28 | 10 | 2 | 4 | 3 |

## 3. Ergebnisse und Leistungen des Programms

Obwohl die Programmentwicklung noch nicht endgültig abgeschlossen ist, können hier in begrenztem Umfang Ergebnisse praktischer Berechnungen vorgelegt werden, die die Brauchbarkeit und Wirksamkeit der Methode belegen. Die Tabellen 2 und 3 zeigen eine Zusammenstellung der bisher berechneten Fälle. Die drei ersten Projekte sind zur Entwicklung und Prüfung des Programmsystems benützt worden. Das Projekt Roßwag stellt den ersten praktischen Fall aus der Flurbereinigung dar, der im Herbst 1972 durchgerechnet werden konnte.

Hier einige Bemerkungen zu den Projekten der Tabellen 2 und 3. Das Projekt Mettenzimmern ist fingiert. Die Messungen sind aus einer bestehenden Grenzaufnahme rückwärts rechnerisch abgeleitet worden. Dieses Projekt diente als erste Kontrolle für die Programmierung. Die Zahlenwerte sind daher von wenig Belang. Das Projekt Bamberg ist im Rahmen der bayrischen Flurbereinigung als Testfall für das Reg Elta 14 von Herren der Firma Carl Zeiss gemessen worden und enthält 12 Meßeinheiten mit insgesamt 1 017 Punkten. Die Tabelle weist aus, daß es sich hier um eine Aufnahme im traditionellen Stil handelt. Das Punktfeld wird im wesentlichen nur durch Züge zusammengehalten. Die große Masse der Punkte sind Einzelpunkte, d.h. Polarpunkte, unter denen nur ausnahmsweise Verknüpfungen vorkommen. Obwohl dieses Beispiel der Blockmethode keine Wirkungsmöglichkeit bietet, demonstriert es doch, daß sich die Methode selbstverständlich auch zur Berechnung konventionell-hierarchischer Aufnahmen eignet. Im dritten Beispiel Rheidt ist die Aufnahme aus der Untersuchung (6) von Dr. Hallermann, Bonn, benützt worden. Sie hat mit nur 51 Punkten einen geringen Umfang, ist also im Sinne der hier angestrebten Behandlung umfangreicher Aufnahmen mit großen Datenmengen nur von untergeordneter Bedeutung. Das Projekt Roßwag ist dagegen eine praktische Polaraufnahme mit Reg Elta 14 aus der Flurbereinigung in Baden-Württemberg. Die statistischen Daten (48 Meßeinheiten, 1482 Messungen, 31 Punkte pro Standpunkt) weisen es als ein kleines Flurbereinigungsprojekt aus. Aus der Zusammenstellung der Mehrfachmessungen geht hervor, daß es sich im wesentlichen um Doppelaufnahmen handelt. Diese Aufnahme ist eher geeignet, die Eigenschaften der Blockmethode zur Wirkung zu bringen, wenngleich sie auch noch in erster Linie auf die konventionelle Berechnungsmethode ausgerichtet ist. Zwar sind jeweils die Doppelmessungen in sich sehr stark verknüpft, zwischen den Doppeleinheiten bestehen aber wiederum nur verhältnismäßig schwache Verknüpfungen.

Nun einige Erläuterungen zu den Ergebnissen:

Tabelle 3

Polaraufnahme -
Genauigkeitswerte aus der Blockausgleichung

| Projekt | Genauigkeit | | | | | grobe Fehler |
|---|---|---|---|---|---|---|
| | $\sigma_o$ cm | $\nabla_{VP}$ cm | | $\nabla_{PP}$ cm | | |
| | | x | y | x | y | |
| Metter-zimmern | (2 | 2 | 2 | 2 | 2) | -- |
| Bamberg | 1,6 | 1,1 | 0,8 | 1,1 | 1,2 | 20 |
| Rheidt | 2,3 | 1,4 | 1,6 | | | 1 |
| Roßwag | 1,3 | 0,9 | 1,0 | 1,3 | 3,7 | 27 |

$\sigma_o$ = mittlerer Gewichtseinheitsfehler

$\nabla_{VP}$ = quadratischer Mittelwert der Koordinaten-Restfehler an Verknüpfungspunkten

$\nabla_{PP}$ = quadratischer Mittelwert der Koordinaten-Restfehler an Festpunkten

3.1 Genauigkeit (siehe Tabelle 3)

Die Genauigkeitsangaben können hier nur interner Art sein, da es sich nicht um kontrollierte Teste handelt. Wichtigste Größe ist der mittlere Gewichtseinheitsfehler $\sigma_o$, dessen Wert im Falle Roßwag 1.3 cm, im Falle Bamberg 1.6 cm beträgt. Der mittlere Gewichtseinheitsfehler stellt ein Maß für die Meß- und Aufnahmegenauigkeit dar, in dem sowohl die Genauigkeit des Meßgerätes (Reg Elta 14) als auch sämtliche Einflüsse der Zielzentrierungen, d.h. des Aufhaltens der Prismen auf den Grenzpunkten enthalten sind. Daß hier sehr günstige Werte erreicht wurden, liegt neben der Genauigkeit des Meßgerätes auch daran, daß es sich im Fall Roßwag bei den Grenzpunkten um Kunststoffmarken handelte, deren Mittelpunkt jeweils durch eine zentrale Vertiefung genau markiert ist.

Weitere interessante Genauigkeitsangaben aus dem Projekt Roßwag sind die Mittelwerte $\bar{v}_{VP} = 1.0$ cm (quadratischer Mittelwert der Koordinaten-Restfehler an den Verknüpfungspunkten) und $\bar{v}_{PP} = 2.8$ cm (quadratischer Mittelwert der Koordinaten-Restfehler an den Festpunkten). Man sieht den aus der Photogrammetrie bekannten Effekt bestätigt, daß der Blockverband in sich wesentlich homogener ist als die Anpassung des Blockverbandes an die Paßpunkte. Hier wirken sich die Netzspannungen aus, die gegebenenfalls durch Anwendung des Interpolationsprogrammes gemildert werden können. Da außerhalb der Photogrammetrie die Blockmethode bisher wenig Anwendung gefunden hat und daher die in der Katastervermessung tätigen Praktiker mit der Bedeutung und Interpretation der Koordinaten-Restfehler $v_x$ und $v_y$ der Ausgleichung wenig vertraut sind, zeigt die Abb. 7 noch einmal, wie sie zustande kommen. Das Ergebnis der Ausgleichung

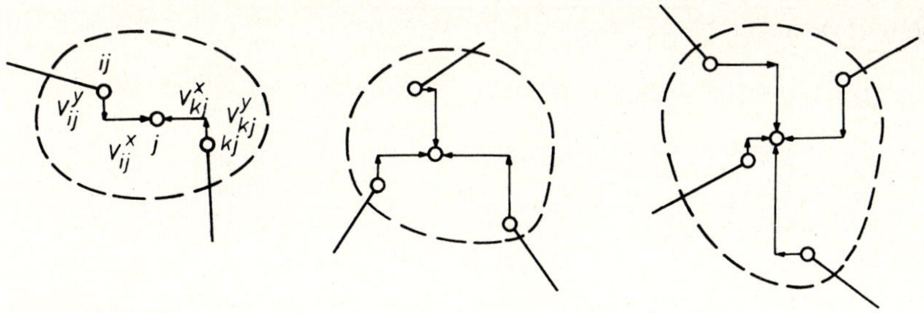


Abbildung 7:
Prinzipbeispiele für Koordinaten-Restfehler
$v_{ij}^x$ $v_{ij}^y$ ($i = 1...2$, $1...3$, $1...4$)
an 2-, 3- und 4-fachen Verknüpfungspunkten)

sind ja zunächst einzeln transformierte Meßeinheiten. Einem in zwei oder mehr Meßeinheiten aufgenommenen Verknüpfungspunkt j entsprechen in diesem Stadium die verschiedenen, in den einzelnen Meßeinheiten transformierten

Tabelle 4

Zwei Beispiele für Koordinaten-Restfehler
(aus dem Projekt Roßwag)

| ME | Nr. 200609031 | $v_x$ | $v_y$ |
|---|---|---|---|
| PP | 5 | + 1,2 cm | - 4,1 cm |
| PP | 4 | - 1,3 | + 4,9 |
| VP | 2 | - 0,4 | + 1,5 |
| VP | 2 | - 0,1 | - 0,1 |
| VP | 2 | - 0,1 | + 0,3 |
| VP | 2 | - 0,4 | + 1,0 |
| PP | 5 | + 1,0 | - 3,5 |

| ME | Nr. 100233009 | $v_x$ | $v_y$ |
|---|---|---|---|
| PP | 7 | + 0,2 cm | + 0,2 cm |
| PP | 7 | - 0,2 | - 0,5 |
| EP | 1 | - | - |
| VP | 2 | - 0,3 | 0,0 |
| VP | 2 | - 0,2 | - 0,3 |
| VP | 2 | - 0,4 | + 0,1 |
| VP | 2 | + 0,6 | 0,0 |
| VP | 2 | + 0,2 | - 0,7 |
| VP | 2 | - 0,1 | - 0,1 |
| VP | 2 | + 0,5 | + 0,3 |
| VP | 2 | - 0,1 | + 1,3 |
| VP | 5 | - 0,2 | + 0,3 |

Hier bedeuten:
PP 5: 5facher Paßpunkt
VP 2: 2facher Verknüpfungspunkt
EP 1: 1facher (Einzel-)Punkt
usw.
(Die Nummern und Koordinaten der Punkte sind weggelassen).

Tabelle 5

Beispiel der Restfehler eines 7fachen Verknüpfungspunktes
(aus dem Projekt Roßwag)

| Punkt-Nr. | 100232000 | $v_x$ | $v_y$ |
|---|---|---|---|
| in ME-Nr. | 100233009 | + 0,2 cm | + 0,2 cm |
| | 100233o10 | + 3,0 cm | + 0,9 cm |
| | 100231005 | - 1,2 cm | - 0,2 cm |
| | 209005046 | - 0,9 cm | + 0,9 cm |
| | 100232008 | - 0,1 cm | - 0,4 cm |
| | 100231006 | - 1,0 cm | + 0,7 cm |
| | 100232007 | 0,0 cm | - 0,2 cm |
| | | $\sum$ 0,0 | + 0,1 |

Punkte ij, kj usw. Diese transformierten Einzelpunkte stimmen immer noch nicht genau überein. Erst das arithmetische Mittel dieser zusammengehörigen Einzelpunkte bildet den endgültig ausgeglichenen Punkt j (das arithmetische Mittel ist das strenge Ergebnis der Ausgleichung, wie durch Rücksubstitution in die Normalgleichungen bewiesen werden kann). Die Koordinatenunterschiede der einzeln transformierten Punkte zu dem endgültig ausgeglichenen Punkt stellen die Restfehler (=Verbesserungen) $v_x$ und $v_y$ der Ausgleichung dar. Diese Restfehler sind erfreulich klein, wie die Tabellen 4 - 6 exemplarisch zeigen mögen. In der Tabelle 4 sind zwei der kleineren transformierten Meßeinheiten beliebig herausgegriffen worden, Tabelle 5 zeigt als Beispiel einen 7-fachen Verknüpfungspunkt und die Koordinaten-Restfehler seiner in den beteiligten Meßeinheiten transformierten Einzelpunkte. Selbstverständlich sind im Protokoll der Blockausgleichung diese transformierten Koordinaten und die zugehörigen Verbeserungen v vollständig ausgedruckt. Tabelle 6 zeigt eine Seite aus dem Protokoll der Blockausgleichung Roßwag. Man weiß also in jedem Einzelfalle, welche Punkte in der endgültigen Koordinatenliste einfach, zweifach oder mehrfach bestimmt sind und sieht außerdem, wie gut die Mehrfachbestimmungen zusammenpassen. Hier kommt die Eigenschaft der vollständigen Dokumentation und Information einer Ausgleichung zum Tragen.

## 3.2 Fehlersuchprogramm

Das Fehlersuchprogramm hat im Falle Roßwag seine erste Bewährungsprobe bestanden. Über Einzelheiten wird im anschließenden Korreferat Kraus-Krack berichtet. Hier soll nur summarisch festgestellt werden, daß bei der ersten Berechnung der Ausgleichung insgesamt 24 grobe Fehler automatisch erkannt und behoben wurden. Zwei grobe Fehler (eine Nahtstelle) konnten lediglich erkannt, aber nicht geklärt werden und wurden in einer Hinweisliste ausgedruckt. Diese Nahtstelle bestand aus 5 Punkten mit zwei groben Fehlern. Das Programm erlaubt im Augenblick noch nicht, zwei falsche aus fünf Punkten eindeutig zu klären, wogegen zwei aus sechs bereits sicher zu diagnostizieren wären. Diese eine Nahtstelle konnte jedoch manuell durch Aufzeichnen der Fehlervektoren der beiden betroffenen Meßeinheiten rasch geklärt werden. Die groben Fehler waren in der Größenordnung von 100 Metern und erklären sich im wesentlichen aus Numerierungsfehlern. Der kleinste der erkannten groben Fehlerbeträge war 10 cm. Bei einem mittleren Gewichtseinheitsfehler von nur 1.3 cm ist ein Betrag von 10 cm schon deutlich als grobe Toleranzüberschreitung zu erkennen.

Nach dieser Bereinigung der Nahtstellen bzw. Überlappungszonen zwischen benachbarten Meßeinheiten im ersten Lauf war ein zweiter Lauf erforderlich, weil sich noch ein trigonometrischer Punkt als grob falsch herausstellte,

Tabelle 6

Auszug aus dem Protokoll der Blockberechnung R o ß w a g

| Punkt-Nr. | Rechtswert | Hochwert | Punkt-art | Restfehler $V_x$ m | Restfehler $V_y$ m |
|---|---|---|---|---|---|
| MODELL-NR. | 200613038 | | | | |
| 200611000 | -9753.614 | 46935.317 | LA 5 | .004 | .013 |
| 200613000 | -9885.730 | 46929.059 | LA 4 | -.000 | -.069 |
| 200613001 | -9940.195 | 46930.274 | VP 2 | .003 | .017 |
| 200613002 | -9910.507 | 46927.970 | VP 2 | .006 | .013 |
| 200613003 | -9882.186 | 46929.164 | VP 2 | -.009 | .002 |
| 200613004 | -9882.225 | 46927.690 | VP 2 | -.009 | .008 |
| 200613005 | -9882.428 | 46922.066 | VP 2 | .000 | .006 |
| 200613006 | -9910.751 | 46923.866 | VP 2 | .004 | .002 |
| 200613007 | -9940.604 | 46925.396 | VP 2 | .000 | .009 |
| MODELL-NR. | 100233009 | | | | |
| 100232000 | -10479.781 | 46740.540 | VP 7 | .002 | .002 |
| 100233000 | -10247.630 | 46827.719 | VP 7 | -.002 | -.005 |
| 100233002 | -10248.070 | 46828.264 | EP 1 | | |
| 100233003 | -10255.432 | 46841.967 | VP 2 | -.003 | .000 |
| 100233004 | -10260.758 | 46856.920 | VP 2 | -.002 | -.004 |
| 100233005 | -10261.976 | 46870.394 | VP 2 | -.004 | .001 |
| 100233006 | -10257.702 | 46870.346 | VP 2 | .006 | .000 |
| 100233007 | -10256.630 | 46857.606 | VP 2 | .002 | -.007 |
| 100233008 | -10251.891 | 46844.055 | VP 2 | -.001 | -.002 |
| 100233009 | -10244.452 | 46830.437 | VP 2 | .005 | .002 |
| 100250004 | -10256.291 | 46929.537 | VP 2 | -.001 | .010 |
| 100261000 | -10106.537 | 46882.581 | VP 5 | -.002 | .001 |
| MODELL-NR. | 100251018 | | | | |
| 100233000 | -10247.631 | 46827.714 | VP 7 | -.000 | .000 |
| 100251000 | -10205.393 | 46784.365 | VP 4 | -.003 | -.007 |
| 100251020 | -10187.723 | 46803.883 | VP 2 | -.009 | .002 |
| 100251021 | -10192.591 | 46806.171 | VP 2 | .014 | .003 |
| 100251022 | -10161.645 | 46836.495 | VP 2 | -.008 | .007 |
| 100251023 | -10165.154 | 46840.192 | VP 2 | .009 | -.001 |
| 100251024 | -10133.070 | 46860.163 | VP 2 | -.008 | -.010 |

mit einem Fehlerbetrag von etwa 800 Metern. Es handelte sich hier um einen Einzelpunkt, der natürlich durch die automatische Kontrolle der Verknüpfungen zwischen den Meßeinheiten nicht erfaßt wird. Nach Eliminierung dieses Punktes im zweiten Lauf war die Blockausgleichung in Ordnung.

### 3.3 Rechenzeiten und Rechenkosten

In der Tabelle 7 sind die Rechenzeiten für die Blockausgleichungen Roßwag und Bamberg zusammengestellt. Diese Rechenzeiten beziehen sich auf die Rechenanlage Control Data 6600 und gelten für einen Lauf der Blockausgleichung (ohne Vorprogramm und Fehlersuche). Für den Fall

Tabelle 7

Aufgegliederte Rechenzeiten für je einen Lauf der Blockberechnung mit CDC 6600 in sec.

| Programmteil | Projekt Roßwag | | | Projekt Bamberg | | |
|---|---|---|---|---|---|---|
| | CP | IO | SS | CP | IO | SS |
| 0 | 1 | 19 | 1 | 1 | 1 | 18 |
| 1 | 5 | 7 | 8 | 3 | 4 | 6 |
| 2a | 2 | 6 | 4 | 1 | 7 | 4 |
| 3 | 11 | 18 | 19 | 2 | 10 | 7 |
| 4 | 10 | 12 | 15 | 4 | 11 | 8 |
| Summe: | 28 | 62 | 46 | 11 | 50 | 25 |

(SS = Systemzeit)

Roßwag, der als realistisch und repräsentativ gelten kann, liegt demnach die Systemzeit bei 0.03 Sekunden pro Messung oder 0.066 Sekunden pro Geländepunkt.

In diesem Zusammenhang ist die manuelle Arbeitszeit besonders interessant, die zur Behandlung des Projektes Roßwag erforderlich war. Nach dem Erhalt des Magnetbandes bzw. der Lochkarten (aus dem Vorprogramm) fielen für einen Bearbeiter folgende Arbeitszeiten an:

| | | |
|---|---|---|
| Fahrt zum Rechenzentrum | 2 x 1/2 | Stunde |
| Vorbereitung der Läufe | 2 x 1/2 | Stunde |
| Prüfen des ersten Laufes und Fehlersuche | 1 | Stunde |
| Summe | 3 | Mannstunden. |

Die reinen Rechenzeiten, die für den Bearbeiter Wartezeiten darstellen, sind hier völlig zu vernachlässigen. Unabhängig davon können natürlich erhebliche Wartezeiten anfallen, die aber von der Organisation des Rechenzentrums abhängen. Jedenfalls lag mit einem Aufwand von 3 Mannstunden im Fall Roßwag das bereinigte Ergebnis der Blockausgleichung in Form eines Rechenprotokolles und eines Stapels Lochkarten vor.

In dieser bemerkenswert kurzen Bearbeitungszeit, die wohl noch nicht als repräsentativ gelten kann und die bei photogrammetrischen Blockausgleichungen bisher auch nicht annähernd erreicht wurde (der Unterschied ist mindestens eine Zehnerpotenz) manifestiert sich die Wirkung des automatischen Fehlersuchprogrammes. Hier bestätigt sich überzeugend, welche Einsparungen durch verstärkte, anspruchsvolle Automation möglich sind. Für den kommerziellen Betrieb der Rechenanlage CDC 6600 gilt ein Kostensatz von durchschnittlich DM 1.25 pro Sekunde Rechenzeit (Systemzeit). Im einzelnen kann der Kostensatz je nach eingeräumter Priorität zwischen DM 1.-- und DM 2.--pro Systemsekunde schwanken.

Die Gesamt-Rechenkosten für eine Blockausgleichung belaufen sich also beim Projekt Roßwag mit 46 Systemsekunden auf DM 58.--, beim Projekt Bamberg mit 24 Systemsekunden auf DM 30.--. Umgerechnet sind das DM 0.04 pro Messung oder DM 0.08 pro Geländepunkt (Roßwag) bzw. DM 0.03 pro Messung und DM 0.03 pro Geländepunkt (Bamberg). Es wird daran erinnert, daß es sich bei Roßwag um eine Doppelaufnahme und bei Bamberg im wesentlichen um eine einfache Aufnahme mit sehr wenigen Verknüpfungen handelt. Für die zwei Läufe des Projekts Roßwag einschließlich der Fehlersuche beliefen sich die Rechenkosten auf insgesamt DM 120.-- oder DM 0.08 pro Messung bzw. DM 0.17 pro Geländepunkt.

Die genannten Beträge stellen die reinen Rechenkosten dar, die für die Berechnungen mit dem Blockprogramm an der CDC 6600 vom kommerziellen Control Data Rechenzentrum Stuttgart/Frankfurt in Rechnung gestellt werden. Diese Angaben enthalten nicht die Berechnungen mit dem Vorprogramm, die Arbeitszeit und gegebenenfalls eine Programmamortisation. Von diesen drei zusätzlichen Positionen können wir hier nur die Arbeitszeit für das Blockprogramm (einschließlich der Fehlersuche) erfassen, die sich, wie oben ausgeführt, auf nur 3 Mannstunden belief. Je nach den Kosten, die man pro Arbeitsstunde ansetzt, würden sich die Gesamtkosten für die Blockausgleichung im Falle Roßwag höchstens auf DM 250.-- oder DM -.17 pro Messung bzw. DM -.36 pro Geländepunkt belaufen.

Nach den Erfahrungen der photogrammetrischen Blockausgleichung ändern sich die genannten Beträge auch bei größeren Projekten zunächst nicht wesentlich.

## 3.4 Anforderungen an Rechenanlagen

Die genannten Rechenzeiten und Rechenkosten beziehen sich auf die Großrechenanlage CDC 6600. Die Werte zeigen und bestätigen, daß Großausgleichungen mit Rechenanlagen dieser Größenordnung tatsächlich sehr schnell und sehr billig auszuführen sind. Es ist aber nicht so, daß unbedingt Großrechenanlagen für die Blockausgleichung benötigt werden, obwohl sie am billigsten rechnen. Vielmehr sind durchaus auch Rechenanlagen mittlerer Größe, wie sie an vielen, auch staatlichen Stellen zur Verfügung stehen, dafür geeignet. Als Faustregel kann gelten, daß alle universalen Rechenanlagen mit einer Kernspeicherkapazität von mindestens 64 K Worten bzw. 256 K bytes für Groß-Blockausgleichungen geeignet sind, sofern sie mit Plattenspeichern üblicher Art ausgerüstet sind. Die kleinste Rechenanlage, an der das Programm bisher läuft und die auch etwa die untere Grenze darstellt, ist die Anlage IBM 370/145. Von den insgesamt 256 K bytes des Kernspeichers sind in diesem Falle für das Programm und die Berechnungen effektiv 150 K verfügbar, was gerade noch genügt. Praktische Vergleiche haben ergeben, daß diese Anlage etwa um den Faktor 8 langsamer rechnet als die CDC 6600, während die Rechenkosten etwa um den Faktor 3 höher liegen dürften. Mit dieser Anlage muß mit doppelter Genauigkeit gerechnet werden.

Obwohl nach wie vor gilt, daß Großrechenanlagen für umfangreiche Ausgleichungen am wirtschaftlichsten rechnen, ist doch festzustellen, daß Rechenanlagen mittlerer Größe für die Blockausgleichung von Polaraufnahmen ebenfalls geeignet sind, insbesondere die bei den Länderbehörden verfügbaren neueren Anlagen IBM 370/145 und 155.

## 4. Beurteilung

Es soll hier nicht versucht werden, noch einmal eine generelle Würdigung der Methode der Blockberechnung zu geben. Immerhin kann zunächst festgestellt werden, daß die Erwartungen, die dem Vorschlag vor zwei Jahren zugrunde lagen, in Erfüllung gegangen und daß größere Schwierigkeiten nicht aufgetreten sind. Im einzelnen kann aber noch auf folgende Punkte hingewiesen werden:

Das Programmsystem kann für die trigonometrischen Punkte individuelle Gewichte einführen, einschließlich des Gewichtes $\infty$. Als Festpunkte mit dem Gewicht o lassen sich sogenannte Vergleichspunkte mitführen, die keinen Einfluß auf die Ausgleichung ausüben, deren Restfehler aber mit ausgedruckt werden. Diese Punkte können entweder bei Untersuchungen der Genauigkeitskontrolle dienen oder z.B. die Widersprüche zu alten Vermessungen in den Randzonen eines Gebietes nachweisen.

Die Methode der Blockberechnung von Polaraufnahmen durch verkettete Helmert-Transformation geht davon aus, daß alle Punkte zunächst durch Polarkoordinaten in örtlichen Standpunktsystemen gegeben sind. Zu jedem Punkt müssen also Strecke und Richtung gemessen oder bekannt sein. Diese Voraussetzung stellt eine gewisse Schwäche der Methode dar, wenn Fernziele oder Hochpunkte nur durch Richtungsmessung angezielt wurden. Dieser Fall ist jedoch durch eine Standardisierung der Meßvorschriften und durch eine Berechnung der zugeordneten Strecken im Vorprogramm soweit beherrscht, daß er keinerlei Behinderung in der Praxis darstellt. Es gäbe dazu auch allgemeine vollautomatische Lösungen durch eine iterative Berechnung, auf die hier aber nicht eingegangen werden kann. Ähnlich ist auch die Frage der Zentrierungen gelöst. Standpunktzentrierungen spielen überhaupt keine Rolle, da ohnehin mit freien Standpunkten gearbeitet wird. Zielpunktzentrierungen werden im Vorprogramm erledigt.

Ein besonders wichtiges Element praktischer Aufnahmeverfahren für Katasterzwecke bildet die durchgreifende Kontrolle der Aufnahme. Falls die Kontrolle über eine doppelte Polaraufnahme erfolgt (mit oder ohne Standpunktwechsel), ist sie in die Berechnung automatisch dadurch einbezogen, daß jeder Standpunkt selbständig behandelt wird. Besonders wichtig ist dabei, daß die Kontrolle nicht nur vollständig dokumentiert, sondern daß sie auch zur Genauigkeitssteigerung herangezogen wird. Ausgleichungstechnisch ist zwischen Erstaufnahme und Kontrollaufnahme kein Unterschied, sie werden beide voll gewertet und beide gleichwertig zur Ausgleichung herangezogen. Die Kontrolle fällt dabei als Nebenprodukt mit ab. Ein anderes Mittel zur unabhängigen Kontrolle bilden Spannmaße. Mit Hilfe des Zusatzprogramms der sogenannten Spannmaßausgleichung können die Polaraufnahme und die Spannmaße einer gemeinsamen Ausgleichung unterzogen werden, die ebenfalls der genaueren Punktbestimmung dient und bei der die Kontrolle und die Dokumentation der Kontrolle automatisch mit abfällt. Man kann allgemein feststellen, daß die Dokumentation der Kontrolle und die Vollständigkeit der Kontrolle bei diesen umfassenden Rechensystemen einen Grad erreicht hat, von dem bei den früheren Aufnahme- und Rechenmethoden in keiner Weise die Rede sein konnte. Dabei ist geradezu selbstverständlich, daß im Ergebnisprotokoll einer Blockausgleichung auch diejenigen Punkte durch Hinweise gekennzeichnet sind, die nur einmal aufgenommen wurden, die also nicht kontrolliert sind.

In diesem Zusammenhang sei die Bemerkung angefügt, daß es für Blockausgleichungen noch keine Fehlergrenzen gibt. An Stelle der Fehlergrenzen für Messungen wäre es hier richtiger, Fehlergrenzen für die Ergebnisse einer Blockausgleichung, d.h. für die zulässigen Klaffungen an den Verknüpfungspunkten und an den trigonometrischen Punkten aufzustellen.

Das Verfahren der Blockausgleichung paßt in seinen allgemeinen Eigenschaften gut in ein modernes Koordinatenkataster mit den generellen Vorteilen der Großkoordinaten. Dies ist umso wichtiger, als die früher so problematische Frage der Absteckungs- und der Fortführungsvermessungen mit Großkoordinaten durch die Existenz transportabler Kleincomputer, die mit ins Feld genommen werden können, gelöst ist.

Weiter sei darauf hingewiesen, daß die Methode der Blockberechnung nicht auf die Polaraufnahme beschränkt ist. Vielmehr können als Meßeinheiten beliebige und beliebig entstandene Aufnahmeeinheiten gelten, sofern sie nur in ein örtliches kartesisches Koordinatensystem übergeführt werden können oder sich direkt darauf beziehen. Insbesondere können Modelle aus der Photogrammetrie oder kleine oder größere Einheiten, die durch Orthogonalaufnahme entstanden sind, kombiniert werden.

Als wesentlicher Vorteil des Systems sei noch einmal betont, daß bei der Aufnahme oder vor der Aufnahme keine Netzverdichtung erforderlich ist. Die Genauigkeit der im Block ausgeglichenen Punkte einer modernen elektronischen Tachymeteraufnahme ist so gut, daß praktisch jeder beliebige Punkt als Polygonpunkt im klassischen Sinne aufgefaßt werden kann. Die Charakterisierung eines Punktes als Fest- oder Polygonpunkt richtet sich dann mehr nach der dauerhaften Vermarkung als nach der Aufnahme. Es sind nicht nur keine Züge im üblichen Sinne notwendig, vielmehr ist ein Blockverband mit durchschnittlich 4 - 6 Verknüpfungspunkten pro Meßeinheit genauer als ein Zugverband üblicher Art.

Schließlich sei noch einmal das Problem der Netzspannungen angesprochen. Netzspannungen treten durch die große Reichweite der modernen elektronischen Tachymeter und durch die Berechnung im Blocksystem wesentlich deutlicher in Erscheinung als früher. Man kann daraus nur die Folgerung ziehen, daß einerseits nur ein verhältnismäßig weitmaschiges übergeordnetes Netz hoher Genauigkeit erforderlich ist und daß andererseits Verfahren benötigt werden, um die Auswirkungen vorhandener Netzspannungen weitgehend aufzufangen. Dazu dient z.B. das Interpolationsprogramm zur Einpassung von Punktverbänden in ein übergeordnetes Netz.

Abschließend sei noch einmal betont, daß mit diesem Vortrag ein Bericht über die Entwicklung des vor zwei Jahren vorgeschlagenen Rechenprogramms zur Blockausgleichung von Polaraufnahmen und über die ersten Ergebnisse vorgelegt werden sollte. Die Konzeption des Programmes einschließlich der Erweiterung auf die automatische Fehlersuche und die ersten Ergebnisse weisen das System als ein modernes, leistungsfähiges und universelles

Verfahren zur automatischen Berechnung von Polaraufnahmen beliebigen Umfangs aus. Es muß jetzt in möglichst vielfältige praktische Erprobungen und Anwendungen gehen, um neben allen anderen Eigenschaften vor allem seine Genauigkeit und Wirtschaftlichkeit unter den verschiedensten Bedingungen zu beweisen. Es bleibt zu wünschen, daß es die Praxis dabei bald wagt, vom konventionellen Aufnahmesystem abzugehen und unter wirklicher Verwendung der freien Stationierung die Möglichkeiten des Systems voll zur Geltung bringt.

Literatur


1 Ackermann, F.: Neue Ziele und Methoden der automatischen Berechnung umfangreicher geodätischer Netze. Sammlung Wichmann, Neue Folge, Heft 15, Elektronische Tachymetrie, 1970, S. 17 - 30

2 Ackermann, F.: Leistungssteigerung in der numerischen Photogrammetrie. Nachrichten aus dem Karten- und Vermessungswesen, Reihe I, Heft Nr. 53, 1971, S. 9 - 36

3 Ackermann, F., Ebner, H., Klein, H.: Ein Programmpaket für die Aerotriangulation mit unabhängigen Modellen, Bildmessung und Luftbildwesen, Heft 4/1970, S. 218 - 224

4 Klein, H.: Großrechenanlagen in der Photogrammetrie, Nachrichten aus dem Karten- und Vermessungswesen, Reihe I, Heft Nr. 53, 1971, S. 135-146

5 Rose, W.: Die Wirtschaftlichkeit elektronischer Tachymeter in Abhängigkeit von Sicherheitsanforderungen, Genauigkeit und Festpunktnetz, Vortrag beim 57. Deutschen Geodätentag 1972 in Braunschweig

6 Hallermann, L.: Überblick über die auf dem Markt befindlichen Nahbereichsentfernungsmesser und deren Einsatz bei der Punktaufnahme. Sammlung Wichmann, Neue Folge, Heft 15, Elektronische Tachymetrie, 1970, S. 104 - 117

## DETAILPROBLEME UND ERFAHRUNGEN BEI DER BEARBEITUNG GROSSRÄUMIGER POLARAUFNAHMEN

Von K. Kraus und K. Krack

Im ersten Teil dieses Vortrages werden die allgemeinen Ausführungen von Prof. Ackermann im vorstehenden Beitrag (1) über eine Programmentwicklung zur Blockausgleichung großräumiger Polaraufnahmen in einigen Punkten nochmals aufgegriffen und in ausführlicher Form fortgesetzt. Hier sind vor allem die Auswirkungen dieses Programmsystems auf die Erfassung der Daten im Gelände und die Handhabung des Programmes im praktischen Einsatz zu besprechen.

Im zweiten Teil des Vortrages wird eine teilautomatisierte Fehlersuche konzipiert und es wird an Beispielen erläutert, wie bequem sich damit großräumige Polaraufnahmen bearbeiten lassen.

Zum Schluß werden einige Bemerkungen zur Berücksichtigung von Projektionsverzerrungen und zur Behandlung von Netzspannungen gemacht.

### 1. Erfassung der Daten im Gelände

Der Wert eines Programmsystems hängt entscheidend davon ab, ob und wieviel Zeit im Außendienst eingespart werden kann. Die größere Allgemeinheit der blockweisen Aufnahme und Verarbeitung bietet hier - wie anschließend gezeigt wird - im Vergleich zu anderen Arbeitsmethoden einige Vorteile.

#### 1.1 Erkundung der Aufnahmestandpunkte

Die Probleme bei der klassischen Erkundung in Form von kombinierten Winkel- und Streckennetzen und von Polygonzügen sind besonders vielschichtig und eine der qualifiziertesten geodätischen Aufgaben im Außendienst. Es ist unter anderem ein Kompromiß zwischen geometrisch günstigen Netzfigurationen und den Sichtverhältnissen im Gelände zu finden. Die Güte dieses Kompromisses hängt von den Fähigkeiten und Erfahrungen des leitenden Geodäten und - überspitzt formuliert - von der Länge der gelaufenen Wegstrecken ab. Dabei machen vor allem die unbedingt notwendigen Sichten zwischen den benachbarten Aufnahmestandpunkten und die Sichten zu den trigonometrischen Punkten häufig große Schwierigkeiten.

Bei der blockweisen Aufnahme kann man im wesentlichen frei von diesen Zwangsbedingungen - allein nach den günstigen Sichtverhältnissen zu den einzumessenden Grenzpunkten - die Aufnahmestandpunkte wählen. Denn bei dieser Methode tragen nicht nur die wenigen Messungen zwischen den Aufnahmestandpunkten und den trigonometrischen Punkten, sondern auch ein Großteil der Messungen zu den Grenzpunkten zur Verflechtung des Netzverbandes beil. Dazu ein typisches Beispiel (Abb. 1 und 2): Von den Punkten

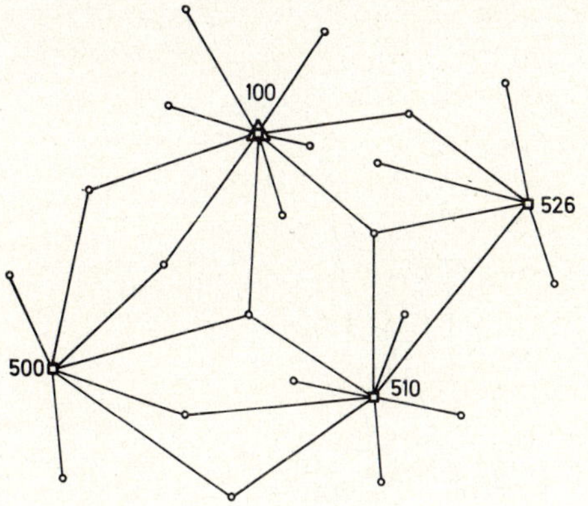


Abbildung 1:
Blockweise Aufnahme

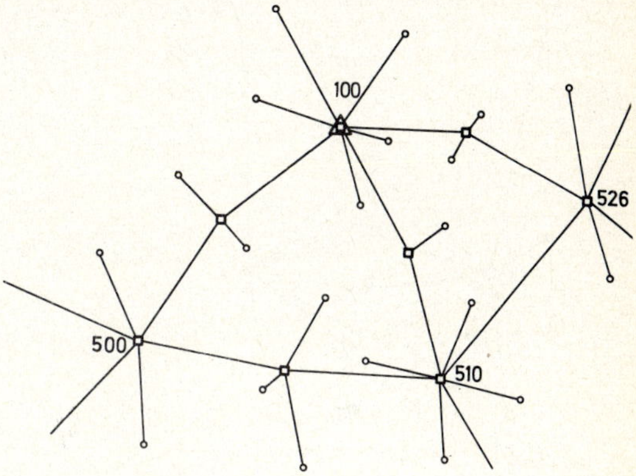


Abbildung 2:
Konventionelle Aufnahme

100, 500, 510 und 526 können alle aufzunehmenden Grenzpunkte eingesehen werden. Der TP 100 liegt auf einem gewölbten Hügel, der von den übrigen Aufnahmestandpunkten nicht sichtbar ist; ebenfalls fehlt die Sicht zwischen den Punkten 500 und 510. Bei der blockweisen Aufnahme erreicht man den geometrischen Zusammenhang über die von verschiedenen Standpunkten aus mehrfach gemessenen Grenzpunkte. Dagegen müssen bei der konventionellen Aufnahme weitere Aufnahmestandpunkte eingeschaltet werden, bis Sichten zwischen diesen Punkten gegeben sind.

Dieses Beispiel kann verallgemeinert und daraus gefolgert werden, daß man bei der blockweisen Aufnahme weniger Standpunkte braucht. Außerdem geht die Erkundung wesentlich einfacher und schneller, da man auf keine gegenseitige Sichten zwischen den Aufnahme-Standpunkten Rücksicht nehmen muß.

Infolge dieses weitmaschigeren Aufnahmenetzes kann die große Reichweite der Instrumente besser ausgenutzt werden. Bei schlechten trigonometrischen Netzen hat man mit der herkömmlichen Aufnahmetechnik noch zusätzliche Nachteile: Mit Vergrößerung der Zielweiten treten nämlich an den Nahtstellen der verschiedenen Aufnahmeeinheiten besonders große Unstetigkeiten auf. So können sich z.B. in den beiden von den Standpunkten 510 und 112 polar abgesetzten Punkten 5 und 6 die Netzspannungen besonders ungünstig auswirken (Abb. 3). Die Mittelung eventuell doppelt koordinierter Punkte (Nr. 1, 3 und 7) bringt keine Verbesserung. Die Blockausgleichung zeichnet sich demgegenüber dadurch aus, daß die Transformationselemente aller Meßeinheiten gemeinsam so bestimmt werden, daß die Quadratsumme der Klaffungen an den identischen Punkten (Nr. 1, 3 und 7)

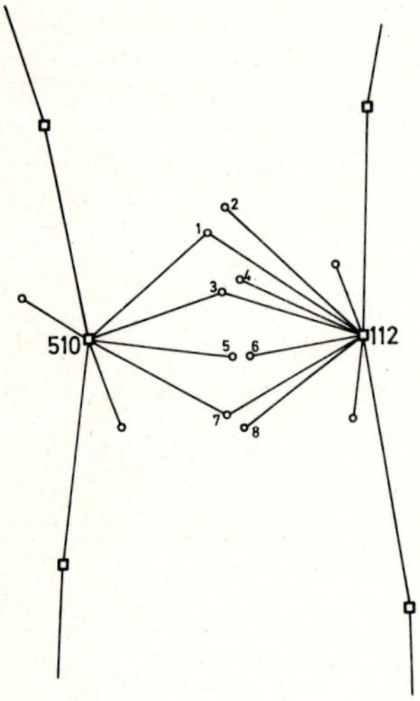


Abbildung 3:
Eine besonders durch Netzspannungen gefährdete Nahtstelle zweier Polygonzüge

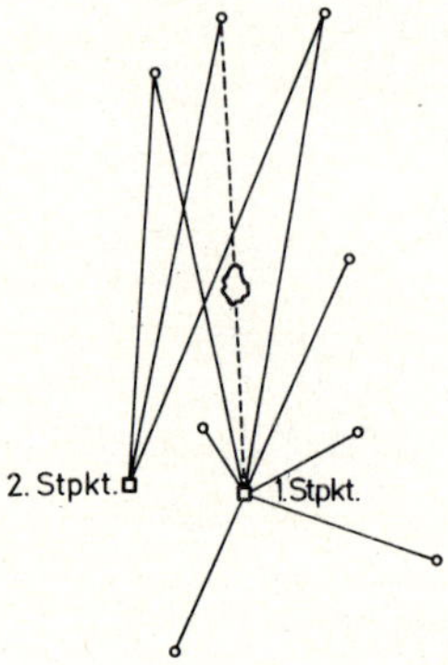


Abbildung 4:
Zweiter Aufnahmestandpunkt zur Zielpunktzentrierung bzw. zur Kontrolle

ein Minimum wird. Die Netzspannungen werden auf diese Weise vor allem an den gefährdeten Rändern der Meßeinheiten besonders gut aufgefangen. Konkretisiert auf das Beispiel der Abb. 3 bedeutet das, daß die Klaffungen an den Punkten 1, 3 und 7 und die Inhomogenität in den Punkten 5 und 6 nach der Blockausgleichung wesentlich kleiner sind als bei den bekannteren Methoden.

1. 2 Zentrierungen

Die Zentrierungen können im Rahmen der blockweisen Aufnahme in gleicher Weise wie bisher berücksichtigt werden, indem man die mit einfachem Meßwerkzeug festgelegten Zentrierelemente am registrierenden Tachymeter manuell eingibt und von der Rechenanlage die Umrechnungen durchführen läßt. Die blockweise Aufnahme bietet noch eine andere Möglichkeit: Von einem zweiten Standpunkt aus können - als eine zusätzliche Meßeinheit - alle notwendigen Größen vollautomatisch registriert werden (Abb. 4).

Der zweite Standpunkt kann weit entfernt vom Zielpunkt in der Nähe des ursprünglichen Aufnahmestandpunktes gewählt werden, ohne den Bezug dieser beiden Standpunkte herstellen zu müssen (12). Als zweiter Standpunkt kommt häufig auch ein anderer, regulärer Aufnahmestandpunkt oder ein sogenannter Kontrollstandpunkt (Abschnitt 1.3) infrage. In diesem Zusammenhang ist noch zu erwähnen, daß bei der blockweisen Aufnahme die zeitraubende zentrische Aufstellung über den markierten Aufnahmestandpunkten weitgehend umgangen wird. Ebenso entfällt die kostspielige Zwangszentrierung.

## 1.3 Kontrolle der Aufnahme

Die bisherigen Erfahrungen mit den selbstregistrierenden Tachymetern deuten darauf hin, daß die Kontrolle mit einer zweiten, möglichst unabhängigen Aufnahme von gleichen oder benachbarten Standpunkten aus erfolgen wird. Verschiedenen Orts (3), (7) findet allerdings auch die Spannmaßkontrolle Verwendung. Wie mit einem unserer Programme solche Spannmaße, aber auch Geraden- und Rechtwinkelbedingungen sowie Abstände von Geraden, nicht nur zur Kontrolle, sondern auch zur Verbesserung der Koordinaten herangezogen werden können, ist aus zahlreichen Publikationen (8) der letzten Jahre bekannt und soll hier nicht Gegenstand weiterer Betrachtungen sein.

Die Kontrolle mit Hilfe einer Zweitaufnahme kann mit dem Blockprogramm vorzüglich durchgeführt werden. Ob der Kontrollstandpunkt mit dem eigentlichen Aufnahmestandpunkt identisch ist oder nicht, ist für das Programm ohne Belang. Die Meßelemente der Kontrollstandpunkte werden zu selbständigen Meßeinheiten zusammengefaßt, ohne die gegenseitige Lage zwischen Aufnahme- und Kontrollstandpunkt - ähnlich wie bei der in Abb. 4 angedeuteten Zentrierung - festlegen zu müssen. Im Rahmen einer Gesamtausgleichung werden die Messungen der Zweitaufnahme nicht nur zur Kontrolle, sondern auch zur Bestimmung der endgültigen Koordinaten verwendet.

## 1.4 Numerierung

Einer der entscheidensten Vorteile der blockweisen Bearbeitung besteht unseres Erachtens darin, daß wir keine Klassifizierung in Grenzpunkte, trigonometrische Punkte, einfach und doppelt aufgenommene Punkte usw. brauchen und sich demzufolge auch die Schlüsselzahlen erübrigen, die bekanntlich den Fortgang der Feldarbeiten sehr beeinträchtigen können. Unabhängig von der Bedeutung des jeweils angemessenen Punktes ist nur seine Punktnummer, die sich im gesamten Aufnahmegebiet nicht wiederholen darf, am Registriergerät einzustellen. Außerdem erhält jede Meßeinheit, d.h. die Gesamtheit der Messungen eines Aufnahmestandpunktes, eines Kontrollstandpunktes, eines zweiten Standpunktes im Rahmen einer Zentrierung usw. eine eindeutige Nummer, ohne die verschiedenen Funktionen der einzelnen Meßeinheiten besonders zu kennzeichnen.

## 2. Umgang mit dem Blockprogramm

Zur Bearbeitung großräumiger Polaraufnahmen wird unser Blockprogramm ergänzt durch ein Vorprogramm, das am Landesamt für Flurbereinigung und Siedlung in Ludwigsburg erstellt wurde. Der Umgang mit dem Blockprogramm und das Zusammenwirken mit dem Vorprogramm läßt sich anhand eines chronologischen Ablaufes der einzelnen Bearbeitungsschritte am besten erläutern. Dieser Arbeitsablauf ist allerdings in der Praxis bisher zu wenig erprobt und bedarf daher in einiger Zeit noch kleinerer Korrekturen.

Im Bereich der Landeskultur-Verwaltung Baden-Württemberg, auf die wir uns im Rahmen dieser Ausführungen vorrangig konzentrieren, läuft das Vorprogramm auf einer IBM 360/30 beim Landesamt in Ludwigsburg und das Hauptprogramm wird zur Zeit auf einer IBM 370/145 beim Landwirtschaftsministerium in Stuttgart installiert. Damit wird der rechenintensive Teil auf die größere Anlage verlagert und die Eingabe zu diesem rechenintensiven Teil auf einem kleineren Computer auf Magnetband präpariert. Diese Zweiteilung ist bei der Verarbeitung von Lochstreifen in der Regel unumgänglich, da größere Anlagen immer mehr von der Lochstreifeneingabe abkommen.

Das Vorprogramm erstellt zuerst aus den Rohmessungen der Lochstreifen eine sogenannte "Reindatei" auf Magnetband. Dabei werden die Instrumentenfehler an den Messungen angebracht, im Feld bereits verschlüsselt eingegebene Fehlregistrierungen korrigiert, die Strecken horizontiert, aus den Lochstreifenrollen größere Dateneinheiten gemacht usw. Mit Hilfe einer Prüfliste werden vom Meßtrupp einige Formfehler und bereits die ersten Aufnahmefehler (Doppelnumerierungen innerhalb einer Meßeinheit) auf Lochbelegen festgehalten. Mit diesen Lochbelegen wird die "Reindatei" berichtigt.

Als nächster Schritt ist für die Blockausgleichung von Bedeutung, daß das Vorprogramm vollautomatisch die Richtungsmessungen zu den Hochpunkten um die dazugehörigen Entfernungen auf rechnerischem Weg ergänzt. Nach Umwandlung der Polarkoordinaten in lokale kartesische Koordinaten innerhalb der einzelnen Meßeinheiten, wird das Magnetband für das Blockprogramm beschrieben. Dieses Band enthält zusätzlich die Landeskoordinaten der Festpunkte und die Landeskoordinaten sogenannter Vergleichspunkte.

Von den Vergleichspunkten, die auf das Ergebnis der Blockausgleichung keinen Einfluß haben, erhält man die Differenzen zwischen den gegebenen Landeskoordinaten und den Landeskoordinaten des Blockausgleiches. Als Vergleichspunkte kommen

- bereits koordinierte Grenz- und Vermessungspunkte am Rande des Aufnahmegebietes,
- alle Festpunkte - ausgenommen zwei - bei einer vorläufigen freien Ausgleichung des gesamten Blockverbandes (Abschnitt 3.3)

infrage.

Der Ablauf des Blockprogrammes ist - bezogen auf photogrammetrische Blockausgleichungen - veröffentlicht (2) und braucht hier nicht wiederholt zu werden. Für die Bearbeitung großräumiger Polaraufnahmen kam im wesentlichen eine teilautomatisierte Fehlersuche hinzu. Abgesehen von einigen wenigen Datenkarten sind die Eingangsdaten für die Fehlersuche und für die eigentliche Blockausgleichung identisch, so daß das gleiche Datenpaket wechselweise zur Überprüfung bzw. zur Ausgleichung verwendet werden kann. In der Regel startet man mit der Fehlersuche. Aufgrund der protokollierten Fehlerhinweise erhält damit der Meßtrupp die Möglichkeit, die Unstimmigkeiten - zum Teil auch im Feld - zu klären. Mit Hilfe dieser Korrekturen, die auf Lochkarten festgehalten werden, führt das Landesamt die Reindatei fort und beschreibt für die eigentliche Blockausgleichung ein neues Magnetband. Nach diesem ersten Durchlauf des Blockprogrammes steht in vielen Fällen das Endergebnis auf Magnetband und somit für Folgearbeiten (Flächenberechnungen usw.) auf dem kleineren Computer zur Verfügung. Nur in wenigen Fällen, insbesondere bei größeren Datenmengen, wird man mehrmals die Fehlersuche bzw. das Blockprogramm starten müssen. Insgesamt ist von Bedeutung, daß ein vollkommener Datenfluß erreicht wurde und die Korrekturen der Datenfehler auf Grund zahlreicher Fehlerhinweise auf Fortführungslochkarten erfolgen. Eine noch stärkere Integration der Fehlersuche ins Blockprogramm in der Weise, daß die vom Fehlersuchprogramm lokalisierten groben Fehler automatisch im Datenmaterial korrigiert und selbsttätig die Blockausgleichung gestartet wird, ist einer künftigen Entwicklung vorbehalten.

Weiterhin ist die automationsgerechte Dokumentation der Kontrolle zu erwähnen. Es werden zum Beispiel die einfach gemessenen Punkte als "nicht kontrolliert" besonders gekennzeichnet sowie die Verbesserungen an den überbestimmten Punkten ausgedruckt und Fehlergrenzen gegenübergestellt. Eventuell werden wir in diesem Zusammenhang noch eine Abfrage auf "fast"-identische Koordinaten verschiedener Punktnummern einbauen, um weitere Numerierungsfehler auf automationsgerechte Weise zu erfassen.

## 3. Konzept einer teilautomatisierten Fehlersuche

Die Analyse der Verbesserungen nach einer alle Überbestimmungen berücksichtigenden Gesamtausgleichung bietet grundsätzlich die beste Möglichkeit, grobe Fehler zu finden. Diese Möglichkeit besticht zwar aus theoretischer Sicht, macht bei großen Datenmengen mit einer verhältnismäßig hohen Fehlerquote in der Praxis aber Schwierigkeiten. Man rechnet bei großräumigen Polaraufnahmen etwa mit 2 % fehlerhaften Daten (11), das sind bei einem Datenumfang von 10 000 Messungen in einem Verfahren immerhin 200. Diese groben Fehler wirken sich nach einer Gesamtausgleichung auch auf die Verbesserungen der fehlerfreien Beobachtungen aus, so daß viel Einfühlungsvermögen in den Ausgleichungsmechanismus notwendig ist, um "die Spreu vom Weizen zu trennen".

Wesentlich übersichtlicher und automationsgerechter gestaltet sich die Fehlersuche, wenn man die Beobachtungen in kleineren Einheiten untersucht und man erst nach Korrektur der Daten eine Gesamtausgleichung vornimmt. Bei der blockweisen Bearbeitung großräumiger Polaraufnahmen bietet sich hier an, jede Nahtstelle von jeweils zwei Meßeinheiten des Blockverbandes getrennt auf grobe Fehler zu untersuchen und aufgrund der Zusammenschau all dieser Fehlerhinweise die Daten - nach Möglichkeit vom Programm - zu korrigieren.

Vor ausführlicher Darlegung des Konzeptes sei noch darauf hingewiesen, daß mit dieser Methode nicht die Meßfehler im Übergangsbereich zwischen den unregelmäßigen und groben Fehlern gefunden werden können. Solche Fehler lassen sich nur im Rahmen von umfangreichen statistischen Tests (4) aufdecken. Weiterhin möchten wir die Erwartungen insofern etwas dämpfen, daß die programmierte automatische Lokalisierung der groben Fehler nur dann erfolgreich ist, wenn die richtigen Daten im Verhältnis zu den falschen noch ein deutliches Übergewicht haben. Wo sich allerdings die fehlerhaften Daten sehr häufen, bekommt man immerhin noch einen detaillierten Fehlerhinweis für die manuelle Fehlersuche.

### 3.1 Fehlerlokalisierungen an den Nahtstellen des Blockverbandes

#### 3.1.1 Theoretische Überlegungen.

Als Indikation für eine fehlerhafte Nahtstelle eignet sich besonders die Helmert-Transformation, die in verketteter Form auch der Blockausgleichung zugrunde liegt. Ob die Restklaffungen der einfachen Helmert-Transformation auch zur Lokalisierung der fehlerhaften Punkte geeignet sind, sollen Abb. 5 und 6 veranschaulichen.

In Abb. 5 sind die Restklaffungen einer einfachen Helmert-Transformation mit 9 Verknüpfungspunkten aufgetragen. 8 Punkte wurden im xy- und $\eta$-System gleich angenommen und der 9. Punkt wurde in einem der beiden Systeme nach oben und unten bzw. nach links und rechts jeweils um den gleichen Betrag grob verfälscht. Bei allen vier Helmert-Transformationen erhielt der fehlerhafte Punkt bei weitem die größte Restklaffung.

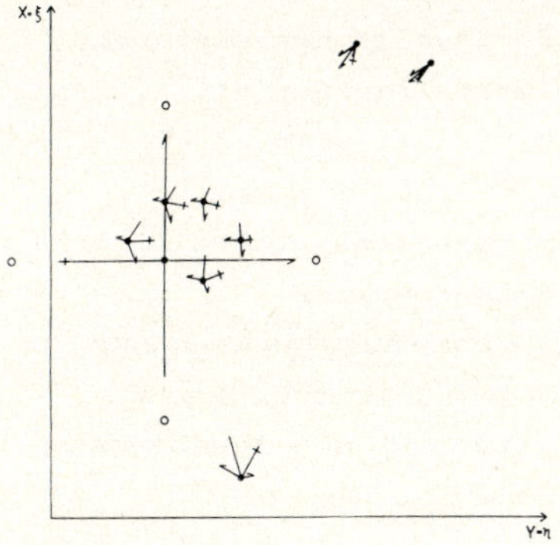


Abbildung 5:
Restklaffungen nach einer Helmert Transformation mit neun Verknüpfungspunkten

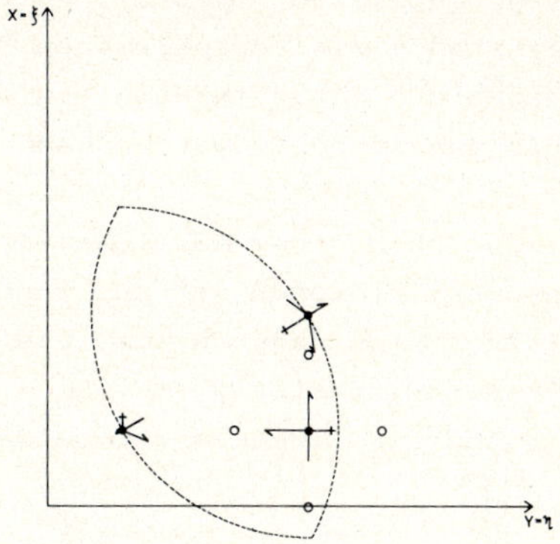


Abbildung 6:
Restklaffungen nach einer Helmert-Transformation mit drei Verknüpfungspunkten

Nach dem gleichen Prinzip wurde eine Nahtstelle mit drei Verknüpfungspunkten behandelt (Abb. 6). In diesem Fall sind die Restklaffungen am fehlerhaften Punkt nicht deutlich größer als an den fehlerfreien; bei der Verfälschung nach rechts ist die Klaffung sogar kleiner als beim darüberliegenden fehlerfreien Punkt. Aufgrund umfangreicher Untersuchungen (5) kamen wir bei 3 Verknüpfungspunkten zu dem Ergebnis, daß der fehlerhafte Punkt nur dann die größte Restklaffung erhält, solange er innerhalb der in Abb. 5 eingezeichneten Kreissegmente liegt. Diese Aussage trifft bereits dann nicht mehr zu, wenn er nur in einem der beiden Systeme außerhalb dieser Kreissegmente liegt, wie das bei der Verfälschung nach rechts in der Abb. 6 der Fall ist.

Diese Überlegungen werden zur Zeit für 4 und mehr Verknüpfungspunkte fortgesetzt. Es läßt sich bereits jetzt absehen, daß sich der fehlerhafte Punkt an den Restklaffungen um so deutlicher erkennen läßt,
- je mehr identische Punkte vorliegen und
- desto zentraler der gesuchte Punkt innerhalb des Punkthaufens liegt.

Das bedeutet, daß die Helmert-Transformation bei wenig Verknüpfungspunkten zur Lokalisierung der fehlerhaften Punkte ungeeignet ist. Bei mehr Verknüpfungspunkten ist sie durchaus brauchbar, auch wenn der fehlerhafte Punkt in einer gewissen Entfernung außerhalb des übrigen Punkthaufens liegt (weitere Beispiele (5) ).

Auf diese Eigenschaft der Helmert-Transformation bei wenig Verknüpfungspunkten hat unter anderen Gotthardt (6) hingewiesen und als Ausweg vorgeschlagen, die Helmert-Transformation mehrmals zu wiederholen und jeweils an einem anderen Punkt die Verknüpfung zu lösen. Wir gingen einen anderen Weg, vor allem deshalb, weil bei der blockweisen Bearbeitung der Polaraufnahme die verschiedenen Meßeinheiten jeweils den gleichen Maßstab haben und diese Information bei der Helmert-Transformation nicht unmittelbar ausgeschöpft werden kann.

Auf der Suche nach einem möglichst in beiden Koordinatensystemen richtigen Bezugspunkt bedienen wir uns zunächst des Schwerpunktes. Der Schwerpunkt zeichnet sich dadurch aus, daß er bei n Verknüpfungspunkten nur um 1/n des Fehlers versetzt wird ($\overline{SS'} = \overline{22'}/3$ bzw. $\overline{33'}/3$ in Abb. 7). Beziehen wir nun die Strecken der beiden Meßeinheiten auf die jeweiligen

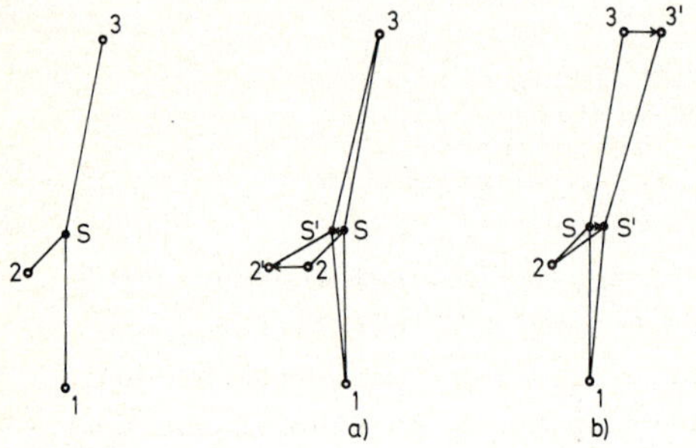


Abbildung 7:
Streckenvergleiche bezogen auf die Schwerpunkte
a) Fehlerhafter Punkt in der Nähe des Schwerpunktes
b) Fehlerhafter Punkt in Randlage

Schwerpunkte S und S', sind die Streckendifferenzen der korrespondierenden Strecken - im folgenden als Streckenvergleich I bezeichnet - ein verhältnismäßig guter Indikator zur Lokalisierung des fehlerhaften Punktes. Dieser Streckenvergleich I ist besonders zuverlässig für den Punkt, der dem Schwerpunkt am nächsten liegt (Fall a) der Abb. 7) und kann für fehlerhafte Punkte in der Randlage (Fall b) der Abb. 7) mehr oder weniger versagen. Nachdem man aber nach dem Streckenvergleich I mit hoher Wahrscheinlichkeit die Gewähr hat, daß der dem Schwerpunkt nächstgelegene Punkt in Ordnung ist, kann man mit einem weiteren Streckenvergleich bezogen auf diesen in beiden Meßeinheiten identischen Punkt - im folgenden als Streckenvergleich II bezeichnet - nahezu immer den fehlerhaften Punkt an der jeweiligen Nahtstelle finden.

Es lassen sich zwar einige theoretische Fälle konstruieren, die mit der Kombination dieser beiden Streckenvergleiche nicht erfaßt werden, doch zeigen die ersten Erfahrungen, daß nur wenige Prozent der groben Fehler von der Kombination dieser beiden Streckenvergleiche unerkannt bleiben bzw. falsch erkannt werden. Eventuell werden wir in einiger Zeit das System dahingehend erweitern, daß noch zusätzlich die Strecken zwischen den Verknüpfungspunkten in allen Kombinationen gerechnet und anschließend die korrespondierenden Strecken verglichen werden. Der Index für den fehlerhaften Punkt besteht dann darin, daß er mehr als einmal an einer großen Streckendifferenz beteiligt ist. Weiterhin kann man zusätzliche Informationen über fehlerhafte Punkte aus Richtungsdifferenzen erhalten, und zwar ebenfalls bezogen auf den Schwerpunkt bzw. auf andere passend gewählte Bezugspunkte. Die letzte Möglichkeit bietet sich vor allem bei der photogrammetrischen Blockausgleichung mit den unterschiedlichen Maßstäben der verschiedenen Stereomodelle an. Schließlich sei noch erwähnt, daß darüberhinaus die Höhenunterschiede noch wertvolle Hinweise zur Fehlerlokalisierung enthalten können.

### 3.1.2 Programmhinweise

Aufbauend auf den Überlegungen des vorangegangenen Abschnittes wurde ein Programm konzipiert, das in Abhängigkeit der Anzahl der Verknüpfungspunkte an der jeweiligen Nahtstelle verschiedene Fehlersuchkriterien anwendet.

An einer Nahtstelle mit einem Verknüpfungspunkt kommt der Hinweis, daß die beiden Meßeinheiten nur über diesen Punkt verknüpfen. Dieser Hinweis kann zur Fehlersuche nach der Blockausgleichung wertvoll sein.

An einer Nahtstelle mit zwei Verknüpfungspunkten werden die beiden Strekken verglichen. Überschreitet die Differenz eine Fehlerschranke, erfolgt ein entsprechender Ausdruck. Diese Komprimierung des Ausdruckes nur auf die fehlerhaften Nahtstellen gilt grundsätzlich unabhängig von der Zahl der Verknüpfungspunkte und ist für den Bearbeiter besonders angenehm, da er die wichtigen Informationen in ausgewählter Form auf engem Raum beieinander hat.

Treten an einer Nahtstelle mehr als zwei und weniger als $n_1$ Verknüpfungspunkte auf, wird zur Überprüfung der Nahtstelle eine Helmert-Transformation durchgeführt. Sind die Klaffungen der Helmert-Transformation zu groß, wird der grob falsche Punkt mit Hilfe der Streckenvergleiche I und II eliminiert. Gelingt dies nicht - z.B. wenn bei diesen wenigen Verknüpfungspunkten mehrere Punkte falsch sind - werden die Restklaffungen aller Verknüpfungspunkte zur manuellen Fehlersuche ausgedruckt. Da diese Restklaffungen nur von den Fehlern dieser Nahtstelle beeinflußt sind, sind sie zur manuellen Fehlersuche in der Regel geeigneter als die Gesamtheit aller Verbesserungen nach dem Blockausgleich. Als gute Hilfsmittel zur manuellen Fehlersuche wird man in absehbarer Zeit automatische Kartierungen der Punkte mit ihren Restklaffungen bzw. entsprechende Bildschirmaufzeichnungen verwenden können.

Liegen mehr als $n_1$ Verknüpfungspunkte an einer Nahtstelle vor, wird die einfache Helmert-Transformation ausgeführt und bei unbefriedigenden Restklaffungen der Punkt mit dem größten Widerspruch eliminiert. Dieser Vorgang wird - wichtig für mehrere grobe Fehler an einer Nahtstelle - mehrmals wiederholt bis die Restklaffungen eine bestimmte Fehlerschranke nicht überschreiten. Bleiben bei dieser fortgesetzten Elimination weniger als $n_1$ Verknüpfungspunkte übrig, ohne daß die Restklaffungen die Fehlerschranke unterschreiten, waren in der Regel die zuerst eliminierten Punkte frei von groben Fehlern. Ausgehend von dieser Information bieten sich mehrere Möglichkeiten - die zur Zeit getestet werden - an, die grob falschen Punkte von den fehlerfreien zu trennen.

Über die zweckmäßigste Festsetzung der Bereichsgrenze $n_1$ und der Fehlerschranken liegen noch nicht genügend Erfahrungen vor. Sie können zur Zeit auf der ersten Datenkarte eingelesen und so für eventuelle Wiederholungsläufe entsprechend variiert werden.

Zu ergänzen ist noch, daß an fehlerhaften Nahtstellen mit mehr als zwei Verknüpfungspunkten vor den beschriebenen Fehlersuchkriterien immer auf Vertauschung von zwei Punkten abgefragt wird. Etwa gleich große und entgegengesetzt gerichtete Vektoren der Restklaffungen dienen als Kriterium.

### 3.2 Fehlerbehebung

Die besprochene Fehlerlokalisierung an den Nahtstellen liefert die Hinweise, welche Punkte an welchen Nahtstellen grob falsch sind. Es ist aber noch offen, in welcher der beiden an einer Nahtstelle beteiligten Meßeinheiten der jeweilige Punkt verfälscht ist. In der Zusammenschau der Fehlerhinweise aller Nahtstellen eines Blockverbandes kann der Computer einen großen Teil dieser Entscheidungen selbst treffen. In der Abb. 8 ist z.B. angenommen, daß die Nahtstelle der Meßeinheiten 1 und 2 nach Vertauschung der beiden Punkte 12 und 14 in einer der Meßeinheiten einwandfrei ist. Der Computer kann nun die Umnumerierung selbsttätig in der richtigen Meßeinheit vornehmen, wenn er noch die Fehlerhinweise an den Nahtstellen der Meßeinheiten 1 und 3 bzw. 2 und 3 heranzieht. Ergibt sich an der erstgenannten Nahtstelle ein Fehlerhinweis für den Punkt 14, sind in der Meßeinheit 1 die Nummern 12 und 14 zu vertauschen, ansonsten in der Meßeinheit 2.

Sind grob falsche Punkte nur jeweils an einer Nahtstelle beteiligt, können zwar keine eindeutigen Entscheidungen getroffen, aber das Datenmaterial für die Blockausgleichung automatisch bereinigt werden. In diesen Fällen numeriert der Computer in jeweils einer der beiden Meßeinheiten die fraglichen Punkte so um, daß sie mit keinem anderen Punkt des

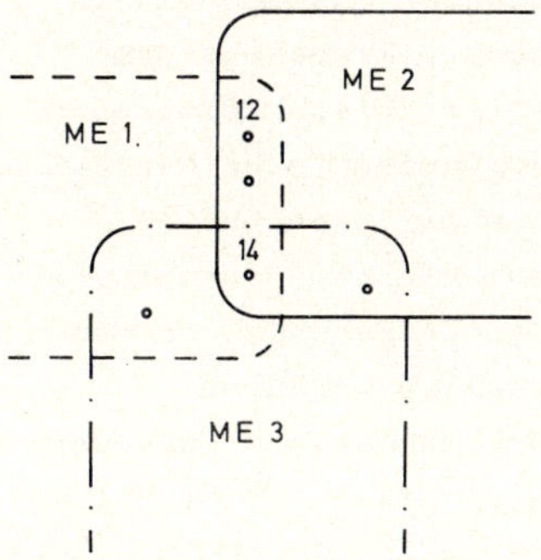


Abbildung 8:
Überlappende Meßeinheiten zur eindeutigen Fehlerelimination

Blockverbandes mehr verknüpfen. Durch Vergleich der Koordinaten nach der Blockausgleichung hat man auf diese Weise die Möglichkeit, die automatische Fehlersuche in einigen kritischen Fällen zu überprüfen. Mit Hilfe der am Ende des Abschnittes 2 erwähnten Abfrage auf "fast"-identischen Koordinaten könnte man diesen abschließenden Test ebenfalls noch automatisieren.

3.3 Lokalisierung weiterer Datenfehler

Die skizzierte und von uns programmierte Fehlersuche deckt einige mögliche grobe Fehler - vor allem Fehler in den Landeskoordinaten der Festpunkte - nicht auf. Nachdem die Fehlersuche an den Nahtstellen des Blockverbandes abgeschlossen ist, findet man solche Fehler nach der Blockausgleichung verhältnismäßig einfach. Hier ist besonders auf die im Abschnitt 2 erwähnte Möglichkeit der vorläufigen freien Ausgleichung des gesamten Blockverbandes bzw. auf eine Ausgleichung mit kleinen Gewichten für die Landeskoordinaten der Festpunkte (2) hinzuweisen.

## 3.4 Praktische Beispiele

Der Erfolg dieser Konzeption der Fehlersuche wurde an Hand des Flurbereinigungsverfahrens Roßwag bereits gewürdigt (1). Von den 26 grob falschen Messungen, das sind 1.8 % der insgesamt 1.483 Messungen, wurden vom Programm 24 automatisch behoben. Die restlichen beiden Fehler konnten mittels der ausgedruckten Fehlerhinweise manuell schnell gefunden werden. Sie lagen an einer Nahtstelle mit nur 5 Verknüpfungspunkten, bei der nur die beiden Streckenvergleiche I und II zur Behebung eines Fehlers vorgesehen waren. Zusätzlich war im Datenmaterial noch ein Fehler an einem Festpunkt, so daß insgesamt nach zwei Durchläufen das endgültige Ergebnis vorlag. Außer Roßwag wurden bisher nur zwei weitere mit dem elektronischen Tachymeter RegElta 14 aufgemessene Verfahren kleineren Umfanges bearbeitet. Die enthaltenen groben Fehler wurden in beiden Fällen automatisch eliminiert. Weitere Erfahrungen konnten mit zwei photogrammetrischen Blockausgleichungen gewonnen werden: Die Straßenschlußvermessung Laupheim mit 3.678 Messungen enthielt 30 grobe Fehler, von denen 28 automatisch korrigiert wurden. Beim Flurbereinigungsverfahren Neusatz mit 2.706 Messungen konnten alle 19 Fehler automatisch gefunden werden.

Zum Vergleich wurden die beiden photogrammetrischen Verfahren ohne dem Programm "Fehlersuche" an Hand der Verbesserungen nach den einzelnen Blockausgleichungen bearbeitet. Es zeigte sich, daß die Zahl der notwendigen Durchläufe des Blockprogrammes mindestens auf die Hälfte zurückgeht und daß der Bearbeiter im Anblick aller Verbesserungen der Blockausgleichung dazu neigt, zu viele Punkte zu eliminieren. Insgesamt kann festgestellt werden, daß die vorgestellte Fehlersuche die Bearbeitung größerer Polaraufnahmen auf eine höhere Automationsstufe stellt und die Entscheidungen zur Bereinigung des Datenmaterials wesentlich objektiver als bisher gefällt werden.

## 3.5 Weitere Anwendungen

Die Hauptanwendung dieses Teilprogrammes liegt sicherlich in der blockweisen Bearbeitung großräumiger Polaraufnahmen. Doch können auch photogrammetrische Blockausgleichungen - vor allem in der Katasterphotogrammmetrie - in ähnlicher Weise bearbeitet werden. Eine weitere interessante Anwendung bietet die sogenannte "rechnerische Grenzprüfung", die häufig der mit dem selbstregistrierenden elektronischen Tachymeter durchgeführten Aufmessung folgt. Dabei geht es darum, den vorgefundenen und neu vermessenen Stand der Abmarkung mit den alten Messungsunterlagen in Übereinstimmung zu bringen und außerhalb der Meßgenauigkeiten liegende Differenzen aufzudecken. Hierzu eignen sich die einfache und bei wenig vorgefundenen Grenzmarken besonders die verkettete Helmert-Transformation. Damit kann auch die darauf aufbauende Fehlersuche für diese im allgemeinen als sehr personalintensiv bekannte Aufgabe eingesetzt werden.

## 4. Berücksichtigung der Projektionsverzerrungen und die Behandlung der Netzspannungen

### 4.1 Projektionsverzerrungen

Im Rahmen der Blockausgleichung werden die Koordinaten der Festpunkte, die in der Regel im Gauß-Krüger- oder Soldner-System vorliegen, mit den unverzerrten Koordinaten der Meßeinheiten in Beziehung gebracht. Infolge der großen Reichweite der elektronischen Tachymeter und der hohen Genauigkeit dieser Geräte liegen die Unterschiede der angesprochenen Koordinatensysteme über der Meßgenauigkeit und müssen deshalb eingehender betrachtet werden. Die Unstimmigkeit kann man entweder durch Verzerrung der einzelnen Meßeinheiten oder durch Entzerrung der Koordinaten der Festpunkte bereinigen. Zur Realisierung des ersten Weges benötigt man Näherungskoordinaten aller aufgemessenen Punkte, die man sich mit einer vorläufigen Blockausgleichung mit unverzerrten Meßeinheiten beschaffen könnte.

Der zweite Weg kommt ohne diese zusätzliche Blockausgleichung aus: Es wird vorübergehend ein sphärisches Rechensystem mit einem Nullpunkt in der Nähe des zu bearbeitenden Gebietes eingeführt. Zu diesem Zweck werden <u>vor</u> der Blockausgleichung die Gauß-Krüger- oder Soldner-Koordinaten der Festpunkte entsprechend umgeformt, dann wird die Blockausgleichung mit unverzerrten Meßeinheiten durchgeführt und <u>nach</u> der Blockausgleichung werden die Koordinaten aller angemessenen Grenzpunkte vom sphärischen Rechensystem in das Landeskoordinatensystem umgeformt. An die Schärfe der Formeln für die Umformungen werden keine hohen Anforderungen gestellt, denn die Vernachlässigungen der Hinrechnung heben sich bei der Rückrechnung wieder auf.

Für Gauß-Krüger-Koordinaten sind diese Umformungen zunächst in unserem Programm nicht vorgesehen. Der individuelle Maßstabfaktor jeder Meßeinheit kompensiert nämlich weitgehend die richtungsunabhängige Längenverzerrung des Gauß-Krüger-Systems. Dagegen werden die richtungsabhängigen Längenverzerrungen des Soldnersystems durch die verkettete Ähnlichkeitstransformation nicht genügend kompensiert und lassen sich deshalb in der angedeuteten Form in unserem Blockausgleichungsprogramm berücksichtigen.

## 4.2 Netzspannungen

Viele Berufskollegen wiesen in den letzten Jahren darauf hin, daß große Teile des übergeordneten trigonometrischen Netzes den genauen terrestrischen und photogrammetrischen Aufnahmemethoden nicht mehr gewachsen sind. Diese Netzspannungen äußern sich bei den klassischen Aufnahmemethoden in Form von großen Abschlußfehlern der Polygonzüge und als Inhomogenitäten an den Nahtstellen verschiedener Aufnahmeeinheiten, wie sie an Hand der Abb. 3 bereits erläutert wurden. Demgegenüber wird durch die blockweise Bearbeitung die Homogenität an den besonders gefährdeten Nahtstellen der Meßeinheiten wesentlich verbessert. Zum Ausgleich treten bei einem schlechten Netz nach der Blockausgleichung verhältnismäßig große Verbesserungen an den Festpunkten auf, was von einer guten Methode in solchen Fällen auch erwartet werden muß.

Aus zahlreichen photogrammetrischen Blockausgleichungen der letzten Jahre an unserem Institut ergab sich als Richtwert, daß die Verbesserungen an den terrestrischen Paßpunkten etwa doppelt so groß sind als an den Verknüpfungspunkten, obwohl sie innerhalb der Blockausgleichung gleichrangig behandelt werden. Die Mittelwerte der Verbesserungen an den Festpunkten von $\pm$ 2.8 cm und an den Verknüpfungspunkten von $\pm$ 1.0 cm des Beispieles Roßwag (1) deuten darauf hin, daß sich bei Blockausgleichungen elektronisch bestimmter Polarelemente die gleiche Erscheinung einstellen wird. Demzufolge ist die Nachbargenauigkeit innerhalb des Blockverbandes wesentlich größer als an der Nahtstelle zwischen den Block- und den Landeskoordinaten der Festpunkte.

Diese Unstetigkeitsstellen beseitigen wir bei den photogrammetrischen Blockausgleichungen mit Hilfe der Interpolation nach kleinsten Quadraten (mathematische Grundlagen und einige Beispiele siehe (9), (10). Darüberhinaus sollte man aber in Anbetracht der hohen Genauigkeit des Blockverbandes den Mut aufbringen, schlecht passende Landeskoordinaten der trigonometrischen Punkte durch die Koordinaten der Blockausgleichung - vor allem im Inneren des Blockverbandes - zu ersetzen. Außerdem sollte man immer mehr dazu übergehen, am Gebietsrand nicht die Koordinaten der Neuausgleichung an die in der Regel ungenaueren Koordinaten der älteren Aufnahme des angrenzenden Gebietes anzugleichen, sondern im Hinblick auf die ständige Verbesserung der Messungsunterlagen umgekehrt verfahren. Die notwendigen Umformungen können mit Hilfe der Interpolation nach kleinsten Quadraten automationsgerecht durchgeführt werden.

Literatur


1 Ackermann, F.: Ergebnisse einer Programmentwicklung zur Blockausgleichung großräumiger Polaraufnahmen, Vortrag 2. Geo-Instrumentenkurs

2 Ackermann, F., Ebner, H. und Klein, H.: Ein Programm-Paket für die Aerotriangulation mit unabhängigen Modellen, BuL 38, S. 218-224, 1970

3 Aschauer, H.: Einsatz der elektronischen Entfernungsmessung im Fortführungsvermessungsdienst, Mitteilungsblatt des DVW, Landesverein Bayern, S. 9 - 36, 1970

4 Baarda, W.: Statistical Concepts in Geodesy, Delft, 1967

5 Fromm, U.: Erprobung einer teilautomatischen Fehlersuche bei Blockausgleichungen, Selbständige Arbeit des Fachbereichs Geodäsie der Universität Stuttgart, 1972

6 Gotthardt, E.: Erfahrungen mit analytischer Einpassung von Luftbildern, BuL 27, S. 107-121, 1959

7 Knoop, H.: Messungs- und Rechenkontrollen beim Einsatz elektronischer Tachymeter, Vortrag am 57. Deutschen Geodätentag 1972

8 Kraus, K. und Bettin, R.: Kombinierte photogrammetrisch-terrestrische Katastervermessung, Nachrichten aus dem Karten- und Vermessungswesen, Reihe I, Heft 53, S. 99-122, 1971 und BuL 38, S. 241-248, 1970

9 Kraus, K.: Interpolation nach kleinsten Quadraten in der Photogrammetrie, BuL 40, S. 7-12, 1972

10 Kraus, K.: Blockausgleichungen im Kataster und in der Flurbereinigung, Nachrichten aus dem Karten- und Vermessungswesen, Reihe I, Heft 53, S. 73-98, 1971

11 Rose, W.: Die Wirtschaftlichkeit elektronischer Tachymeter in Abhängigkeit von Sicherheitsanforderungen, Genauigkeit und Festpunktnetz, Vortrag am 57. Deutschen Geodätentag 1972

12 Ruopp, M.: Genauigkeitsbetrachtungen zur polaren Punktbestimmung mit elektronischen Tachymetern bei freier Standpunktswahl, AVN 78, S. 289-299, 197

AUTOMATISCHE AUSWERTUNG VON RICHTUNGS- UND STRECKENMESSUNGEN

Von G. Heupel

## 1. Einleitung

Wenn man die Auswertung der Meßdaten von registrierenden elektronischen Tachymetern möglichst weitgehend automatisieren will, so stellt sich die Aufgabe, das aufgenommene Punktfeld unmittelbar aus den registrierten Daten heraus zu berechnen. Außer Festpunktkoordinaten und -nummern darf dann das erforderliche Rechenprogramm im Prinzip keine weiteren Zusatzinformationen benötigen, d.h. insbesondere keine - von einem Bearbeiter anzugebenden - Anweisungen in Bezug auf Datensortierung, Rechenfolge, Rechenmethoden usw.

Abbildung 1 veranschaulicht diese Zielvorstellung über eine automatische Meßdatenauswertung bei der terrestrischen Punktbestimmung. Nun darf die skizzierte Zielvorstellung natürlich nicht dazu führen, daß die Auswertung schon von vornherein Beschränkungen für die Messung begründet. Also

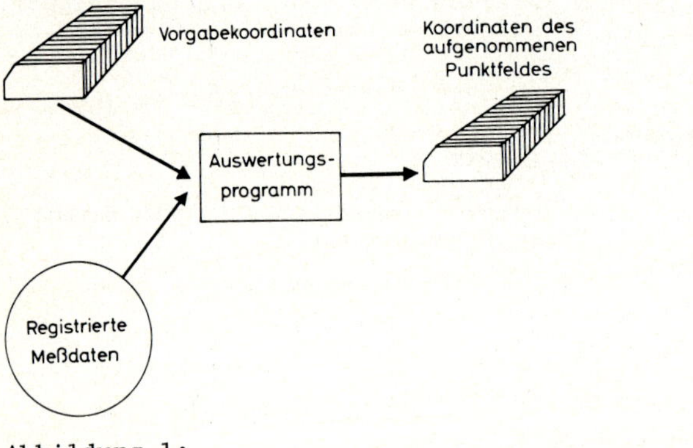


Abbildung 1:
Zielvorstellung zur automatischen Auswertung

I. Richtung

$$R + v_R = \text{arctg} \frac{Y_B - Y_A}{X_B - X_A} - Z_A$$

II. Strecke

$$S + v_S = \sqrt{(Y_B - Y_A)^2 + (X_B - X_A)^2}$$

III. Höhenunterschied $[\Delta h = s \cdot \cos z]$

$$\Delta h + v_{\Delta h} = - H_A + H_B + K$$

Abbildung 2:
Verbesserungsgleichungen
A = Standpunkt B = Zielpunkt

muß das entsprechende Rechenprogramm auf einem allgemeingültigen und zugleich einfachen Auswerteverfahren aufgebaut werden.

Betrachtet man in diesem Zusammenhang die Ausgleichung nach vermittelnden Beobachtungen, so findet man in dem Aufstellen der Verbesserungsgleichungen vor allem ein einfaches Schema, mit dessen Hilfe jede Messung zunächst für sich behandelt werden kann, unabhängig von bestehenden Zusammenhängen mit anderen Messungen.

Beim vorliegenden Problem treten Richtungen und Strecken als Messungsgrößen auf. Die zugehörigen einfachen Verbesserungsgleichungen (Abb. 2) stellen im wesentlichen eine Beziehung zwischen der jeweiligen Beobachtung und den gesuchten Koordinaten des zugehörigen Standpunktes und Zielpunktes her. Dabei ist es bedeutungslos, ob z.B. eine Strecke einem Polygonzug oder einem allgemeinen Netz angehört. Wichtig ist allein, daß jede Beobachtung ihrem Standpunkt und ihrem Zielpunkt zugeordnet werden kann. Alles Weitere erledigt der leicht automatisierbare Ausgleichungsalgorithmus.

In diesem Sinne bietet sich die Netzausgleichung nach vermittelnden Beobachtungen als ein allgemeingültiges und zugleich einfaches Auswerteverfahren an, und ihrer alltäglichen Anwendung steht heute nichts mehr im Wege, angesichts der leistungsfähigen Rechenanlagen der III. und IV. Generation.

## 2. Programmkonzeption

Nun führt die dreidimensionale Punktbestimmung von Haus aus zu einem räumlichen Ausgleichungsproblem. Im Normalfall sind jedoch Lage- und Höhenkoordinaten praktisch unkorreliert, so daß getrennte Ausgleichungen durchgeführt werden können. Darüber hinaus läßt sich der Rechenaufwand bei großen Punktmengen sinnvoll begrenzen, wenn nur ausgewählte Punkte an der Netzausgleichung teilnehmen. In diesem Zusammenhang kommt den Standpunkten besondere Bedeutung zu, denn wenn die Koordinaten der Standpunkte vorliegen, so lassen sich alle übrigen Neupunkte problemlos berechnen. Es ist daher zweckmäßig, alle Standpunkte a priori als auszugleichende Netzpunkte zu behandeln. Darüber hinaus läßt sich jedoch die Anzahl der streng auszugleichenden Netzpunkte beliebig variieren, und zwar einfach dadurch, daß man für jeden weiteren Netzpunkt eine zweckmäßige Mindestanzahl an Bestimmungslücken fordert. Auf Grund dieser Mindestanzahl kann ein Programm die Menge der übrigen Punkte in weitere Netzpunkte und in Polarpunkte unterscheiden.

Damit ist in groben Zügen eine Programmkonzeption vorgestellt, mit deren Hilfe eine automatische Auswertung beliebiger Richtungs- und Streckenmessungen realisiert werden kann. Darüber hinaus ermöglicht diese Programmkonzeption auch auf kleinen bis mittleren Rechenanlagen eine automatische Verarbeitung von großen Punktmengen. Als kleine bis mittlere Rechenanlagen mögen dabei Computer mit einer Kernspeicherkapazität zwischen 64 und 128 K Byte gelten:

Hat man z.B. eine Messung mit einigen tausend Punkten auszuwerten, so müssen die Meßdaten auch bei den genannten Kernspeicherkapazitäten aufgeteilt werden. Mit der vorliegenden Programmkonzeption läßt sich diese Aufgabe leicht in dem Sinne lösen, daß ein Zusatzprogramm die Meßdaten zunächst in Netzmessungen und in Polarpunktmessungen aufteilt (Abb. 3).

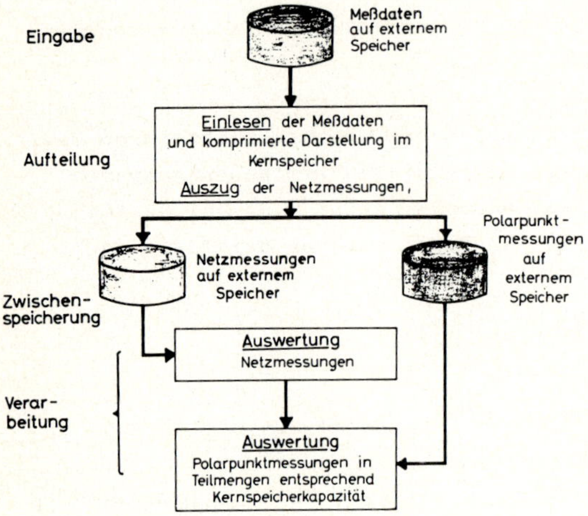


Abbildung 3:
Automatische Verarbeitung von großen Polarpunktmengen

| Punkt | Standpunkt | Zielpunkt |
|---|---|---|
| zentrische Messung | ja | ja |
| exzentrische Messung | ja | allgem. Exzentrizitäten bei Zielungen zu Stationen<br>spezielle Exzentrizitäten zu sonstigen Punkten |
| Sonstige Anordnungen | mehrere Nachträge ≙ mehrere Richtungssätze möglich | nur Richtungsmessung<br>nur Streckenmessung |

Abbildung 4:
Auswertbare Messungsanordnungen

Da es sich bei der Aufteilung um ein Sortierproblem handelt, kann man eine relativ große Anzahl von Meßdaten komprimiert im Kernspeicher darstellen. Die Sortierung läßt sich dann in kurzer Zeit geschlossen im Kernspeicher durchführen, und das Ergebnis der Sortierung ist dazu geeignet, die Verteilung der Meßdaten auf externe Speicher für Netz- und Polarpunktmessungen zu steuern. Nach der Auswertung der Netzmessungen können schließlich die Polarpunktmessungen problemlos und in Teilmengen entsprechend der Kernspeicherkapazität verarbeitet werden.

Auf diese Weise lassen sich schon bei einer Rechenanlage von 64 K Byte Kernspeicher bis zu 10 000 Registrierungen in einem Guß auswerten.

## 3. Codierung der Messungen, auswertbare Messungsanordnungen

Man kann nun konkret fragen, welche Zusatzinformationen neben den reinen Meßwerten gebraucht werden, um eine direkte maschinelle Auswertung zu ermöglichen? Damit stellt man die Frage nach der Codierung der Messungen, und es ist festzustellen: man kommt bei der vorliegenden Programmkonzeption stets mit einer minimalen Codierung aus. Es wurde bereits über die Netzausgleichung nach vermittelnden Beobachtungen gesagt, daß sie nur die Zuordnung der Messungen zu Stand- und Zielpunkten voraussetzt. Diese Voraussetzung erfüllt bereits die übliche Kennzeichnung der Messungen mit Stand- und Zielpunktnummer. Stand- und Zielpunktnummer bilden also das einfachste Codierungssystem, das jedoch zu erweitern ist, will man sich nicht nur auf den Normalfall der zentrischen Messung beschränken.

Abbildung 4 bringt eine Zusammenstellung der - für eine flexible Punktbestimmung notwendigen - Messungsanordnungen. Dazu gehören: die exzentrische Messung bei Stand- und Zielpunkt, die reine Richtungsmessung ebenso wie die reine Streckenmessung und schließlich auch die Nachtragsmessung auf einem bereits besuchten Standpunkt.

Damit jedoch diese verschiedenen Messungsanordnungen ausgewertet werden können, muß die Codierung der Messungen durch Punktnummern <u>und</u> Schlüsselzahlen sowie ggf. Ergänzungsmaße erfolgen.

Zu diesem Zweck wurde das Einstellwerk des Reg Elta 14 hier in ein 6-stelliges Feld für Schlüsselzahlen und ein 4-stelliges Feld für lineare Maße aufgeteilt (Abb. 5).

**Einstellwerk**

| Schlüssel | | Maße | | | | Punktnummer | | | | | |
|---|---|---|---|---|---|---|---|---|---|---|---|
| 1 | 2 | 3 | 4 | 5 | 6 | 7 | 8 | 9 | 10 | 11 | 12 |

**Angaben zum Standpunkt**

| | | | | |
|---|---|---|---|---|
| 1 | 0 | | Standpunktnummer | zentr. Aufstellung |
| 1 | 1 | | Standpunktnummer | exzentr. Aufstellung |
| 7 | 0 | | | Nachtrag |

**Angaben zum Zielpunkt**

| | | | | |
|---|---|---|---|---|
| 2 | 0 | | Zielpunktnummer | zentr. Anzielung |
| 2 | 1 | | Zielpunktnummer | exzentr. Anzielung einer Station |
| 2 | 1 | E auf cm | " (Exz. vor) | spezielle Exzentrizitäten bei sonstigen Zielpunkten |
| 2 | 2 | E auf cm | " (Exz. links) | |
| 2 | 3 | E auf cm | " (Exz. hinter) | |
| 2 | 4 | E auf cm | " (Exz. rechts) | |
| 2 | 7 | | Zielpunktnummer | nur Strecke |

Abbildung 5:
Das notwendige Codierungs-System

Nun kann man für den Messungsvorgang zwei Gruppen von Schlüsselzahlen definieren: die erste für die Kennzeichnung der Messungsanordnungen im Standpunkt und die zweite entsprechend für die Kennzeichnung der Messungsanordnungen im Zielpunkt. Dabei läßt sich die Gruppenzugehörigkeit der zweistelligen Schlüsselzahlen durch die erste Stelle ausweisen, während die zweite Stelle zur Unterscheidung der Messungsanordnungen herangezogen werden kann.

Auf diese Weise wurden die in der Abb. 5 dargestellten 9 Schlüsselzahlen zur Erfassung der genannten Messungsanordnungen definiert. Darüber hinaus gibt es noch weitere Schlüsselzahlen, die jedoch nicht den Meßvorgang betreffen. Sie dienen zur Kennzeichnung von allgemeinen Angaben und von Messungen zur Instrumentenprüfung. Desweiteren lassen sich mit ihnen Testmessungen abgrenzen und schließlich werden die weiteren Schlüsselzahlen gebraucht, um fehlerhafte Registrierungen bereits im Felde korrigieren zu können (s. Schlüssel-Tabelle als Anlage).

## 4. Grundzüge der Auswertung

Auf der Grundlage der skizzierten Programmkonzeption und der vorgestellten Schlüsselzahlen wurde nun ein Rechenprogramm entwickelt, das Richtungs- und Streckenmessungen wie z.B. Reg Elta Messungen direkt und vollständig auswerten kann.

Das Blockdiagramm (Abb. 6) gibt eine Übersicht zum Rechenablauf wieder. Nach der Dateneingabe und der Datenaufbereitung erfolgt die Auswertung der Messungen getrennt nach Lage und Höhe. Die Ausgleichungen können dabei jeweils zwangsfrei und unter Zwang ablaufen, wobei im Lagebereich zusätzlich eine Helmert-Transformation durchgeführt wird. Nach Abschluß der Ausgleichungen berechnet das Programm sodann die Polarpunkte und der Programmablauf endet schließlich mit der Ausgabe von allgmeinen und statistischen Informationen.

Nach diesem groben Überblick möchte ich nun einige Eigenschaften bestimmter Programmteile näher beschreiben und dabei mit der Datenaufbereitung beginnen. Dieser Programmabschnitt ist bei der Auswertung von Reg Elta Messungen vor allem dadurch gekennzeichnet, daß er die ursprünglichen Meßdaten aufnimmt und nahtlos die vollständig aufbereiteten Daten an die zentralen Programme weitergibt. Im einzelnen wird dabei eine Fülle von Aufgaben gelöst:

So sind zunächst die im Felde angegebenen Fehlerkorrekturen gesichert auszuführen. Desweiteren müssen bei der hier üblichen Beobachtung in einer Fernrohrlage alle Messungen zur Achsfehlerbestimmung ausgewertet werden, wobei das Programm Wiederholungsmessungen zur sicheren Bestimmung der Achsfehler zuläßt und jeweils das Mittel aller Einzelmessungen bildet. Darüber hinaus überwacht das Programm z.B. das Verhalten des für die

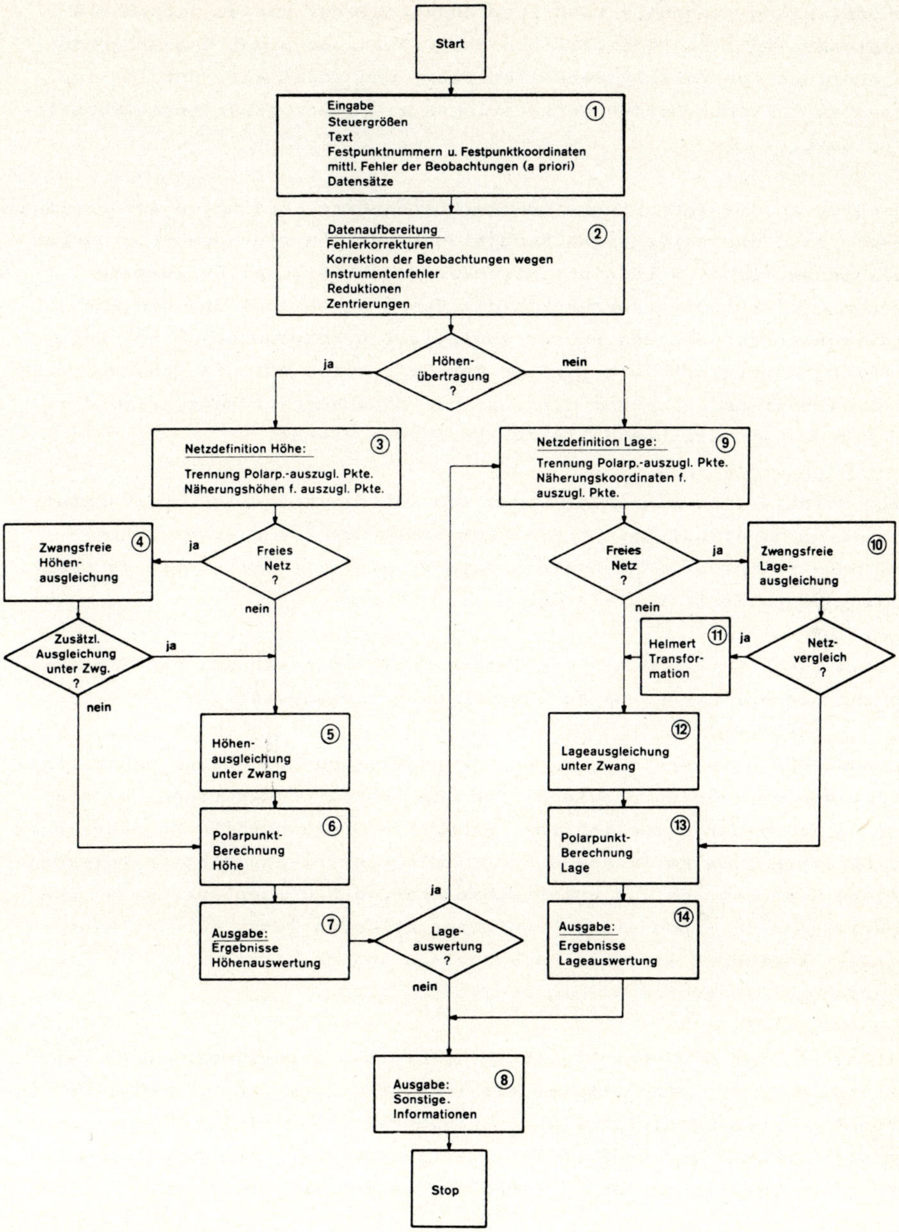


Abbildung 6:
Übersicht zum Rechenablauf

Höhenübertragung besonders wichtigen Indexfehlers. Wurden jedoch die Beobachtungen in zwei Fernrohrlagen ausgeführt, so nimmt das Programm alle gebotenen Kontrollmöglichkeiten wahr, und weist ggf. unzulässige Differenzen zwischen beiden Fernrohrlagen mit den zugehörigen Datensatz-Nummern nach.

Im Anschluß an die verfahrens- und gerätetechnisch bedingten Aufbereitungsmaßnahmen sind die notwendigen Reduktions- und Zentrierungsberechnungen zu vollziehen. Dabei werden die Strecken durch Berücksichtigung der Gaußschen Projektionsverzerrung in die Ebene abgebildet und die aus Zenitdistanzen und Schrägstrecken abgeleiteten Höhenunterschiede wegen Erdkrümmung korrigiert. Den Einfluß der Refraktion auf die Höhenübertragung eliminiert das Programm erst bei der Höhenausgleichung, wozu drei verschiedene Refraktionsmodelle zur Verfügung stehen.

Mit dem Stichwort Ausgleichung komme ich auf die zentralen Programmteile zu sprechen; dabei soll nicht die Programmierung des Ausgleichungsalgorithmus im Vordergrund stehen, sondern die hier im Vorfeld der Ausgleichung realisierte Fehlersuche.

Zu diesem Zweck ist zunächst die Besonderheit zu erwähnen, daß die Ausgleichung stets lineare Ausgangsbeziehungen voraussetzt.

Die ursprünglich angegebenen Verbesserungsgleichungen müssen daher linearisiert werden, was durch die Einführung von Näherungswerten für die gesuchten Koordinaten möglich ist. (Abb. 7). Diese benötigten Näherungswerte berechnet das vorliegende Programm durch trigonometrisch polygonometrische Methoden. Es ist unmittelbar klar, daß der entsprechende Rechenprozeß nur im Sinne eines Probierens ablaufen kann. Für das hier verwendete Verfahren sind die Rechenzeiten jedoch sehr gering, so daß das Verfahren mit großem Erfolg eingesetzt wird.

Abbildung 8 zeigt die prozentualen Rechenzeiten - gegliedert nach den Hauptaufgaben - für ein Beispiel mit 100 auszugleichenden Punkten und 500 Polarpunkten. Die Aufstellung und Auflösung der Normalgleichungen nimmt selbstverständlich den größten Teil der Rechenzeit in Anspruch, die Näherungskoordinatenberechnung hingegen den geringsten.

Für die Bestimmung der Näherungskoordinaten stehen dem Programm fünf Methoden zur Verfügung:

1. die Polarpunktberechnung
2. der Bogenschnitt in Verbindung mit dem eingeschlossenen Winkel
3. der Bogenschnitt mittels einer dritten Hilfsstrecke

4. der Vorwärtsschnitt mit Richtungswinkeln und schließlich
5. der Rückwärtsschnitt nach Cassini.

Dazu ein kleiner Hinweis:
Sowohl der eingeschlossene Winkel als auch die dritte Hilfsstrecke dienen nur zur Auswahl der richtigen Punktlage beim Bogenschnitt.

Nichtlineare Richtungs- und Streckenverbesserungsgleichungen:

$$R + v_R = \operatorname{arctg} \frac{Y_B - Y_A}{X_B - X_A} - Z_A$$

$$S + v_S = \sqrt{(Y_B - Y_A)^2 + (X_B - X_A)^2}$$

Einführung von Näherungswerten

$$Y_A = Y_{oA} + \delta y_A \qquad Y_B = Y_{oB} + \delta y_B \qquad Z_A = Z_{oA} + \delta z_A$$

$$X_A = X_{oA} + \delta x_A \qquad X_B = X_{oB} + \delta x_B$$

z.B. linearisierte Richtungsverbesserungsgleichung:

$$v_R = -\delta z_A + a \cdot \delta x_A + b\,\delta y_A - a\,\delta x_B - b\,\delta y_B - l$$

wobei: $$a = \varrho \cdot \frac{Y_{oB} - Y_{oA}}{s^2} \; ; \; b = -\varrho \cdot \frac{X_{oB} + X_{oA}}{s^2} \quad \text{[Richtungskoeffizienten]}$$

$$-l = \varrho \cdot \operatorname{arctg} \frac{Y_{oB} - Y_{oA}}{X_{oB} - X_{oA}} - (R + Z_{oA}) \quad \text{[Absolutglied]}$$

Abbildung 7:
Linearisierung der Verbesserungsgleichungen

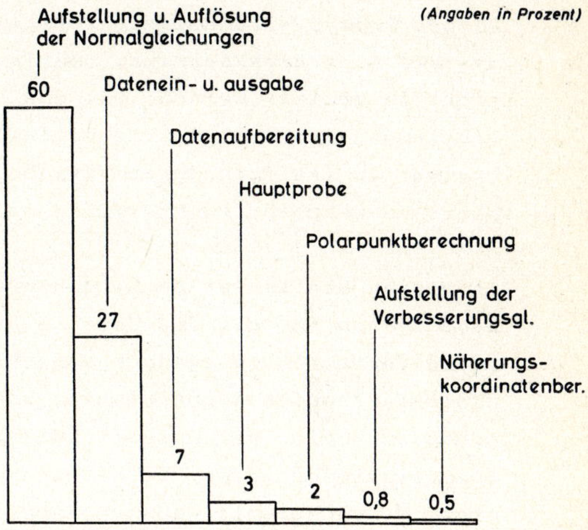


Abbildung 8:
(Angaben in Prozent)

Für die Näherungskoordinatenberechnung werden die Messungen nun standpunktweise betrachtet. Alle Messungen auf einen Standpunkt bilden ein Standpunktsystem. Das Programm sucht sich als erstes alle Standpunktsysteme heraus, deren Zentrum ein koordinatenmäßig bekannter Punkt ist, und versucht sodann, die jeweiligen Richtungssätze zu orientieren. Das gelingt, wenn sich unter den Zielpunkten mindestens ein koordinatenmäßig bekannter Punkt befindet. Überschüssige Orientierungen werden zu Kontrollzwecken herangezogen und ggf. gemittelt. Anschließend lassen sich alle polar angezielten Netzpunkte des betreffenden Systems berechnen.

Einzelne Richtungen oder Strecken zu Netzpunkten werden zwischengespeichert. Liegen zwei Richtungen für den jeweiligen Netzpunkt vor, so rechnet das Programm einen Vorwärtsschnitt. Sind drei Strecken vorhanden, so bestimmt es die Näherungskoordinaten durch Bogenschnitt mit der dritten Strecke für die erwähnte Eindeutigkeit der Punktlage. Falls ein Standpunktsystem nicht direkt zu berechnen ist, wird die Systemnummer in eine Liste der noch zu berechnenden Standpunktsysteme eingetragen.

In der zweiten Phase des Verfahrens versucht das Programm dann alle Standpunktsysteme zu bestimmen, deren Zentrum ein koordinatenmäßig unbekannter Punkt war. Soweit in der ersten Phase noch keine Koordinaten für das Zentrum ermittelt wurden, berechnet das Programm den Standpunkt je nach Voraussetzung entweder über Bogenschnitt oder über Rückwärtsschnitt. Bei erfolgreichem Ausgang kann wiederum das ganze Standpunktsystem berechnet werden.

Dieser Prozeß wird solange fortgesetzt, bis entweder alle Standpunktsysteme näherungskoordinatenmäßig bestimmt sind, oder aber keine Fortschritte erzielt werden, was das Programm durch eine entsprechende Fehlermeldung anzeigt. Dieser Fall kann bei reinen Richtungsnetzen auftreten; er ist dann durch Vorgabe von Näherungskoordinaten für die nicht berechneten Punkte zu lösen.

An dieser Stelle ist noch nachzutragen, daß das Programm die Näherungskoordinaten nur mit den jeweils ersten Messungen berechnet. Dieses rationelle Verfahren ist jedoch ohne Risiko anwendbar, weil grobe Fehler in den auszugleichenden Beobachtungen oder in den vorgegebenen Koordinaten schon zu Beginn der Ausgleichungsprozedur auffallen, und zwar durch große Absolutglieder in den Verbesserungsgleichungen. Um die Auswertung gegen grobe Messungsfehler abzusichern, braucht man also nur die Absolutglieder bei der Aufstellung der Verbesserungsgleichungen zu überwachen und kann daher auf eine routinemäßige Vorprüfung der Meßdaten verzichten. Entsprechend wird eine gezielte Fehlersuche nur dann ausgeführt, wenn auch wirklich grobe Fehler vorliegen. Für eine gezielte Fehlersuche wurden nun zwei Programme konzipiert. Dabei hat sich das Unterprogramm zur automatisierten Fehlersuche im Höhenbereich bereits in der Praxis bewährt, während das entsprechende Programm für den Lagebereich zur Zeit noch entwickelt wird.

Die automatisierte Fehlersuche im Höhenbereich ließ sich vergleichsweise einfach realisieren, weil jeder beobachtete Höhenunterschied - grob gesprochen - eine unabhängige Größe ist. Genau diese Eigenschaft aber haben die näherungsweise orientierten Richtungen leider nicht. So bringt z.B. im Lagebereich die Hin- und Rückmessung einer Richtung keine unmittelbare Kontrollmöglichkeit mit sich. Im Höhenbereich jedoch läßt sich aus dem Vergleich von Hin- und Rückmessungen ein wirksames Hilfsmittel zur Lokalisation und ggf. Elimination von groben Fehlern konstruieren.

Daher stellt das entsprechende Fehlersuchprogramm zunächst alle Höhenunterschiede zusammen, die sich auf Standpunkte beziehen. In einem zweiten

Schritt versucht das Programm dann, die vermutlichen Sollwerte für diese Höhenunterschiede abzuleiten, wozu alle direkten oder indirekten Bestimmungsmöglichkeiten herangezogen werden.

Unter der indirekten Bestimmung ist dabei eine einfache Dreiecksberechnung zu verstehen, bei der das Dreieck von den jeweiligen beiden Standpunkten und einem gemeinsamen Zielpunkt gebildet wird. Auf diese Weise kann es z.B. schon bei einem gemeinsamen Zielpunkt gelingen, den Widerspruch zwischen einer Hin- und Rückmessung durch Elimination der grob fehlerhaften Messung aufzuklären.

Nach dem zweiten Programmschritt liegen also vermutlich Sollwerte für die Höhenunterschiede zwischen den Standpunkten vor und darauf aufbauend versucht das Programm im dritten Schritt, grobe Fehler in den Höhenunterschieden zu den reinen Zielpunkten zu eliminieren. Das gelingt fallweise wieder über die bereits erwähnte Dreiecksberechnung.

Damit ist in groben Zügen das hier angewendete Verfahren zur Fehlersuche im Höhenbereich beschrieben, und ich möchte an dieser Stelle nochmals darauf hinweisen, daß das ganze Verfahren nur dann abläuft, wenn die Absolutgliedüberwachung grobe Fehler bei der Aufstellung der Höhenverbesserungsgleichungen anzeigt.

Ansonsten folgt der Aufstellung der Verbesserungsgleichungen direkt die Aufstellung und Auflösung der Normalgleichungen.

Der entsprechende Rechenabschnitt ist hier vor allem durch die standpunktbezogene Organisation der Ausgleichungsprogramme gekennzeichnet. Durch diese Organisation ergeben sich erhebliche Vorteile für die Aufstellung und Auflösung der Normalgleichungen:

1. Für jeden Standpunkt kann ein entsprechendes Teilsystem gebildet werden, aus dem sich leicht die Orientierungsunbekannte eliminieren läßt. Anschließend werden die Koeffizienten des reduzierten Teilsystems - gemäß dem Additionstheorem für reduzierte Normalgleichungen - auf das Haupt-System der Koordinatenunbekannten verteilt. Falls nur Standpunkte in die Ausgleichung eingehen, so ist das Haupt-System genau ein Drittel kleiner als das zugehörige Gesamt-System mit allen Orientierungsunbekannten.

2. Für jede Station lassen sich mehrere Richtungssätze entsprechend mehreren Nachträgen verarbeiten. Jeder Richtungssatz bildet wiederum ein Teil-System. Die Anzahl der Unbekannten des eigentlich aufzulösenden Haupt-Systems bleibt unverändert.

3. Zwangsfreie Ausgleichung und Ausgleichung unter Zwang können mit geringerem Rechenaufwand durchgeführt werden. Die Teil-Systeme werden in diesem Fall zwischengespeichert und nach der zwangsfreien Ausgleichung zu einem neuen Haupt-System zusammengesetzt.

Von den symmetrischen Normalgleichungen wird im übrigen nur die obere Dreiecksmatrix in Vektorform gespeichert. In Verbindung mit der vorzeitigen Elimination aller Orientierungsunbekannten ermöglicht diese Maßnahme eine bedeutende Reduzierung des Kernspeicherbedarfs der Ausgleichungsprogramme.

An die eigentliche Ausgleichung schließt sich obligatorisch die Hauptprobe an, die hier zugleich zu einem Abriß für Richtungen und Strecken erweitert wurde.

In Bezug auf Fehlermaße und Genauigkeitsangaben ermittelt das Programm standardmäßig die maximale Richtungsverbesserung und die maximale Streckenverbesserung sowie die mittleren Fehler der Richtungs- und Streckenmessung und schließlich die mittleren Fehler der ausgeglichenen Koordinaten.

Nach Abschluß dieser Folgerechnungen startet dann die Polarpunktberechnung, sofern das Programm zuvor Polarpunkte definiert hat. Im Zusammenhang mit der Polarpunktberechnung ist noch einmal an die vorliegende Programmkonzeption zu erinnern. Das Programm unterscheidet ja selbständig auszugleichende Punkte und Polarpunkte in Abhängigkeit von der Anzahl der Bestimmungsstücke. Dabei wird ein reiner Zielpunkt standardmäßig erst dann zu einem auszugleichenden Lagepunkt, wenn für ihn mindestens fünf Bestimmungsstücke vorliegen. Dementsprechend kennzeichnet das Programm auch alle - richtungs- und streckenmäßig doppelt angemessenen - Punkte als Polarpunkte, so daß sich die automatisierbare Differenzierung der Polarpunkte in überbestimmte und in einfach bestimmte Polarpunkte anbietet. Die Differenzierung hat zugleich den entscheidenden Vorteil, daß man die gesicherte Bestimmung von Massenpunkten automatisch nachweisen kann. In diesem Sinne ist die programmierte Unterscheidung der gemessenen Punkte in streng auszugleichende Punkte, mehrfach bestimmte Polarpunkte und einfach bestimmte Polarpunkte eine wesentliche Voraussetzung für die automatische und zugleich leistungsfähige Auswertung bei Kernspeicherkapazitäten unter 128 K Byte.

## 5. Leistungsdaten des Programms

Zur Verdeutlichung der meßbaren Leistungsfähigkeit des Programms mögen die folgenden Angaben dienen:
Bei einer unteren Kernspeicherkapazität von 64 K Byte kann das Programm 800 Datensätze direkt im Kernspeicher verarbeiten und 50 Neupunkte über Ausgleichung bestimmen. In Verbindung mit dem zuvor erwähnten Sortierprogramm lassen sich darüber hinaus bis zu 10 000 Datensätze geschlossen auswerten.

Bei 128 K Byte Kernspeicher verändern sich die Leistungsdaten auf 2 500 Datensätze im Kernspeicher und 100 auszugleichende Neupunkte. Dabei beträgt die Rechenzeit auf einer IBM 370/165 für die vollständige Auswertung einer Messung mit 100 auszugleichenden Punkten und 500 Polarpunkten ca. 27 Sekunden. Dazu ist zu ergänzen, daß das Programm mittels Overlay abläuft, und daß die 27 Sekunden bereits die Zeit für die Ausführung sämtlicher Overlay-Operationen enthalten. Mit Hilfe der Overlay-Methode konnte das Programm in einzelne Segmente geteilt werden, die dann selbständig nacheinander ablaufen. Dadurch ist es möglich, den gesamten Programmumfang von etwa 140 K Byte auch auf Rechenanlagen mit den erwähnten 64 K Byte Kernspeichern zu bewältigen. In den angegebenen 140 K Byte sind im übrigen noch keine Datenbereiche enthalten.

## 6. Zusammenfassung

Mit diesen Angaben möchte ich die eigentliche Beschreibung des Programms abschließen und seine wesentlichen Eigenschaften noch einmal kurz zusammenfassen:

Entsprechend der zu Beginn skizzierten Zielvorstellung wurde das Programm für die unmittelbare Auswertung von beliebigen Richtungs- und Streckenmessungen auf der Grundlage der Netzausgleichung nach vermittelnden Beobachtungen entwickelt. Dabei konnte erreicht werden, daß ein Minimum an Zusatzinformationen für eine allgemeine, vielseitige und zugleich einfache Anwendung des Programms ausreicht. So genügen als Zusatzdaten wenige Steuergrößen für den Programmablauf und Punktnummern sowie Koordinaten von Festpunkten des Messungsgebietes.

Durch die automatische Punktdifferenzierung ließ sich darüber hinaus eine leistungsfähige Auswertung auch bei Kernspeicherkapazitäten ab 64 K Byte realisieren. Die Auswertung selbst ist dabei durch zahlreiche Fehlermeldungen abgesichert. Zusätzlich gibt es Fehlersuchprogramme, die nur dann gestartet werden, wenn grobe Fehler in den Meßdaten enthalten sind.

7. Anwendungsbeispiele

Einige Auswertungsbeispiele mögen nun die Anwendungsbreite des Programms veranschaulichen. Das erste Beispiel verweist auf eine Programmöglichkeit, mit deren Hilfe man sich ggf. schnell einen Überblick über mögliche Spannungen im lokalen Festpunktnetz verschaffen kann. Dazu wurde das abgebildete Testnetz (Abb. 9) in einem Rechenlauf folgendermaßen ausgewertet:

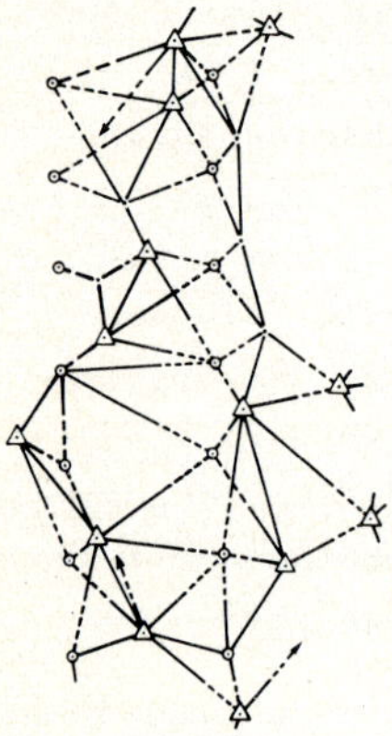


Abbildung 9:
Testnetz Pfaffendorf

1. zwangsfreie Lageausgleichung mit anschließender Helmert-Transformation, wobei alle koordinatenmäßig vorgegebenen Punkte automatisch als Stützpunkte betrachtet werden.

2. Lageausgleichung unter Zwang.

Die Ergebnisse der Helmert-Transformation zeigten, daß das lokale Festpunktfeld praktisch spannungsfrei war. Das Programm selbst trifft diese Feststellung durch Überwachung der Restklaffungen in den Festpunkten.

Da im vorliegenden Beispiel die Klaffungen den vorgegebenen Grenzwert nicht überschritten, wurde ebenfalls die Ausgleichung unter Zwang durchgeführt. Dabei stieg der mittlere Fehler der Gewichtseinheit bemerkenswerterweise von $13^{cc}$ auf $103^{cc}$. Das nächste Beispiel (Abb. 10) zeigt die Möglichkeit der gemeinsamen Lage- und Höhenauswertung auf. Im Rahmen eines Flurbereinigungsverfahrens wurde das abgebildete komplexe Polygonnetz mit einem Reg Elta 14 lage- und höhenmäßig ausgemessen. Im Zusammenhang mit der automatischen Verarbeitung der zugehörigen Meßdaten verdienen die Ergebnisse der Höhenauswertung besondere Beachtung. Bei durchschnittlichen Entfernungen von 400 Metern zwischen den Netzpunkten wurde die Höhenausgleichung mit dem üblichen Refraktionskoeffizienten von 0,13

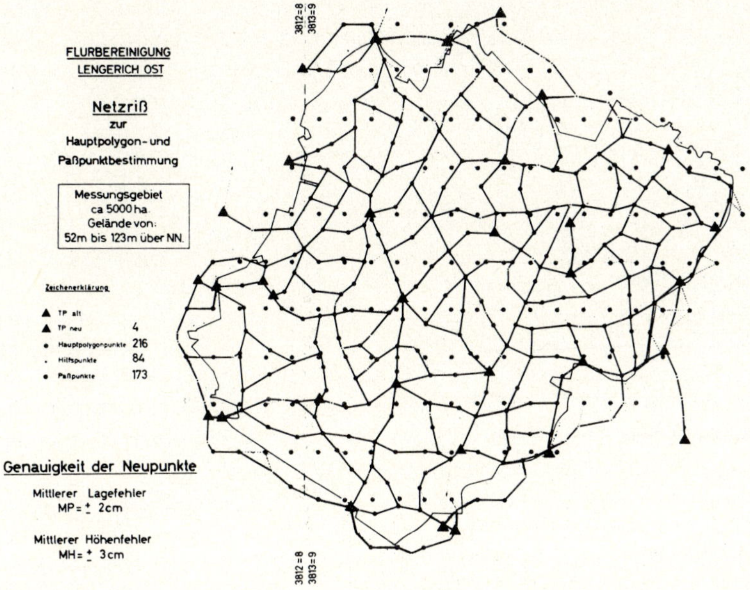


Abbildung 10

durchgeführt, und es ergaben sich maximale mittlere Fehler von ± 3 cm für die ausgeglichenen Höhen. Das sonst bei der Paßpunktbestimmung übliche Nivellement konnte somit eingespart werden.

Damit nun nicht der falsche Eindruck entsteht, daß sich das vorliegende Rechenprogramm nur zur Auswertung von Netzmessungen eignet, stammt das nächste Auswertungsbeispiel aus einer Katastermessung mit dem Reg Elta 14. Diese Messung wurde in einem Altstadt-Gebiet durchgeführt, in dem sich eine Reg Elta Aufnahme - trotz der dichten Bebauung - rationell durchführen ließ, und zwar mit Hilfe der speziellen Zielpunktexzentrizitäten.

Auf der Abbildung 11 ist zunächst das Prinzip der Polaraufnahme mit speziellen Zielpunktexzentrizitäten angedeutet. Auf der einen Seite kann man damit verdeckte Punkte erfassen, wie z.B. hintere Gebäudeecken oder verdeckte Grenzsteine. Auf der anderen Seite lassen sich die Zielpunktexzentrizitäten für eine abgesicherte Polarpunktbestimmung benutzen. Denn das Programm betrachtet auch solche Polarpunkte, die sowohl zentrisch als auch exzentrisch angemessen wurden, automatisch als überbestimmte Polarpunkte und weist entsprechend ihre abgesicherte Bestimmung nach.

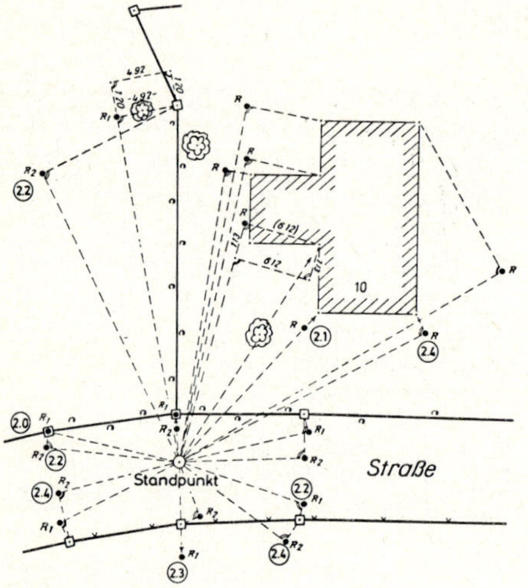


| | | | | |
|---|---|---|---|---|
| Schlüssel | 2.0 | Reflektor | auf dem | Zielpunkt. |
| " | 2.1 | " | vor dem | " |
| " | 2.2 | " | links vom | " |
| " | 2.3 | " | hinter dem | " |
| " | 2.4 | " | rechts vom | " |

Abbildung 11:
Polaraufnahme mit Zielpunktexzentrizitäten
Anwendung der Schlüssel 2.0 bis 2.4 zur automatischen Koordinatenberechnung

Mit diesen - vom Programm gebotenen Hilfsmitteln - wurde nun im Gebiet der dargestellten Netzübersicht (Abb. 12) die erwähnte Reg Elta Aufnahme durchgeführt, bei der durchschnittlich 30 Polarpunkte von einem Standpunkt aus aufgenommen werden konnten. In der Netzübersicht wurde zugleich die Fläche gekennzeichnet, die der anschließend gezeigte Riß wiedergibt (Abb. 13).

Der Riß enthält insgesamt 174 Polarpunkte und diese 174 Polarpunkte konnten mit Hilfe der Zielpunktexzentrizitäten von nur 4 Standpunkten aus erfaßt werden.

Bei der vorhandenen dichten Bebauung darf dieses Standpunkt-Zielpunkt-Verhältnis wohl als ausgesprochen günstig betrachtet werden, so daß sich in diesem Verhältnis zugleich die Leistungsfähigkeit der exzentrischen Polarpunktbestimmung dokumentiert.

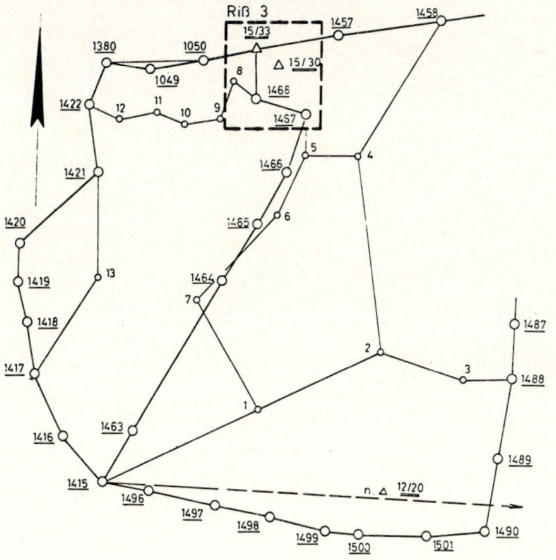

Abbildung 12:
Netzübersicht
Katasterneumessung Essen-Burgaltendorf Flur 17
17 vorhandene PP/ 13 neue Standpunkte / 941 Polarpunkte

Bei dem letzten Anwendungsbeispiel aus der Ingenieurvermessung tritt schließlich der Vorzug der strengen Auswertung in den Vordergrund. Hier geht es um Überwachung von Gebäudepunkten während der Bauarbeiten. Dabei werden mit dem Reg Elta 14 von Festpunkten eines Baunetzes aus periodisch Kontrollmessungen ausgeführt, wie es die eingezeichneten Zielstrahlen andeuten (Abb. 14). Die jeweiligen Kontrollmessungen werden anschließend sofort mit dem Programm ausgewertet, so daß die gesuchten Ergebnisse innerhalb kürzester Zeit vorliegen.

Auf der Grundlage der ausgeglichenen Gebäudekoordinaten und deren Genauigkeit können so die aktuellen Baumaßnahmen unmittelbar beurteilt werden.

Diese besondere Anwendung eines Reg Eltas und des Programms verdeutlicht vielleicht auf nicht alltägliche Weise den Gewinn der erzielten Automation bei der terrestrischen Punktbestimmung.

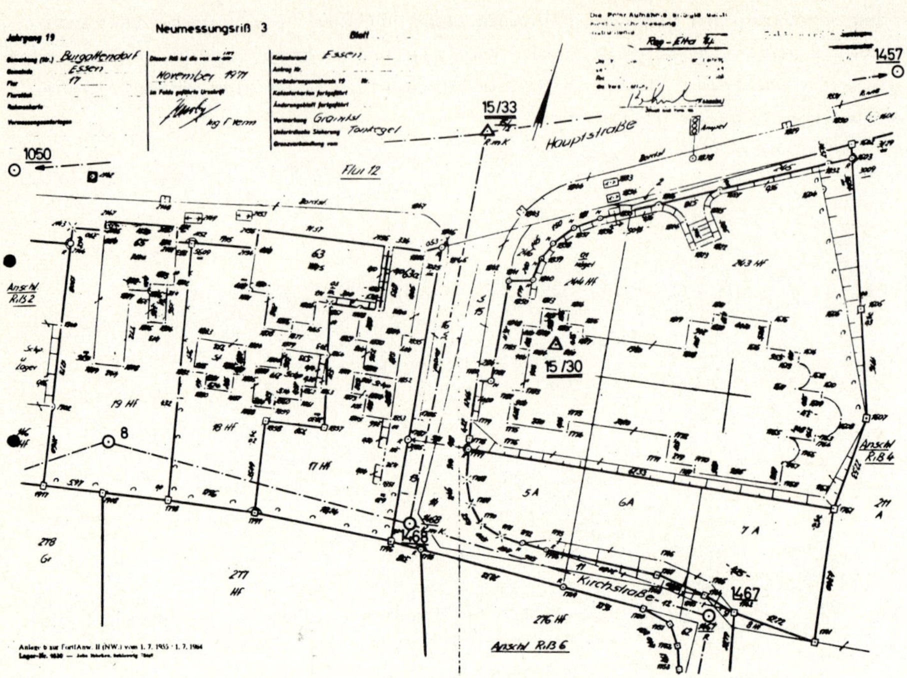


**Abbildung** 13

Abbildung 14

# EINPASSUNG DER MESSERGEBNISSE IN VORHANDENE NETZE

Von H. Knoop

## 1. Trigonometrisches Netz

### 1.1 Situation in der Bundesrepublik Deutschland

In weiten Teilen der Bundesrepublik entspricht das trigonometrische Festpunktfeld nicht mehr modernen Anforderungen. Wie unterschiedlich die Qualität der TP-Netze in den einzelnen Ländern ist, zeigen Veröffentlichungen und Berichte, wie sie gerade in letzter Zeit auch Gegenstand von Erörterungen innerhalb der Arbeitsgemeinschaft der Vermessungsverwaltungen der Länder der Bundesrepublik Deutschland gewesen sind. Danach ergibt sich in den einzelnen Ländern folgende Situation:

In Baden-Württemberg sind die in der ersten Hälfte des 19. Jahrhunderts entstandenen Urtriangulierungen bereits zu einem großen Teil durch Neutriangulierungen ersetzt worden. Das TP-Netz 1. Ordnung ist insgesamt, die 2. bis 4. Ordnung zum größten Teil fertig. In Baden sind in der 4. Ordnung noch etwa 90 % der Punkte neu zu bestimmen. Die bei der Erneuerung des TP-Netzes angewandten Meß- und Rechenmethoden haben sich in den letzten Jahren geändert. Die Einschaltung ganzer Netzteile trat immer mehr an die Stelle von Einzel- und Mehrpunkteinschaltungen. Durch die hohen Genauigkeiten auch der TP 4. Ordnung sind die Punkte als Anschluß- und Kontrollpunkte für die mit modernen Nahbereichsentfernungsmessern ausgeführten Katastervermessungen gut geeignet.

Bayern verfügt seit 1970 über einen neu beobachteten Rahmen, der aus dem TP-Netz 1. und 2. Ordnung besteht. Die Erneuerung der restlichen Ordnungen ist in vollem Gange. Soweit vorhanden, greift man bei der Neuberechnung der unteren Ordnungen auch auf brauchbare ältere Beobachtungen zurück.

Das TP-Feld in Berlin ist veraltet und uneinheitlich im Aufbau. Neben den Punkten der Landesaufnahme gab es noch mehrere städtische trigonometrische Netze, bei deren Aufbau auf Anschlußpunkte 3. und 4. Ordnung weitgehend verzichtet und zum Teil auch benachbarte städtische Triangulationen nicht angeschlossen wurden. Das führte immer wieder zu Spannungen, so daß das vorhandene Festpunktnetz als Grundlage für moderne Vermessungsaufgaben nicht mehr geeignet war. Man entschloß sich deshalb, im Jahre 1971 ein spannungsfreies Netz hoher Genauigkeit zu übernehmen.

Dieses Netz wird zur Zeit durch Gerüstpolygone verdichtet und mit dem vorhandenen Festpunktfeld verbunden. Dabei wird ein Punktabstand dieses neuen Festpunktfeldes von 500 m angestrebt.

In Hessen liegen insofern inhomogene Verhältnisse vor, als die älteren Teile des TP-Feldes nicht generell schlecht sind. Nur einzelne Gebiete werden den heutigen Anforderungen nicht mehr gerecht. Deshalb beschränkt man sich zur Zeit darauf, ältere trigonometrische Punkte im Anschluß an Verdichtungsarbeiten nur dann neu zu bestimmen, wenn die Verdichtungsmaßnahmen die Notwendigkeit dafür ergeben haben.

In Niedersachsen entspricht das TP-Feld, das aus dem Ende des letzten Jahrhunderts stammt und zunächst nur für topographische Zwecke gelegt worden ist, nicht mehr modernen Anforderungen. Die Ursache dafür liegt weniger in der mangelnden Genauigkeit der alten Beobachtungen als vielmehr in der oftmals gröblichen Vernachlässigung des Prinzips der Nachbarschaft. Die Bemühungen, die Spannungen durch einige Ergänzungsmessungen zu beseitigen, waren selten erfolgreich. Immer wieder war man gezwungen, die Erneuerungsmaßnahmen mit erheblichem Aufwand weit auszudehnen. Auch genügte es nicht, eine Neuberechnung mit alten Elementen in größerem Rahmen vorzunehmen. Deshalb fanden ab 1954 völlige Erneuerungen geschlossener größerer Gebiete in der 2. und 4. Ordnung statt, die insgesamt etwa 20 % der Landesfläche ausmachen.

Die Ausgangssituation in Nordrhein-Westfalen ist ähnlich schlecht wie in Niedersachsen. Eine Überprüfung des TP-Feldes hat ergeben, daß ein gutes Viertel aller Punkte - also jeder 4. TP - einen mittleren Fehler größer als 10 cm aufweist. Netzspannungen sollen hier bereinigt werden, indem das Netz 1. Ordnung möglichst unverändert angehalten wird.

In Rheinland/Pfälz liegen auf Grund früherer politischer Zusammenhänge mehrere Netzteile unterschiedlicher Qualität vor. Aus Personal- und Zeitmangel werden Erneuerungsarbeiten nur zu besonderen Anlässen (Flurbereinigungen usw.) oder zur Beseitigung lokaler Netzspannungen ausgeführt.

Im Saarland liegt seit einigen Jahren ein TP-Feld vor, das die erforderliche Punktdichte aufweist und den Anforderungen gerecht wird, die an amtliche Vermessungen z.Zt. gestellt werden. Voraussetzung ist allerdings, daß nicht grob gegen das Prinzip der Nachbarschaft verstoßen wird.

In Schleswig-Holstein liegt ein einheitlich koordiniertes trigonometrisches Netz 1. bis 3. Ordnung vor, das auch in der 4. Ordnung fast zur Hälfte bereits verdichtet ist. Das TP-Feld genügt den Anforderungen der Praxis, auch wenn in einzelnen Netzteilen bei der Einschaltung der TP

4. Ordnung gewisse Netzspannungen festgestellt wurden. In diesen Fällen wurden begrenzte Neuberechnungen der 3. Ordnung vorgenommen. Wegen der hohen Genauigkeit der meisten Punkte werden Koordinatenänderungen im TP-Feld 1. bis 2. Ordnung in absehbarer Zeit überhaupt nicht und in der 3. Ordnung nur in Ausnahmefällen erforderlich sein.

## 1.2 Systematische Erneuerung

Bei der Erörterung der Möglichkeiten zur Erneuerung muß davon ausgegangen werden, daß sich gegenüber dem klassischen Verfahren die instrumentellen und rechentechnischen Voraussetzungen wesentlich geändert haben. Während die elektronische Entfernungsmessung neue Möglichkeiten der Netzgestaltung eröffnete, bewirkte der Einsatz der elektronischen Datenverarbeitung Wandlungen in rechentechnischer Hinsicht.

So ist auch der bisherige hierarchische Aufbau des TP-Feldes immer wieder Gegenstand kritischer Betrachtungen. Zwei Untersuchungen seien hier beispielhaft kurz genannt:

Hilger stellt für den Fall einer völligen Erneuerung fest, daß man bei Triangulierungen auf das Hauptdreiecksnetz nicht verzichten kann, während das TP-Netz 2. Ordnung entbehrlich ist. Als fragwürdig hat sich nach seinen Untersuchungen ein Netz erwiesen, das nur aus der 3. Ordnung besteht. Unabhängig davon soll man von der herkömmlichen Einzelpunkteinschaltung abgehen und stattdessen die Punkte netzweise einschalten.

Gerke und Pelzer schlagen vor, Netze höherer Ordnung nicht direkt zu messen, sondern aus sehr genauen engmaschigen Streckennetzen herzuleiten. Dadurch wird der Grundsatz "vom Großen ins Kleine arbeiten" ins Gegenteil verkehrt. Auch hier wird also festgestellt, daß man bei der Erneuerung des TP-Feldes die eine oder andere Verdichtungsstufe überspringen kann, um eine bestimmte Punktdichte zu erzielen. Die alte Hierarchie stimmt also nicht mehr.

## 1.3 Allmähliche Erneuerung

Der Wunsch nach völliger, systematischer Erneuerung besteht natürlich allgemein; die Verwirklichung dieses Wunsches bedingt jedoch umfangreiche, langwierige, kosten- und personalaufwendige Maßnahmen. Da aber für die tägliche Praxis immer kurzfristig und an den verschiedenen Stellen des TP-Feldes einwandfreie Koordinaten benötigt werden, ist man gezwungen, die Konzeption der systematischen Erneuerung zu durchbrechen. Das führt dann zu inselartigen Erneuerungen und damit aufs ganze gesehen zu unbefriedigenden Lösungen, da man einen verhältnismäßig großen Aufwand treiben muß und trotzdem nur Behelfslösungen verwirklichen kann. Diese "Inseln der Erneuerung", die in sich modern gemessen und durchaus genau sind, sind dann in den nicht einwandfreien Rahmen einzupassen. Dabei werden die qualitativen Möglichkeiten des neuen Netzes nicht voll ausgeschöpft, und besonders an den Gebietsrändern treten immer wieder Probleme auf.

Neben der völligen systematischen Erneuerung werden die folgenden Lösungen, z.B. in Nordrhein-Westfalen angewendet:

1. Neuberechnung von Netzteilen 3. und 4. Ordnung aufgrund älterer Beobachtungen in ein vorhandenes, brauchbares Netz 2. Ordnung.
2. Neuberechnungen von Netzteilen 2., 3. und 4. Ordnung durch Kombination älterer Beobachtungen mit neuen Ergänzungsmessungen.
3. Netzverdichtung 4. Ordnung nach Festlegung der Verknüpfungspunkte durch TP-Züge.

Schmidt schlägt für Nordrhein-Westfalen zwei generelle Lösungsmöglichkeiten vor:

Zunächst findet eine rechentechnische Überprüfung der Netze zur Lokalisierung der Netzspannungen an Hand der mittleren Punktfehler statt, die letztlich jedoch keine sichere Aussage über die richtige koordinatenmäßige Lage der Punkte liefert. Eine Überprüfung könnte auch auf andere Weise erfolgen. So werden z.B. in Hessen Netzspannungen dadurch aufgedeckt, daß Strecken im zu überprüfenden Netz gemessen und größere Abweichungen gegenüber der aus Koordinaten gerechneten Strecke Kriterien für Erneuerungsmaßnahmen sind. Nach dem ersten Lösungsvorschlag von Schmidt wird möglichst schnell durch Neuberechnung und Nachbeobachtung ein neuer Rahmen geschaffen, der aus Punkten der 1. und 2. Ordnung besteht. Größere Einzelvermessungen der 3. und 4. Ordnung werden diesem neuen Netz angeschlossen, wie auch ältere Netzteile in die Erneuerungsmaßnahme einbezogen werden. Daneben bleiben unbrauchbare Netzteile zunächst bestehen, so daß für die Übergangszeit zunächst zwei Systeme nebeneinander existieren. Bei der zweiten Lösung wird darauf verzichtet, einen neuen Rahmen 1. und 2. Ordnung zu schaffen; vielmehr werden die aufgrund der häuslichen Voruntersuchung als brauchbar erkannten Punkte des Rahmens beibehalten und als Ausgangspunkte für eine Neukoordinierung der unbrauchbaren Altpunkte benutzt.

Ein anderes Beispiel für die allmähliche Erneuerung liefert Niedersachsen. Hier wird die allmähliche Erneuerung konsequent so durchgeführt, daß die an vielen Einzelstellen geschaffenen Beiträge für eine Gesamterneuerung des TP-Feldes benutzt werden können. Es werden die drei Gruppen der 3.

und 4. Ordnung, der 2. Ordnung und des Hauptdreiecksnetzes für sich getrennt gehandelt. Bei jedem größeren Vermessungsvorhaben, wie z.B. Neuordnung des ländlichen Grundbesitzes, großräumige Vermessung von Verkehrswegen, Neuanlegung einer Vermessung in großen Städten werden die trigonometrischen Arbeiten in der 3. und 4. Ordnung einschließlich des dabei miterfaßten Polygonnetzes immer so weit ausgedehnt, daß sie an das TP-Netz 2. Ordnung anschließen. Die Erneuerung des TP-Netzes 2. Ordnung beginnt stets an Hauptdreieckspunkten. Damit ist sichergestellt, daß bei einer zeitlich späteren Erneuerung der höheren Ordnungen die niedere Ordnung stets mühelos - also ohne zusätzlichen örtlichen Aufwand - eingerechnet werden kann, sobald die jeweils höhere Ordnung einwandfrei vorliegt. Bei kleineren Vermessungsobjekten, wie sie z.B. beim Einsatz elektronischer Tachymeter anfallen, übernehmen die Punkte 3. oder auch 2. Ordnung die Funktion der Nahtstellen.

Es handelt sich hier also um eine Stufenlösung, bei der jede Arbeit so angelegt wird, daß sie als Baustein für eine zukünftige Erneuerung des gesamten Netzes verwendet werden kann. Um dem Benutzer die dabei anfallenden mehrfachen Koordinatenänderungen zu ersparen, die beim derzeitigen Stand der Rechentechnik unzumutbare Folgearbeiten hervorrufen würden, soll der übergeordnete Rahmen in möglichst kurzer Zeit bereitgestellt werden. Die umfangreichen Ergänzungsmessungen für das Hauptdreiecksnetz sind 1973 abgeschlossen, während das TP-Netz 2. Ordnung durch konzentrierten Einsatz elektromagnetischer Streckenmeßgeräte in etwa 5 bis 10 Jahren erneuert sein dürfte.

## 2. Polygon- und Messungsliniennetz, Katasterbestand

### 2.1 Allgemeines

Bevor ich mich nun dem Einpassen in Zusammenhang mit Polygonnetzen und dem Katasterbestand zuwende, möchte ich dazu einige allgemeine Anmerkungen machen. Der Begriff "Polygon- und Messungsliniennetz" entstammt dem hierarchischen Aufbau der Netze nach dem Prinzip "vom Großen ins Kleine" und gilt auch heute noch für die Anwendung des Orthogonalverfahrens. Beim Einsatz der Photogrammetrie und beim Polarverfahren, vor allem mit elektronischen Tachymetern, mußten sehr oft die Auswerteergebnisse an die Besonderheiten der Orthogonalaufnahme angeglichen werden, um die Einheitlichkeit des Bestandes und eine einheitliche Fortführungsmöglichkeit zu gewährleisten. Denn beim derzeitigen Ausrüstungsstand der Vermessungsstellen ist in vielen Bundesländern eine Fortführung polar nicht möglich. So wurden z.B. in Niedersachsen aus den polar bestimmten Grenzpunkten einige als Endpunkte von Linien ausgewählt, auf die dann im Zuge der automatischen

Berechnung die polar bestimmten Koordinaten der übrigen im Nahbereich dieser Linien gelegenen Grenzpunkte transformiert und als orthogonale Daten für die Fortführung aufgegeben wurden. Eine unmittelbare Notwendigkeit für ein Polygon- und Messungspunktnetz im herkömmlichen Sinne gibt es also bei modernen Meßverfahren nicht mehr.

In diesem Zusammenhang erhebt sich die Frage, ob das Polygonpunktfeld überhaupt beliebig verdichtet werden sollte. An jedem zusätzlich einzuschaltenden Polygonpunkt sind folgende Arbeitsgänge vorzunehmen: Erkundung, Vermarkung, Sicherung, Einmessung, Bestimmung, Auswertung, Nachweis. Im Falle der Wiederbenutzung dieser Punkte müssen die meisten Arbeitsabschnitte - und zwar ausgerechnet die zeitraubendsten und aufwendigsten - wiederholt werden. Die technischen Möglichkeiten moderner Geräte wie gute Reichweite, hohe Meßgenauigkeit, Schnelligkeit der Messung, gute Voraussetzungen zur automatischen Weiterverarbeitung der Meßdaten werden von einer bestimmten Verdichtungsstufe ab nicht mehr voll ausgenutzt. Danach würde es also genügen, jede Messung an das TP-Netz 3. oder allenfalls noch 4. Ordnung anzuschließen und somit das Polygonfeld nicht zu verdichten, sondern eher zu verdünnen. Eine konsequente Durchführung dieser Maßnahme wird seine Grenzen haben in engbebauten Gebieten - wie in Großstädten - und dort, wo durch einen fehlerhaften Rahmen die erforderliche Nachbarschaftsgenauigkeit nicht mehr gewährleistet ist.

## 2.2 Einpassungsmöglichkeiten

In "spannungsfreien" Gebieten ergeben sich für die Anlage der Messung und Berechnung die bekannten Vorteile:

1. jede Netzkonfiguration ist erlaubt,
2. die Nachbarschaftsgenauigkeit ist gewährleistet,
3. das Verteilen der Widersprüche könnte weitgehend durch lineare Interpolation erfolgen. Trotzdem wird man im Hinblick auf sich ergebende Genauigkeitsmaße angesichts der modernen Rechentechnik aufwendigeren Interpolationen den Vorzug geben.

In nicht "spannungsfreien" Netzteilen muß dagegen bei der Planung des Polygonpunktfeldes bzw. des Aufnahmestandpunktnetzes auf das Vorhandene Rücksicht genommen werden. Die Schwierigkeiten bei der Auswertung und beim Einpassen in den Altbestand werden immer wieder durch Störungen im Prinzip der Nachbarschaft bedingt. Bei den örtlichen Arbeiten müssen deshalb oft mehr Messungen durchgeführt werden, und auch im Innendienst ergibt sich oft ein Mehraufwand, indem z.B. auch die Anforderungen an ein Programmsystem steigen. Diese Probleme lassen sich lösen, es muß jedoch qualifiziertes Personal zum Erkennen und Beheben der Fehler und zur

Verknüpfung des Neuen mit dem Alten eingesetzt werden. Ein rein maschinelles Bearbeiten ist nicht möglich, so daß kein Datenfluß entsteht. Am wenigsten befriedigend ist die Tatsache, daß sehr oft die einwandfreien Messungen in den schlechten Rahmen "hineingebogen" und damit die Vorteile des Neuen im Hinblick auf etwas Endgültiges überhaupt nicht ausgeschöpft werden. Dieses Problem wird noch im letzten Teil meiner Ausführungen im Zusammenhang mit der Koordinatendatei kurz angesprochen werden.

Vor einer Verknüpfung von Neu- und Altbestand ist zu prüfen, ob der Neubestand in sich stimmt. Hier wird die Frage nach geeigneten Kontrollen gestellt und ich möchte an dieser Stelle noch einmal kurz für den Bereich der elektronischen Tachymeter darauf eingehen. Kontrollen müssen Vermessungsmaßnahmen gegen Fehler und Irrtümer so sichern, daß die Richtigkeit der Ergebnisse auf eine möglichst wirtschaftliche Weise gewährleistet ist. Dabei wird als Grundsatz verfolgt, daß kein Fehler unentdeckt bleibt, soweit er das Endergebnis unerlaubt beeinflußt, Messungs- und Rechenkontrollen beim Einsatz elektronischer Tachymeter müssen also durchgreifend und wirtschaftlich sein. Beide Forderungen sind im Hinblick auf das gesamte Vermessungsobjekt zu sehen. Eine klare Trennung zwischen örtlich aufzudeckenden Messungsfehlern und häuslich zu kontrollierenden Koordinatenfehlern ist im Hinblick auf die Möglichkeit elektronischer Tachymeter nicht mehr möglich und auch nicht erforderlich. Es erscheint zweckmäßig, die Aufnahme und Auswertung bis zur Koordinatenberechnung als einen durchgreifend zu kontrollierenden Arbeitsabschnitt zu betrachten. Die danach folgende Kartierung und Flächenberechnung sollte davon unabhängig kontrolliert werden.

Im einzelnen sind zu kontrollieren: Die Instrumentenfunktionen (Funktionstüchtigkeit, systematische Einflüsse, Instrumentenfehler), die Messungsdaten (Ermittlung und Protokollieren bzw. Einstellen und Registrieren der Daten), die Punktsignalisierung (Zentrierung der Standpunkte, Signalisierung der Zielpunkte), die Punktidentifizierung (Abmarkung, Punktvertauschung und Punktnummernverwechslung), das Aufnahmenetz (Einflüsse des Festpunktfeldes auf die Koordinierung), die EDV-Bearbeitung (Koordinatenberechnung, Kartierung und Flächenberechnung). Diese Punkte sind zweifellos nicht gleichgewichtig. Ferner sind weitere Gesichtspunkte für die Wahl einer geeigneten Kontrolle von Bedeutung wie örtlicher Arbeitsaufwand, Ausnutzungsgrad der Geräte, homogene Datenverarbeitung und Möglichkeit der Genauigkeitsabschätzung. In der Praxis gibt es kein Idealverfahren für alle Anwendungsbereiche, das die Messung und Berechnung einerseits mit wenig Aufwand, andererseits unter optimaler Ausnutzung der gerätebedingten Möglichkeiten und gleichzeitig in einem homogenen Datenfluß durchgreifend kontrolliert. Die meisten Vorteile liegen meines Erachtens bei Doppelkoordinierungen von verschiedenen Standpunkten. Verbleibende Lücken sollte man anderweitig, möglicherweise durch Doppelbestimmungen von demselben Standpunkt, schließen. Hier bieten sich auch Spannmaße an, die hinsichtlich ihrer Kontrolleigenschaften den Doppelbestimmungen nicht wesentlich nachstehen. Nachteilig wirken sich jedoch gegenüber diesen die größere Abhängigkeit von der Geländegestaltung und der Punktdichte sowie die Notwendigkeit zu einer zusätzlichen EDV-Eingabe aus. Unabhängig von der gewählten Kontrollmöglichkeit sollte man die Vermessungsmaßnahme durch eine genaue Überprüfung der Altpunkte, eine sorgfältige Messung und eine zweckmäßige Berechnung zusätzlich sichern. Im Zuge der aufgezeigten Berechnungen mit EDV sind die Richtigkeit der Messungs- und Berechnungsdaten, die Vollständigkeit aller Meßelemente sowie die Richtigkeit der Berechnung automatisch zu überprüfen.

Vor einer Verknüpfung von Neu- und Altbestand ist also zu prüfen, ob der Neuzustand in sich stimmt. Diese Kontrolle kann durch eine Berechnung im örtlichen System erfolgen. Messungsfehler werden auf diese Weise aufgedeckt. Die sich anschließende Einpassung in den vorgegebenen Rahmen gibt dann Aufschluß über die Genauigkeit des Anschlußnetzes. Beim Einsatz elektronischer Tachymeter wird das Standpunktnetz in der Regel zwischen trigonometrischen Punkten geplant. Meistens genügt zur Aufnahme einer Fortführungsvermessung ein großräumiger Polygonzug. Um Aussagen über die Nachbargenauigkeit von Neuaufnahme zu Altbestand machen zu können, werden die nahegelegenen alten Polygon- und Liniennetzpunkte im Zuge der Polaraufnahme noch einmal bestimmt. Ein Vergleich zwischen Neu- und Altbestimmungen deckt gegebenenfalls vorhandene Spannungen auf. Je nach Größe dieser Unstimmigkeiten ist dann zu entscheiden, ob bei kleineren Koordinatendifferenzen - eine Grenze von 10 cm erscheint hier zweckmäßig - die Altkoordinaten beibehalten werden sollen oder bei größeren Differenzen die Neukoordinaten einzuführen sind. Im letzten Fall ist dann erforderlichenfalls das alte Polygonnetz im größeren Umfang nachzumessen oder mit alten Elementen neu zu berechnen, um für die davon abhängigen, durch die Neuaufnahme nicht erfaßten Grenzpunkte genaue Koordinaten für die Weiterberechnung zu erhalten. Bei der örtlichen Aufnahme sollte man deshalb die Anschlußwinkel auf den neu erfaßten Altpunkten gleich mitmessen.

Dieses Verfahren mag für viele Fälle in der Praxis zunächst genügen. Wie fragwürdig es jedoch in Wirklichkeit ist, zeigt die Problematik, die entsteht, wenn einige Zeit später ein Polygonzug parallel zum neuen Zug gelegt wird. Konsequenterweise müßte dann wiederum eine Neuberechnung erfolgen. Das linienhafte "Überholen" eines Netzes ist deshalb auf die Dauer unzweckmäßig, ein flächenhaftes Einpassen ist hier vorzuziehen.

Ich möchte über ein Beispiel berichten, in dem ein mehrere Kilometer langes Aufnahmepolygon, das als Hauptzug zwischen trigonometrischen Punkten geführt war, sehr gute Abschlußfehler zeigte. Die meisten mitkoordinierten Altpunkte wiesen nur geringfügige unregelmäßige Differenzen zwischen Neu- und Altkoordinaten auf. Lediglich auf einem größeren Teilabschnitt dieser Vermessung ergaben sich bei den neu koordinierten Altpunkten verhältnismäßig große, aber gleichgerichtete Koordinatendifferenzen von mehreren Dezimetern. Nähere Untersuchungen ergaben, daß es sich um durchschnittene Polygonzüge einer Flurbereinigung handelte, die in sich über eine gute und homogene Genauigkeit verfügte, die aber nur unzureichend mit dem TP-Feld verbunden war im Gegensatz zum Polygon der Nachbarbestände. Hier stand man vor der Entscheidung, sollte man den sehr guten Aufnahmezug beibehalten und dann das Flurbereinigungsgebiet mit den alten Messungselementen rechnerisch nach Messung der Anschlüsse neu anschließen oder aber den Aufnahmezug an den Rändern der Flurbereinigung unterteilen und in den am Rande liegenden Polygonen abschließen lassen. Es besteht kein Zweifel daran, daß die erste Lösung auf weite Sicht gesehen die bessere ist, wobei man natürlich kritisch überlegen muß, inwieweit dieser eine einwandfreie Aufnahmezug ausreicht, um den wesentlichen Teil eines solchen Flurbereinigungsgebietes endgültig zu koordinieren.

Da es im Kataster zunächst auf die relative, also die Nachbarschaftsgenauigkeit ankommt, und Umrechnungen der ersten Lösung nach nicht auf das Polygonnetz beschränkt bleiben können, sondern über das Messungsliniennetz jeden einzelnen Grenzpunkt mit erfassen müssen, kommt neben dem großen Arbeitsaufwand in den gesamten Katasterbestand eine solche "Unruhe", daß in der Praxis sehr oft die Unterteilung des Hauptzuges vorgezogen werden wird. Aber selbst, wenn man auf diese Weise den Aufwand zunächst minimal gestaltet, ist das Problem der Fehlerabschlüsse noch nicht behoben; bei hinreichend kurzen Teilstücken des Polygonzuges kann es nämlich sehr leicht zu unerlaubten Fehlerabschlüssen der Teilpolygone kommen, obwohl der gesamte Hauptzug einen sehr guten Fehlerabschluß aufwies. Man sollte also prinzipiell nicht das einwandfreie Neue einpassen, sondern umgekehrt den Altbestand an die Neuaufnahme angliedern. Das gilt nicht nur für das Polygon- und Messungsliniennetz, sondern auch für den gesamten nachgeordneten Katasterbestand.

Nun braucht man es nicht beim visuellen Koordinatenvergleich der identischen Punkte zu belassen, es sind natürlich auch Transformationen möglich, deren Wirksamkeit dann von der Lage der Paßpunkte und von der Nachbarschaftsgenauigkeit abhängt. Die Kartenpaßpunkte, über die die Verknüpfung von Neu- und Altbestand erfolgt, haben die Doppelfunktion, den vorhandenen Bestand anzugliedern und dabei eine gewisse Homogenität zu erreichen.

Unabhängig davon, ob es sich bei dem vorhandenen Katasterbestand um eine moderne Neuvermessung, um eine auf Zahlennachweisen beruhende Grundsteuerneuvermessung oder um einen rein graphischen Bestand - z.B. aus einer Verkopplung - handelt, wird die Güte der Einpassung durch die Qualität der Kartenpaßpunkte bestimmt. In der Regel wird es sich um einwandfreie in der Örtlichkeit und in der Karte definierte Liniennetz- oder Grenzpunkte handeln, deren benötigte Anzahl wesentlich von der Homogenität des Bestandes abhängt. In Gebieten mit graphischem Kataster sind auch Wegeachsen als Paßlinien für eine Einpassung gut geeignet, sofern sie sorgfältig hergestellt wurden.

Wenn Grenzpunkte in einer Geraden liegen, muß die Einhaltung der geometrischen Bedingungen gewährleistet sein. Gerade beim Polarverfahren komplizieren Geradlinigkeitsbedingungen die Messung und Berechnung. Die sehr einfache punktweise Erfassung läßt Zweifel aufkommen, ob den geometrischen Bedingungen heute noch der Vorrang einzuräumen ist. Ganz abgesehen davon, daß dieses Prinzip auch schon beim Orthogonal-Verfahren oft verlassen worden ist, muß jedoch neben rechtlichen und teilweise auch juristischen Gesichtspunkten auch an eine möglichst einwandfreie Fortführbarkeit des Bestandes gedacht werden.

Ein Vorteil, der bei der Einpassung von Neu- und Altbestand gewissermaßen "abfällt", bezieht sich auf solche Punkte, die bei Fortführungsvermessungen als Schnitte zwischen alten und neuen Grenzen entstehen. Hier kann man auf das sehr aufwendige, unmittelbare Herstellen solcher Schnitte verzichten, indem das Vermessungsobjekt - z.B. die Autobahn - zunächst nur gegen die Anlieger ohne Rücksicht auf abgehende Grenzen abgemarkt wird. Die Schnitte werden dann häuslich je nach Art des vorhandenen Katasterbestandes rechnerisch oder graphisch erzeugt und in einem zweiten örtlichen Arbeitsgang zwischen den bereits örtlich festgelegten Neupunkten linear abgesetzt und vermarkt. Dieses Verfahren ist bei der Niedersächsischen Vermessungs- und Katasterverwaltung seit Jahren geübte Praxis, wobei sich auch hier bereits weitere Vereinfachungen bei der Ermittlung der Absteckmaße - wie aus dem folgenden ersichtlich - ergeben haben. Dieses Verfahren setzt natürlich eine Mindestzahl an häuslich ermittelten Schnitten voraus und bedingt ohnehin eine gute Organisation.

### 2.3 Einsatz von Koordinatenerfassungsgeräten

In letzter Zeit werden in zunehmendem Maße Koordinatenerfassungsgeräte, sog. Digitizer, mit denen man aus einer Karte oder Zeichnung für beliebige Punkte Koordinaten erzeugen kann, eingesetzt. Vor allem sind Erfahrungen mit dem Aristo-Gerät "Aristogrid" bekannt geworden. Die Niedersächsische Landesvermessung besitzt den "Haromat" der Firma "Hagensystems International". Dieses Gerät wird für folgende Aufgaben benutzt:

1. Einpassen graphisch vorhandener Katasternachweise bei der Herstellung neuer Rahmenflurkarten,
2. Digitalisierung alter Grenzpunkte bei Fortführungsvermessungen für die Schnittpunkt- und Flächenberechnung,
3. Digitalisierung alter Inselkarten mit nachfolgender Neuzeichnung als Rahmenflurkarten für unbebaute Gebiete im Rahmen der Kartenerneuerung ohne zusätzlichen örtlichen Aufwand.

Die Ausrüstung des Haromat ermöglicht es, einen Lochstreifen im 5-Kanal-Fernschreibcode mit Protokoll zu erzeugen, der entweder als Eingabe zur Steuerung einer Kartieranlage unmittelbar verwendet werden kann oder zur weiteren Aufbereitung zunächst einer EDV-Anlage zugeführt wird. Aus folgenden Gründen gibt man bei der Niedersächsischen Landesvermessung den Lochstreifen zunächst in die Siemens 4004/35 ein:

1. Zur Genauigkeitssteigerung durch Mittelung der mehrfach registrierten Koordinaten,
2. um eine eindeutige Kartierung mehrfach bestimmter Punkte zu gewährleisten,
3. zur Berichtigung über zusätzlich eingegebene Lochkarten und
4. um Folgeberechnungen - z.B. Schnittpunkt- und Flächenberechnungen - durchführen zu können.

Es werden dabei weitgehend die Module des vorhandenen geodätischen Programmkomplexes benutzt.

Da bei der Erzeugung der Maschinenkoordinaten für jeden Arbeitsgang der Nullpunkt neu festgelegt wird, ist ein direkter Vergleich einzelner Auswertungen nur schwer möglich. Mit einer Helmert-Transformation werden daher alle Maschinenkoordinaten über Vermessungspunkte mit Landeskoordinaten oder auch Punkte des Gitternetzes als identische Punkte ins Landesnetz transformiert. Auf diese Weise wirkt sich auch der Papierverzug nicht aus.

Mit Hilfe einer Tastatur, die sich neben der Meßlupe befindet, können zusätzliche Informationen zur Steuerung des Programmablaufes eingegeben werden. Außerdem lassen sich organisatorische Angaben registrieren, wie Auftrags-Nr., Datum der Messung usw. Die organisatorischen Angaben werden über ein vorangesetztes Sonderzeichen gekennzeichnet und steuern die Berechnungsart bei der Auswertung auf der EDV-Anlage. Dabei kann es sich um die Kennzeichnung identischer Punkte oder auch um zu kartierende Punkte handeln. Zusammen mit diesen Steuerungsmaßnahmen können auch sich wiederholende, gleichbleibende Angaben - wie Punktartenschlüssel für die Zeichnung von Signaturen, Kartierinformationen zur Verbindung von Punkten usw. - eingegeben werden. Damit wird die manuelle Eingabe bei den zu messenden Punkten auf ein Minimum beschränkt und so der Meßvorgang beschleunigt. Um den Haromat nicht unnötig zu belasten, werden alle Angaben, die auch auf anderen Datenerfassungsgeräten abgelocht werden können, wie Verschlüsselung der Numerierungsbezirke, Blatteckenwerte, Koordinaten der identischen Punkte der Helmert-Transformation und Folgeberechnungen (Schnitte usw.) über Lochkarten getrennt zugeführt.

Punktnummern werden wegen des erhöhten Aufwandes bei der Vorbereitung und beim Messen nur vergeben für identische Punkte und für Punkte, mit denen Folgeberechnungen durchzuführen und die deshalb zu speichern sind. Für die Kartierung kann die Punktnumerierung entfallen, wenn die zu kartierenden Punkte in Kartierfolge eingestellt und registriert werden. Dieses Verfahren erfordert allerdings das mehrmalige Einstellen der Punkte, von denen mehr als zwei zu kartierende Strecken abgehen. Trotz aller Sorgfalt beim Messen ergeben sich dadurch Mehrfachkoordinierungen, die zu mitteln sind. Dabei handelt es sich um Punkte mit identischen Nummern oder bei fehlenden Punktnummern um Punkte, deren Koordinaten nach der Helmert-Transformation nicht mehr als 0,2 m voneinander abweichen. Punkte, für die keine Numerierung eingetastet worden ist, werden fortlaufend maschinell numeriert und gespeichert.

Die Ausgabe besteht aus

1. dem Lochstreifen für die automatische Kartierung, hier für den Coragraphen,
2. einer Auflistung des Originallochstreifens, der für Berichtigungszwecke mit einer zeilenweisen Numerierung und Hinweisen auf formale Fehler versehen ist,
3. dem Ergebnis der Helmert-Transformation mit Fehlerangaben,
4. der Auflistung der maschinell numerierten Punkte mit Landes- und Maschinenkoordinaten,
5. der Kartierauflistung und gegebenenfalls der Flächenberechnung und
6. einem nach Rahmenflurkarten sortierten Koordinatenverzeichnis mit Entnahmehinweisen.

Nach der Kartierung ergibt sich die Notwendigkeit, fehlerhafte Kartierbefehle in der Auflistung zu identifizieren. Sind bei der Messung Punktnummern vergeben worden, so erfolgt die Fehlersuche in einfacher Weise über die Entnahmehinweise mittels Punktnummer. Wenn keine Punktnummern bei der Messung vergeben wurden, so müssen zunächst die Koordinaten für die fehlerhaften Punkte aus der Kartierung abgegriffen werden, um für die Fehlersuche Eingangskriterien in das Koordinatenverzeichnis zu haben.

Der Kartierstreifen ist maßstabsunabhängig. Im praktischen Einsatz werden in Niedersachsen mit demselben Streifen

1. zu Kontrollzwecken eine Kartierung in Originalmaßstab der alten Katasterkarte hergestellt, z.B. Maßstab 1:3000,
2. zusätzlich für die Bestimmung von Schnittpunkten abgehender Grenzen und die Berechnung der neugebildeten Flächen eine Kartierung in größerem Maßstab angefertigt, z.B. im Maßstab 1:1000, und
3. zusammen mit anderen Messungsergebnissen eine neue Rahmenflurkarte gezeichnet.

Die Maschinenkoordinaten werden in der Einheit 1/100 mm ausgegeben. Untersuchungen haben eine praktisch erzielte Abgreifgenauigkeit von 3/100 mm ergeben. Bei einem neu vermessenen Graben mit einer Fläche von 24 ha wurden die Flächen aus Koordinaten und aus der daraus erzeugten Kartierung mit dem Haromat gegenübergestellt. Es ergab sich bei 24 ha eine Abweichung von 50 qm. Dieses gute Ergebnis kann auch durch andere praktische Einsätze des Haromat belegt werden.

## 3. Koordinatendatenbank

Alle Bemühungen um ein spannungsfreies Netz, sei es nun entstanden durch völlige, systematische oder auch durch eine allmähliche Erneuerung, haben letztlich nur dann einen Sinn, wenn die Meßergebnisse den modernen technischen Möglichkeiten entsprechend archiviert werden und eine entsprechende automatische Weiterverwendung in direktem Zugriff gewährleistet ist. Wenn man bedenkt, daß allein in Niedersachsen jährlich durch völlige oder allmähliche Erneuerung etwa 800 000 Punkte auf moderne Weise bestimmt und bis zur Kartierung bzw. Flächenberechnung hin ausgewertet werden, ist es äußerst unbefriedigend, daß diese einwandfrei ermittelten Daten einschließlich der Auswerteergebnisse in den meisten Fällen nur für den einen Zweck benutzt werden können. Die heute bereits zur Verfügung stehenden technischen Möglichkeiten gestatten den Aufbau einer Koordinatendatei als Teil einer Koordinatendatenbank. Dabei kann es sich nicht nur um die erstmalige Speicherung von einwandfreien Koordinaten handeln, sondern auch um die Folgearbeiten bei Koordinatenänderungen, besonders auch der nachgeordneten Punkte, die durch Koordinatenänderungen im übergeordneten Netz entstehen. Die Koordinatendatenbank soll dem Aufbau eines einheitlichen Katasters für das ganze Land und der Verwirklichung der integrierten Datenverarbeitung in der Vermessungsverwaltung dienen. In den Dateien sind daher alle erforderlichen vermessungstechnischen Informationen für eine automatische Datenverarbeitung zusammenzutragen. Daneben muß auch im großen Rahmen der horizontale Datenverbund und der Einsatz der Datensichtgeräte gesehen werden. Die Koordinatendatenbank ist zweckmäßigerweise nach folgenden Gesichtspunkten aufzubauen:

1. vielseitige Anwendungsmöglichkeiten,
2. Verbindung zu anderen Großdateien,
3. Horizontale Integration,
4. Ausbaufähigkeit,
5. Technische Entwicklung wie Verarbeitungsgeschwindigkeit, Speicherkapazität, Datenfernverarbeitung und
6. die Fortführungsfähigkeit.

Die Koordinatendatenbank muß folgende Aufgaben erfüllen:

1. Flächenberechnung und automatische Zeichnung,
2. Vorausberechnungen,
3. Abbildung des Vermessungsrißinhaltes in analoger Form auf dem Bildschirm,
4. Berücksichtigung der Auswirkungen auf die Nachbarschaft bei Koordinatenänderungen.

Es kann hier nicht Gegenstand meiner Ausführungen sein, Einzelheiten über diese Koordinatendatenbank zu behandeln. Ich möchte mich deshalb auf die Darstellung einiger grundsätzlicher Überlegungen zu diesem Komplex beschränken, zumal es sich hier um technisches Neuland handelt und praktische Erfahrungen bisher nur in sehr geringem Umfang vorliegen. Bei Untersuchungen, die die Arbeitsgemeinschaft der Vermessungsverwaltungen der Länder der Bundesrepublik Deutschland durchgeführt hat - und hier in erster Linie die Länder Baden-Württemberg, Bayern und Niedersachsen - hat man sich zunächst einmal um den Aufbau eines solchen Datenbanksystems Gedanken gemacht.

Da eine reine Koordinatendatei den Anforderungen nicht genügt, muß man allgemein davon ausgehen, daß insgesamt folgende Dateien erforderlich sind: Koordinatendatei, Grundrißdatei, Flurstückdatei und gegebenenfalls noch eine Datei der Netzdefinitionen. Die Koordinatendatei im engeren Sinne enthält die Punktnummern und die Koordinaten aller Punkte. Die Grundrißdatei ist nach dem Merkmal Flurstücks-Nr. geordnet und enthält alle Informationen, die zur Flächenberechnung und Grundrißdarstellung notwendig sind. Verknüpfungselement zwischen Grundstücksdatei und Koordinatendatei ist die Punkt-Nummer. Die Flurstückdatei enthält Angaben über Fläche, Lage,

Nutzungsart und Bodenschätzung, Ordnungsmerkmal ist die Flurstücksnummer. Die Datei der Netzdefinitionen wird nach vermessungstechnischen Einheiten gegliedert, wie Polygonzug, Messungslinie, Standpunkt der Polaraufnahme oder photogrammetrischem Modell.

Die unterschiedlichen Auffassungen über den Aufbau solcher Dateien sind bedingt durch benutzerspezifische Anforderungen, aber auch durch die verschiedenen technischen Voraussetzungen bei den einzelnen Anwendern. So wird man bei einem gegebenen einwandfreien Netz und einem einwandfreien Katasterbestand eine reine Koordinatendatei aufbauen können, aus der dann im Bedarffalle die Messungselemente und weitere Informationen abgeleitet werden. Da diese "einwandfreien" Voraussetzungen im größeren Umfang heute leider noch nicht vorliegen und man sich, wie die Ausführungen gezeigt haben, überwiegend mit der Verknüpfung des neuen einwandfreien mit dem vorhandenen erneuerungsbedürftigen Bestand auseinandersetzen muß, erhebt sich die Frage, ob hier einer Speicherung der Messungselemente in Verbindung mit Netzdefinitionen vor einer Datei von Näherungskoordinaten nicht der Vorzug zu geben ist.

Bei einer Definition der Messungselemente und der Netzdefinitionen denkt man landläufig an Orthogonalelemente und Messungslinien. Man muß jedoch auch photogrammetrische Meßergebnisse speichern können. Bei der großräumigen Polaraufnahme, bei der das Standpunktnetz ja überwiegend nur für die jeweilige Aufnahme geplant und dann nicht wieder benutzt wird, und bei der die Messungselemente lediglich verbesserungsbedürftige Rohwerte und damit im Original nicht wieder reproduzierbar sind, wird man sich auch noch intensive Gedanken über Art der Messungselemente und Netzdefinitionen machen müssen.

Ganz abgesehen davon muß allein der Begriff "Strecke" einheitlich definiert sein. Hier herrscht in der Praxis ohnehin nicht immer die erforderliche Klarheit, denn oft genug werden Zahlennachweise im Kataster miteinander verglichen, bei denen man nicht weiß, ob dieselben Korrektionen bei den Auswerteergebnissen, die dem Vergleich zugrunde liegen, einheitlich angebracht worden sind.

Mit diesem kleinen Ausschnitt aus dem Problemkreis "Koordinatendatenbank" möchte ich meine Ausführungen schließen. Unter dem Gesichtspunkt, daß es heute sehr gute Meßinstrumente für alle vermessungstechnischen Belange und es auch hinsichtlich der Auswertemethoden durch die elektronische Datenverarbeitung sehr gute Voraussetzungen gibt, kann man heute geodätische Netze durch völlige systematische oder allmähliche Erneuerung verbessern. Damit wird zugleich deutlich, welche Bedeutung dem Problem "Koordinatendatenbank" in Verbindung mit einer Grundstücksdatenbank als sehr wichtiges Gegenwartsproblem im Vermessungswesen zukommt.

## 4. Literatur


1 Ackermann, F.: Neue Ziele und Methoden der automatischen Berechnung umfangreicher geodätischer Netze. Sammlung Wichmann, Neue Folge, Schriftenreihe Heft 15, 1971

2 Apel, H.: Wandlungen in der Vermessungstechnik des Katasters, ZfV 1971, Heft 1

3 Augath, W.: Programmsystem zur Auswertung trigonometrischer Beobachtungen, ZfV 1972, Heft 9

4 Bartsch, E.: Maßstabskontrollen im TP-Feld 1. Ordnung in Hessen, AVN 1972, Heft 2

5 Buhse, H.-J.: Datenerfassung und Datenaufbereitung, Nachr. der Nds. Verm.- u. Kat.verw. 1972

6 Erlaß des Nieders. MI vom 22.12.1969: Aufbau und Erhaltung des trigonometrischen Festpunktfeldes (TP-Erlaß)

7 Gerke, K., Pelzer, H.: Netzverdichtung oder Netzaufbau aus Funktionen gemessener Größen?, AVN 1970

8 Helke, L.: Die TP-Kartei in neuer Form, Nachr. Nds. Verm.- u. Kat. Verw. 1967

9 Hektor, E.: Probleme der Automatisierung im Vermessungswesen, ZfV 1971, Heft 10

10 Hilger, F.: Die netzweise Ausgleichung einzelner oder mehrerer Triangulierungsordnungen in einem Guß, untersucht an einem Großbeispiel. DGK Reihe C, Heft Nr. 98, Frankfurt/M, 1966

11 Knoop, H.: Leistung und Anwendung von automatisch registrierenden elektronischen Tachymetern, Wissenschaftl. Arb. an der TU Hannover, Nr. 46, Hannover 1971

12 Knoop, H.: Messungs- und Rechenkontrollen beim Einsatz elektronischer Tachymeter, Manuskriptdruck der Referate der DVW-Arbeitsgruppe B beim 57. Deutschen Geodätentag in Braunschweig 1972

12a Konstanzer, J.: Datenverarbeitung in der Niedersächsischen Vermessungs- und Katasterverwaltung, Nachr. d. Nds. Verm.-u. Kat.verw.1972

13 Länderkurzberichte im Arbeitskreis Triangulation der Arbeitsgemeinschaft der Vermessungsverwaltungen der Länder der Bundesrepublik Deutschland (AdV) 1972

14 Lobner, E.: Stand und Entwicklung der Automation im Kataster- und Vermessungswesen des Landes Nordrhein-Westfalen, Nachr. aus dem öffentl. Verm.dienst Nordrhein-Westfalen 1971

15 Niederschrift über die 2. Besprechung der Arbeitsgruppe "Koordinatendatei" des Arbeitskreises Automation der AdV 1971 Würzburg

16 Schlehuber, J.: Vom automatisierten Liegenschaftskataster zur Grundstücksdatenbank, Nachr. der Nds. Verm.- u. Katverw. 1972

17 Schmidt, R.: Von der statischen zur dynamischen Auffassung des trigonometrischen Festpunktfeldes, AVN 1970, Heft 3

18 Schmidt, R.: Die Genauigkeit der TP-Netze höherer Ordnung und das Problem der Netzerneuerung in Nordrhein-Westfalen, Nachr. aus dem öffentl. Verm.dienst Nordrhein-Westfalen 1970

19 Vogt , G.: Maschinelle Ausrüstung und Verarbeitung von Berechnung und Zeichnung in der Niedersächsischen Vermessungs- u. Katasterverwaltung, Nachr. der Nds. Verm.- u. Kat.Verw. 1972

20 Vorläufige Richtlinien für die Bearbeitung geodätischer Berechnungen mit der EDV-Anlage des Nds. Landesverwaltungsamtes (Stand 1972).

## UNMITTELBARES ABSTECKEN NACH LANDESKOORDINATEN MIT ELEKTRONISCHEM TACHYMETER UND TISCHCOMPUTER

Von Manfred Ruopp

### 1. Einführung

Die erste Generation elektronischer Tachymeter wurde ihrer Zielsetzung nach primär für Aufnahmearbeiten entwickelt. Der Wunsch vieler Benützer, mit ihren Geräteausrüstungen auch gelegentlich Absteckungen durchführen zu können, blieb zunächst vorwiegend deshalb unerfüllt, weil bei allen Geräten die Distanzanzeige ohne Reduktion auf die Horizontale erfolgte.

Bei einigen neuerlich entwickelten Instrumenten hat man jedoch diesem Wunsche entsprochen. So ermöglicht z.B. das Geodimeter 700 von AGA wahlweise die Anzeige von Horizontalwinkel und Horizontalentfernung für Absteckungszwecke oder Vertikalwinkel und Schrägentfernung für Aufnahmezwecke. Dieses Gerät besitzt außerdem folgende für Absteckungsaufgaben vorteilhaft erscheinende Eigenschaften:

1. Ein sichtbarer Laserstrahl, der als Trägerwelle der Distanzmessung dient, kann zur groben Richtungseinweisung mit Vorteil ausgenutzt werden.

2. Die mit Nachlaufresolvern arbeitende Phasenmeßeinrichtung zeigt Entfernungsänderungen kontinuierlich an, so daß jede Reflektorverschiebung über die Anzeige beobachtet und gesteuert werden kann.

Mit einem Instrument dieser Art ausgerüstet, scheint die Absteckung nach Polarkoordinaten ziemlich unproblematisch zu sein:
Man stellt das Instrument auf einem Festpunkt auf, für den man vorweg die Polarkoordinaten der abzusteckenden Punkte berechnet hat. Nach Orientierung des Horizontalkreises über einen zweiten Festpunkt wird für jeden Punkt wie folgt verfahren: Richtung durch Laserstrahl grob vorgeben, Distanz messen und Gehilfen grob verbessern lassen. Danach im Feinbereich solange beobachten und verbessern lassen, bis die Distanzanzeige dem Soll entspricht und die Zielmarke sich auf dem Vertikalstrich befindet.

Probleme können jedoch auftreten, wenn die vorausberechneten Sichten verdeckt sind, oder wenn der Standpunkt über Nacht unzugänglich geworden ist, was in einem Baustellenbereich leicht vorkommen kann. Einen anderen Standpunkt aufzusuchen, bedeutet aber häufig, größere Entfernungen bei der Absteckung überbrücken zu müssen. Meßtechnisch spielt dies zwar keine Rolle, doch kann es möglicherweise dann zu Spannungen führen, wenn das vorhandene Festpunktfeld selbst Spannungen aufweist oder im Maßstab nicht mit dem Maßstab des Distanzmessers harmoniert. Das letztere läßt sich zwar noch relativ einfach berücksichtigen, die Umrechnung auf exzentrische Standpunkte im Gelände ist dagegen schon aufwendiger und fehleranfälliger, aber Netzspannungen bei der Absteckung richtig zu berücksichtigen, erfordert eine umsichtige und erfahrene Fachkraft bei der Absteckung.

Im allgemeinen bedeutet Abstecken das Einpassen eines Punkthaufens (des Projektes) in ein mitunter nicht ganz ideales Festpunktfeld. Je nach Art der gestellten Aufgabe erwartet man von dem abgesteckten Punkthaufen entweder Formtreue - mit oder ohne Maßstabsanpassung - oder Nachbarschaftstreue. Beides zusammen kann man nur dann erwarten, wenn das vorhandene Festpunktfeld spannungsfrei ist.

Ingenieurprojekte werden meist so abgesteckt, daß bestimmte innere Bedingungen erfüllt sind (rechte Winkel, bestimmte Krümmungsverhältnisse bei Bögen usw.), dagegen dürfen zum umgehenden Festpunktfeld in der Regel Differenzen verbleiben. Anders verhält es sich bei Grundstücksvermessungen. Zwischen den vorhandenen Altpunkten und den neuen Absteckpunkten dürfen bestimmte Toleranzen nicht überschritten werden (nachbarschaftstreue Absteckung).

Es müssen daher zur Anpassung an die Altpunkte individuelle Korrekturen am abzusteckenden Punktfeld angebracht werden, die man zumeist aber erst bei der örtlichen Festpunktbenützung ermitteln kann. Dieses Problem hat sich bei der konventionellen Absteckmethode weitgehend von selbst durch die dabei benützte engmaschige Festpunktanordnung gelöst. Die rationelle Ausnutzung der Reichweite und Meßgenauigkeit der elektronischen Tachymeter bedingt jedoch ein weiträumiges Arbeiten. Die Nachbarschaftstreue zu einem unter Umständen auch dichten Altpunktfeld zu wahren, bedarf besonderer Vorkehrungen, die ein Absteckverfahren, wie eingangs beschrieben, nicht überall zulassen.

## 2. Das Abstecken durch Aufnahme von Näherungspunkten

Das Verfahren des unmittelbaren Einweisens versagt weitgehend, wollte man hierfür das Reg Elta 14 benützen. Da es in erster Linie als Aufnahmeinstrument konzipiert ist, besitzt es keine automatische Entfernungsreduktion und keine nachlaufende Distanzanzeige (Phasenmessung mit elektronischem Zähler). Modifiziert man aber das Absteckverfahren so, daß in der Nähe des abzusteckenden Punktes eine vollständige Aufnahme erfolgt, die man sofort auswertet, so kann die Korrektur zum gesuchten Punkt direkt durch Messung örtlich abgetragen werden, ohne daß dies laufend überwacht werden muß. Man spart sich dabei übrigens auch die beim Reg Elta nicht ganz ideale Voreinstellung der genauen Richtung. Die Auswertung der Registrierung beinhaltet mindestens die Reduktion der Entfernung und die Berechnung der Korrekturbeträge. Dafür empfiehlt sich die Verwendung eines am Reg Elta anschließbaren programmierbaren Tischcomputers, der die Meßdaten des Tachymeterinstruments in die für die Absteckung interessierenden Korrekturbeträge umsetzt und diese anzeigt.

Eine Kombination dieser Art wurde von mir am Geodätischen Institut der Universität Stuttgart unter Verwendung des Tischcomputers Wang 700 zusammengestellt und praktisch erprobt. +) Für den Anschluß des Rechners an das Reg Elta hat die Firma ZEISS ein entsprechendes Interface geliefert. Bei einer Kabellänge von ca. 6 Metern kann der Rechner bei Feldeinsatz meist im Kraftwagen verbleiben, wo er aus Batteriestrom über einen Umformer mit der üblichen Netzspannung (Leistungsaufnahme ca. 80 W) gespeist wird.

Der Wang-Rechner hat eine Kapazität von 960 Befehlsschritten bzw. 120 Zahlworten im Kernspeicher. Der Kernspeicherinhalt läßt sich jedoch sukzessive automatisch vom Magnetband erneuern, so daß auch Programmsysteme ausgedehnteren Umfangs verarbeitet werden können. Es wurde daher grundsätzlich eine umfassende Programmierung des Gesamtablaufs der Absteckung angestrebt, bei der alle wesentlichen Fälle Berücksichtigung finden sollten.

## 3. Das Programmsystem Reg Elta - Wang

Wesentliche Kennzeichen des Programmsystems für die Absteckung durch Aufnahme von Näherungspunkten unter Vorgabe der Landeskoordinaten (oder beliebiger örtlicher Koordinaten) sind:

1. Das elektronische Tachymeter kann an beliebiger Stelle, also auch in freier Stationierung, aufgebaut werden.
2. Die Instrumentenkonstanten des Reg Elta werden in einem besonderen Teilabschnitt festgestellt und automatisch berücksichtigt. Das gleiche gilt auch für eine eventuelle Änderung der Orientierung.
3. Festpunktfehler können aufgedeckt werden, sofern mehr als ein Festpunkt und ein Fernziel aufgenommen werden. Bei mehr als zwei Festpunkten und Verwendung eines Fernziels kann der Fehler lokalisiert und der betreffende Punkt ausgeschieden werden.

---

+) Siehe auch Allg. Verm. Nachr. 2/1972, Seite 76-79

4. Die Restfehler der Einpassung auf das Festpunktfeld durch Helmert-Transformation werden für jeden Festpunkt angezeigt. Danach läßt sich entscheiden, ob die Absteckung formtreu erfolgen kann oder nachbarschaftstreu durchgeführt werden muß. Für die formtreue Absteckung werden die Koordinaten der abzusteckenden Punkte über Helmert-Transformation in das örtliche System mit dem Standpunkt als Koordinatensprung und einer beliebigen Richtung als x-Achse überführt und danach in Polarkoordinaten umgewandelt. Die nachbarschaftstreue Absteckung erfolgt aufgrund eines einfachen Transformationsverfahrens, auf welches am Schluß der Ausführungen gesondert eingegangen wird.

Der Ablauf des Gesamtprozesses einer Absteckung läßt sich auf den schematischen Darstellungen Abb. 1 und Abb. 2 erkennen:

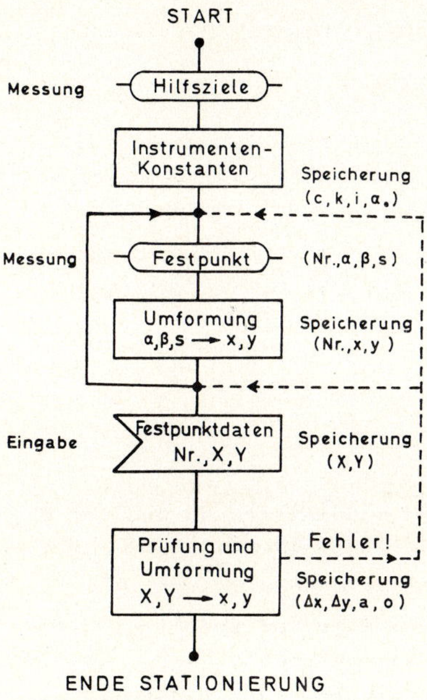


Abbildung 1:
Ablaufschema Stationierung

Nach Aufstellung des Instruments an einer günstigen Position erfolgen - falls nötig - die Messungen zur Ermittlung der Instrumentenkonstanten. Dazu werden zwei Ziele in möglichst stark unterschiedlicher Zenitdistanz in beiden Fernrohrlagen registriert. Die sofort errechneten Konstanten werden abgespeichert, aber nicht angezeigt. Im nächsten Programmteil werden die Festpunkte aufgenommen, ihre Koordinaten und Nummern eingegeben und danach automatisch geprüft und notwendigenfalls aussortiert. Hierzu ist die Eingabe einer Fehlergrenze nötig. Falls die Festpunktprüfung positiv verlaufen ist, kann die eigentliche Absteckung erfolgen (Abb. 2). Die Koordinaten und Nummern der abzusteckenden Punkte können dabei wahlweise manuell eingetastet oder aber vom Magnetband eingelesen werden. Im

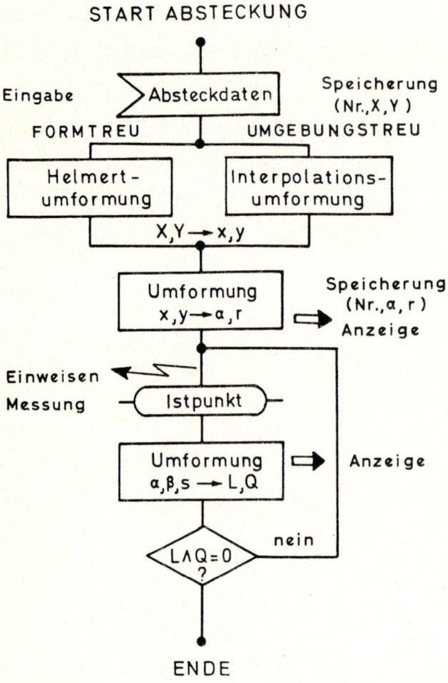


Abbildung 2:
Ablaufschema Absteckung

letzteren Falle läuft der Datenfluß vollkommen automatisch ab und ist dadurch gegen Fehler weitgehend abgesichert.

Der eigentliche Absteckungsvorgang verläuft iterativ und spielt sich etwa so ab:
Der erste Näherungspunkt wird aufgenommen, wobei neben den Meßwerten die am Zählwerk des Reg Elta eingestellte Nummer des abzusteckenden Punktes mit in den Wang-Rechner übertragen wird. Im Rechner werden die reduzierten Meßwerte mit den für den betreffenden Punkt gespeicherten Sollwerten verglichen. Aus den Unterschieden in Richtung und Horizontalentfernung erfolgt eine Umrechnung in die linearen Verbesserungsbeträge L und Q, die sich auf die Verbindungslinie Instrument - Istpunkt beziehen. Diese beiden Werte werden zusammen mit der betreffenden Punktnummer am Computer angezeigt und über Funksprechverbindung dem Reflektorträger übermittelt, der danach seine Position verbessert und sich von neuem anmessen läßt. Je genauer der Gehilfe die Korrekturbeträge L und Q örtlich abträgt, umso eher führt das Verfahren zum Ziel. Bei geneigtem Gelände oder bei un-

günstigem Bodenbewuchs ist das nicht ganz so einfach, wie man es sich vielleicht vorstellt. Als wesentliche Erleichterung hat sich deshalb folgende Zusatzmaßnahme erwiesen: Sobald eine Näherungsposition mit einer Genauigkeit von etwa $\pm$ 1 m erreicht worden ist (in der Regel nach der ersten Messung, in bestimmten Fällen auch ohne Messung), wird anstelle des Reflektorstabes ein auf einem leichten Stativ befindliches polares Absteckgerät mit Reflektor aufgestellt und angemessen. Durch einen Tastendruck am Computer lassen sich anstelle der orthogonalen Korrekturbeträge L, Q die entsprechenden polaren Komponenten $\Phi$ und R ablesen. Das Absteckgerät besitzt eine Kreisteilung und einen auf 1,5 m ausziehbaren Stab mit einer Einkerbung an der Frontseite (Abb. 3). Wird der Stab entsprechend R ausgezogen und in die Richtung $\Phi$ gebracht, so entspricht das Zentrum der Einkerbung dem abzusteckenden Punkt. Dieser

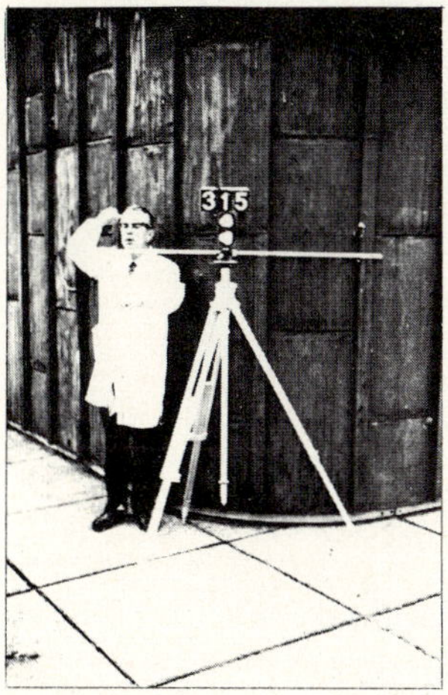


Abbildung 3

Abbildung 4

ist ohne weitere Hilfe vom Instrument aus jetzt markierbar, da er durch dieses Gerät bereits abgelegt, d.h. nach oben versichert ist (Abb. 4). Nach der Vermarkung des Punktes empfiehlt sich allerdings eine letzte Kontrollmessung in zentrischer Spiegelaufstellung. Wird die Punktnummer auf dem Reflektor durch Stecktafeln angezeigt, so lassen sich Irrtümer weitgehend vermeiden, die bei der parallelen Bedienung mehrerer Absteckpunkte gelegentlich vorkommen könnten. Der Bediener des Reg Elta hat immer die Nummer einzustellen, die er im Fernrohrbild gerade abliest.

## 4. Praktische Erfahrungen

Die Ausrüstung und das Verfahren wurden im Frühjahr 1972 bei der Absteckung von Grenzpunkten einer Umlegung erprobt. Die Landeskoordinaten aller abzusteckenden Punkte wurden häuslich in Blöcken zu je 10 Punkten auf Magnetband abgespeichert, so daß im Felde außer den Festpunktkoordinaten keinerlei Maßzahlen eingegeben werden mußten. Da das Festpunktfeld weitgehend spannungsfrei war, wurde nach dem Verfahren der formtreuen Einpassung über Helmert-Transformation gearbeitet. Bei einer Meßtruppzusammensetzung von insgesamt 7 Personen (1 Reg Elta-Bediener, 1 Computer-Bediener, 1 Meßtruppleiter zur Einweisung der Arbeitsgruppen im Gelände und zwei Arbeitsgruppen zu je 2 Mann für Absteckung und Vermarkung mit Kunststoffgrenzmarken) wurde eine Tagesleistung von durchschnittlich 100 Punkten erzielt. Die Leistung läßt sich durchaus noch steigern, wenn mehr als zwei Arbeitsgruppen für Absteckung und Vermarkung eingesetzt werden, damit die Geräteausrüstung rationeller ausgenützt werden kann. Aus umfangreichen Spannmaßkontrollen ergibt sich folgendes Bild über die erreichte Genauigkeit:

Differenzen zwischen gemessenen Spannmaßen und Koordinatensollwerten (kurze Spannmaße)

| 0-1 cm | 1,1-2,5 cm | 2,6-4 cm | >4 cm |
|---|---|---|---|
| 54 % | 40 % | 5 % | 1 % |

Mittlerer Punktfehler $m_p = \pm\ 1{,}7$ cm

## 5. Nachtrag zum Verfahren der nachbarschaftstreuen Einpassung

Bei n Festpunkten (Paßpunkten) werden die örtlichen Koordinaten eines Absteckpunkts P aus seinen Landeskoordinaten dadurch gewonnen, daß über insgesamt $\binom{n}{2}$ Rechenachsen eine einfache Ähnlichkeitsumformung durchgeführt wird und mit den Einzelergebnissen das allgemeine arithmetische Mittel gebildet wird. Durch den Gewichtsansatz

$$p = \frac{s^2}{s_1 \quad s_2} \qquad \text{(Abb. 5)}$$

läßt sich erreichen, daß Punkte, die in unmittelbarer Nähe von Festpunkten liegen, von diesen ausschließlich beeinflußt und somit nachbarschaftstreu berechnet werden. Das Ergebnis einer solchen Übertragung gegenüber der Helmert-Transformation ist aus Abb. 6 zu erkennen. Es zeigt die günstigen Eigenschaften der "Umformung in allen Kombinationen" beim gewählten Gewichtsansatz:

Die Umformung ist streng nachbarschaftstreu. Im freien Feld zwischen den Festpunkten entspricht ihr Ergebnis weitgehendst dem der Helmert-Transformation, sie ist also dort formtreu. Außerdem eignet sie sich gut als Interpolationsmethode für kapazitätsarme, aber schnelle Tischcomputer.

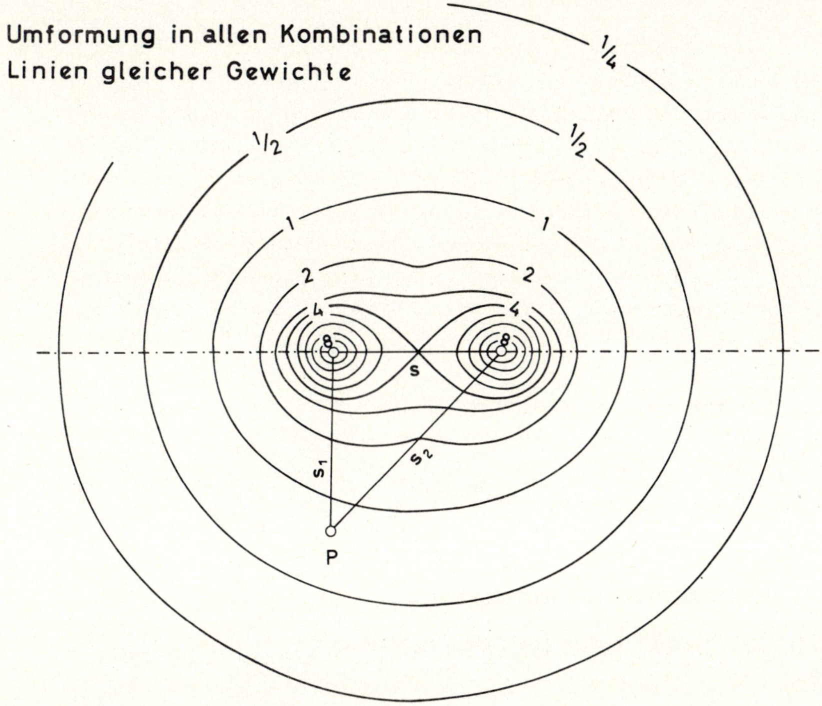


Abbildung 5

6. Zusammenfassung

Das Abstecken mit dem registrierenden elektronischen Tachymeter, an das ein leistungsfähiger Tischcomputer angeschlossen wird, bietet folgende nicht unwesentliche Vorteile:

1. Der Standpunkt kann ohne Vorerkundungen beliebig im Gelände ausgewählt werden.
2. Instrumentenfehler, Maßstabsunterschiede, Netzspannungen u.a.m. werden absolut zuverlässig berücksichtigt ohne Einwirkung des Bedienungspersonals.

3. Durch Vorwegabspeichern von Landeskoordinaten der Absteckpunkte braucht das Bedienungspersonal sich im Felde auch nicht mehr mit den Absteckdaten auseinanderzusetzen.
4. Mehrere Arbeitsgruppen lassen sich gleichzeitig von einer Geräteausrüstung aus bedienen, wobei ein wesentlicher Vorteil der ist, daß an das gesamte Bedienungspersonal besondere fachtechnische Anforderungen nicht gestellt werden.

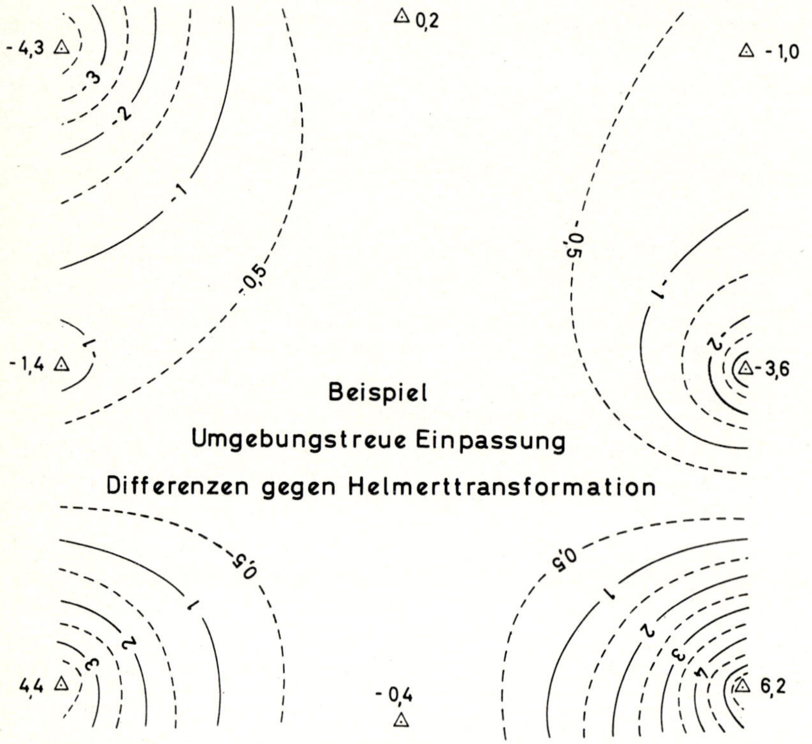


Abbildung 6

# ERFAHRUNGEN BEI INGENIEURVERMESSUNGEN MIT ELEKTRONISCHEN TACHYMETERN

Von A. Geiger

Die Vermessungsabteilung der Ingenieurgesellschaft Dorsch Consult liefert die vermessungstechnischen Grundlagen für die Abteilungen Straßenbau, Wasserbau, Elektronische Kanalnetzberechnung, Verkehrstechnik, Statik, Pipeline, Bodenmechanik sowie spezielle Planungsgruppen, die die Projektierung von U-Bahnen, S-Bahnen, Hafenanlagen, Staudämmen und dergleichen durchführen. Sie bearbeitet auch selbständige ingenieurgeodätische Aufgaben, die in keinem Zusammenhang mit Projekten anderer Abteilungen stehen. Für fast alle vorkommenden Arbeiten werden Tachymeter- oder Lagepläne sowie Polygonpunkte für Aufnahme und Absteckung benötigt.

Wirtschaftlichkeit:

Für die schnelle, genaue und wirtschaftliche Durchführung der genannten Arbeiten boten sich die elektronischen Tachymeter von Zeiss an. Es wurde im Februar 1971 zuerst ein SM 11 und im April 1972 ein Reg Elta 14 angeschafft. Eine Wirtschaftlichkeitsuntersuchung vor dem Kauf des SM 11 ergab unter Einbezugnahme aller Faktoren und der Ergebnisse des Oberkochener Geo-Instrumentenkurses 1970 eine Kostenersparnis von ca. 50 %, die sich größtenteils auf die Außendienstarbeit erstreckt. Es wurden so wichtige Punkte wie die große Reichweite des SM 11 und die sich dadurch ergebende Zeitersparnis bei der Polaraufnahme mit einbezogen als auch die Anschaffungskosten, der Personalbedarf und die Weiterverarbeitung der Meßdaten zusammen untersucht. Das Ergebnis der Kostenersparnis hat sich in der Praxis nach 18 Monaten Feldeinsatz bestätigt. Ähnliche Untersuchungen wurden vor dem Kauf des Reg Elta 14 angestellt, wo die Kostenersparnis durch die elektronische Weiterverarbeitung von der Aufnahme bis zur Kartierung noch größer ist. Eine endgültige Zahl kann hier noch nicht angegeben werden, da die Entwicklungsarbeiten noch andauern - worüber später noch berichtet wird - und die Einsatzdauer von 6 Monaten noch zu kurz ist.

Vor- und Nachteile:

Die für die beiden Tachymeter angegebenen Genauigkeiten der Entfernungsmessung von $\pm$ 1 cm, unabhängig von der Distanz, und des Horizontalwinkels von $\pm 10^{cc}$ und des Höhenwinkels von $\pm 15^{cc}$, gemessen in jeweils zwei Fernrohrlagen, haben sich durch Kontrollmessungen bestätigt. Es ist erfreulich, daß die Werksangaben so genau zutreffen, sind sie doch bei vielen Herstellern zu optimistisch. Bei starker Sonneneinstrahlung empfiehlt es sich, einen Sonnenschirm zu verwenden und auch die Konstantenmessung öfter als vorgeschrieben durchzuführen. Die Konstante kann innerhalb eines kurzen Zeitraumes Werte annehmen, die einige Zentimeter von der ersten Bestimmung abweichen. Dasselbe Phänomen wurde auch bei Temperaturen unter dem Gefrierpunkt beobachtet. Daraus folgt, daß die beiden Tachymeter etwas temperaturempfindlich sind. Generell ist es ratsam, bei Messungen, bei denen die größte Genauigkeit erzielt werden möchte, die Konstante in kurzen, regelmäßigen Abständen zu bestimmen. Das Aufsetzen des Reflektors zur Konstantenbestimmung ist nach unserer Erfahrung eine Fehlerquelle, da durch die Erschütterung die Horizontierung des Instrumentes verändert werden kann. Für die Praxis wäre deshalb eine andere Lösung, z.B. im Innern der Sendeoptik, wünschenswert.

Die Bedienung der beiden Tachymeter ist denkbar einfach und kann in kürzester Zeit erlernt werden. Die Schrauben und Knöpfe am Reg Elta 14 sind sehr zweckmäßig und übersichtlich angebracht; beim SM 11 hingegen sind die Klemm- und Feintriebschrauben in Lage zwei etwas unhandlich. Eine große Vereinfachung und Beschleunigung der Messungen stellt die Einstellung des Refraktionskoeffizienten direkt am Instrument dar. Die bei anderen Instrumenten manuell anzubringende Korrektion wird hier automatisch berücksichtigt.

Als ein gewisser Nachteil der beiden Tachymeter muß das Gewicht von 20 kg als auch das der Stative von 10 kg angesehen werden. Wenn die Standpunkte nicht mit einem Fahrzeug erreicht werden können, z.B. bei einem Polygonzug und einer tachymetrischen Geländeaufnahme in Wald- oder Berggebieten, so ergeben sich dort Transportprobleme. Es muß dann von Fall zu Fall entschieden werden, ob es nicht wirtschaftlicher ist, auf die herkömmlichen Verfahren und Instrumente zurückzugreifen. Andererseits hat man gerade bei Vermessungen im Wald mit elektronischen Tachymetern den großen Vorteil, daß nur eine punktförmige Öffnung als Ziel benötigt wird. Ein weiterer Nachteil des großen Gewichts der Tachymeter und Stative ergibt sich bei Standpunkten auf Asphalt bei Sonneneinstrahlung. Die Folge ist das einseitige Einsinken der Stativbeine, wobei die Horizontierung verloren geht. Beim Reg Elta 14 würde man sich unbedingt ein optisches Lot wie beim SM 11 wünschen, das fest am Instrument angebracht ist. Ein anderes Problem ergibt sich bei ungünstigen Windverhältnissen. Durch die große Angriffsfläche des Tachymeters kommt es dabei zu Schwankungen, die eine genaue Winkelmessung nicht mehr zulassen. Die Entfernungsmessung wird jedoch dadurch weniger beeinträchtigt. Bei dem Strebenstativ wäre eine Zentimetereinteilung anstelle der 5 Zentimeterintervalle begrüßenswert. Bei dem Stockstativ ist überhaupt keine Einteilung angebracht.

Meßtrupp:

Bei der Meßtruppzusammenstellung hat es sich bei den meisten aller vorkommenden Ingenieurvermessungen am günstigsten erwiesen, folgende Einteilung zu treffen: Ein Vermessungstechniker am Instrument, ein Handrißführer, der zugleich der Gruppenleiter ist, und je nach Gelände 1 bis 3 Spiegelträger sowie im Falle des SM 11 noch einen Aufschreiber. In diesem Zusammenhang sollte die wichtige Zusammenarbeit zwischen dem Beobachter und dem Handrißführer herausgestellt werden, die nur mit Hilfe von geeigneten Funksprechgeräten gewährleistet ist. Verständnisschwierigkeiten, wie sie bei Verwendung von schlechten Funksprechgeräten vorkommen, führen zu Verzögerungen und zu Fehlern beim Einstellen der Schlüsselzahlen und der Zielhöhen am Stockstativ, wenn die Höhen während der Messung verstellt werden müssen. Gute Funksprechgeräte sind zwar relativ teuer, machen sich jedoch durch die wesentliche Erleichterung der Außendienstarbeit bezahlt.

Auch bei Ingenieurvermessungen ist beim Einsatz des Reg Elta 14 eine gründliche häusliche und feldmäßige Vorbereitung notwendig, um einen reibungslosen und wirtschaftlichen Messungsablauf zu garantieren. Besondere Sorgfalt ist bei der Einstellung der Schlüsselzahlen und Punktnummern am Platze. Falsch eingestellte Schlüsselzahlen und Punktnummern stellen die weitaus größten Fehlerquellen dar.

Zuverlässigkeit:

Bezüglich der Zuverlässigkeit der Instrumente haben wir sehr große Erfahrungen gemacht. Es ergaben sich zwar anfangs mit beiden Tachymetern kleinere Pannen, die jedoch vom Werk bzw. der Niederlassung prompt behoben werden konnten und die auch die Außendienstarbeit nicht beeinträchtigten. Auf ein Phänomen möchte ich jedoch besonders eingehen, das beim Reg Elta ab und zu auftritt. Bei der Lochstreifenauswertung ergab sich in unregelmäßigen Abständen die Tatsache, daß die Entfernung eines Punktes nicht abgelocht wurde. Ein aufmerksamer Beobachter hört dies und kann daraufhin den Punkt nochmals ablochen. Entgeht ihm dieser Fehler und handelt es sich bei dem aufzunehmenden Punkt um einen Hauptpunkt, so kann die Berechnung und Kartierung nicht durchgeführt werden. Der Grund der fehlerhaften Ablochung ist nicht etwa in einem Bedienungsfehler zu suchen und konnte bisher noch nicht behoben werden. Der Anteil der Fehlregistrierungen ist allerdings sehr gering - er liegt unter 1 ‰. Die bei anderen Instrumenten schon mehrfach aufgetretenen Höhenwinkel- und Höhenindexfehler sind bei unseren Instrumenten noch nie aufgetaucht.

Anwendungen:

Im folgenden möchte ich auf einige typische Projekte eingehen, bei denen das SM 11 und Reg Elta 14 eingesetzt wurden. Eine oft vorkommende Vermessungsaufgabe besteht darin, im Rahmen eines Straßenbauvorhabens an vorhandene Straßen anzuschließen. Von dem Vermessungsingenieur wird dann verlangt, das Gebiet der Anschlußstelle lagemäßig auf $\pm$ 2 cm und höhenmäßig auf $\pm$ 1 cm zu bestimmen. Diese Lagegenauigkeit wurde meist kaum oder nur unter großem Aufwand erreicht. War kein trassennaher Polygonzug vorhanden, so mußte dieser extra geschaffen werden. Dann folgte die Orthogonalaufnahme der einzumessenden Punkte mit Winkelspiegel und Maßband, was bei unserem heutigen Verkehr ein sehr gefährliches und zeitraubendes Unterfangen sein kann. Außerdem kann die Lagegenauigkeit von $\pm$ 2 cm bei Entfernungen von über 50 m meist nicht mehr garantiert werden. Die höhenmäßige Bestimmung mußte getrennt von der Orthogonalaufnahme durch ein Nivellement erfolgen. Die oben genannte Aufnahmegenauigkeit kann bei sorgfältiger Messung mit dem SM 11 oder Reg Elta 14 erreicht werden und das in einem Bruchteil der für die konventionelle Methode verwendeten Zeit. Der Standpunkt darf bis zu 300 m weit entfernt sein, um die Genauigkeit der Höhen von $\pm$1 cm einzuhalten. Außerdem beeinflußt der Straßenverkehr die Messung bekanntlich in keiner Weise, was für unsere Belange ein nicht oft genug zu erwähnender Vorteil ist. Ähnliche Gesichtspunkte gelten für Absteckungsarbeiten, für die wir das SM 11 mit Erfolg eingesetzt haben. Es müssen für die Absteckung einige Berechnungen zur Reduktion der Schrägentfernung durchgeführt werden, die sich mit einer Handrechenmaschine relativ schnell und einfach erledigen lassen. Die an dem neuen SM 11 Gerät angebrachte sin z-Skala verkürzt die Berechnungen erheblich. Wir haben für die Absteckung die Methode des polaren Einweisens verwendet. Meist gelang es nach 3 Messungen, den Punkt mit der erforderlichen Genauigkeit abzustecken. Das Reg Elta 14 eignet sich bekanntlich weniger dafür, weil die Winkeleinstellung zu langwierig und kompliziert ist. Für Absteckungen werden bei Ingenieurvermessungen meist auch zwischen 1 und 2 cm Lagegenauigkeit gefordert. Deshalb darf von seiten der Auftraggeber bisher der Abstand der für die Absteckungen verwendeten Punkte meistens nicht mehr als 200 m betragen. Bei Verwendung von elektronischen Tachymetern sollte dieser Abstand auf 400 - 500 m vergrößert werden dürfen, wenn die Geländevoraussetzungen dafür gegeben sind. Dann kann sowohl die Tachymeteraufnahme als auch die Absteckung wirtschaftlicher und schneller durchgeführt werden, ohne daß dies auf Kosten der Genauigkeit geht. Können wir die Entfernung zwischen Festpunkten selbst wählen, so hat es sich als günstig erwiesen, den Abstand zwischen 500 und 800 m zu halten, so daß die Tachymeterpunkte maximal 400 m vom Standpunkt entfernt sind; größere Entfernungen ergeben meist keine Zeitersparnis mehr.

Ganz speziell eignet sich das Reg Elta 14 zur Erstellung von Leitungskatastern (Gas, Wasser, Strom, Entwässerung), die in letzter Zeit große Bedeutung erlangt haben. Bei Planungs- oder Neubaumaßnahmen können die erforderlichen Daten dieses Katasters aufgerufen und in einem Lageplan beliebigen Maßstabs elektronisch dargestellt werden. Ähnliche Aufgaben, wie z.B. Kanalnetzaufnahmen, wurden mit dem Reg Elta 14 mit bestem Erfolg durchgeführt.

Von großer Bedeutung sind bei Ingenieurvermessungen auch die Aufnahme von Quer- und Längsprofilen für die Massenermittlung und Bauabrechnung, für die sich vor allem das Reg Elta 14 hervorragend eignet. Wir führen diese möglichst gleichzeitig mit der Polygonierung und Tachymeteraufnahme durch. Es können beliebig viele Profile von einem Standpunkt aus aufgenommen werden, wobei die Anzahl der Punkte pro Querprofil durch Verwendung unseres IBM 1130 Computers auf 50 beschränkt ist.

Wird bei ingenieurgeodätischen Aufgaben eine größere als die mit den Zeiss-Tachymetern erreichbare Winkelgenauigkeit von $\pm$ 10 $^{cc}$ gefordert, so bringen wir nach der Entfernungsmessung auf dem Untersatz einen Adapter an, auf den dann ein Sekundentheodolit gesteckt wird. Bei Seitenlängen von 2 km entsprechend 10 $^{cc}$ einer Querabweichung von 3 cm, was die Forderung,bei längeren Seiten mit einem Sekundentheodolit zu messen, gerecht erscheinen läßt.

Obwohl die Entfernungsgenauigkeit von $\pm$ 1 cm für fast alle vorkommenden Aufgaben ausreicht, so wäre manchmal doch eine noch höhere Genauigkeit für ingenieurgeodätische Aufgaben wünschenswert. Bei den Vermessungen für die Olympischen Sportstätten in München mußten Punkte für das Grundlagennetz als auch verschiedene Absteckungen, z.B. die Fassade für die Olympische Sport- und Schwimmhalle und Lagekontrollmessungen für die Dachfundamente, mit einer Genauigkeit von wenigen Millimetern bestimmt werden. Doch sind die elektronischen Tachymeter in erster Linie als Tachymeter konzipiert und noch keine Universalinstrumente im strengen Sinne.

Mit den beiden Tachymetern lassen sich Deformationsmessungen an Bauwerken oder auch Gletschermessungen gut durchführen. Werden wie beim Vorwärtseinschneiden zwei Richtungen gemessen, so ergeben sich bei Verwendung von elektronischen Tachymetern bereits zwei Überbestimmungen, die besonders bei Verschiebungsmessungen von großer Wichtigkeit sind. Durch die schnelle und exakte Erfassung eines momentanen Zustandes kommt den Messungen der Charakter einer Beweissicherung zu.

Datenauswertung:

Die elektronische Datenauswertung Reg Elta 14 wird im folgenden behandelt. Um die Vorteile des Reg Elta 14 voll auszuschöpfen, ist ein nahtloser Übergang von den auf Lochstreifen aufgenommenen Daten bis zur elektronischen Kartierung notwendig. Es wurden daher Rechenprogramme entwickelt, die sämtliche Operationen von der Messung bis zur fertigen Kartierung ohne manuelle Eingriffe durchführen. Dabei erscheint es mir wichtig, darauf hinzuweisen, daß man sich mit dem umfangreichen Programmkomplex rechtzeitig vor Anschaffung eines Reg Elta 14 befassen sollte. Wir sind in der Lage, verschiedene Messungen integriert in einem Arbeitsgang durchzuführen, z.B. kann gleichzeitig mit einer Polygonzugsmessung oder einer Netzverdichtung eine Querprofil- und Tachymeteraufnahme vorgenommen werden. Dabei muß auch keine Meßrichtung eingehalten werden und es kann auf jedem beliebigen Punkt begonnen werden. Man ist also im Außendienst in keinster Weise an irgendein Schema gebunden. Wichtig ist nur, daß die Schlüsselzahlen richtig eingestellt werden. Zur Auswertung des Lochstreifens verwenden wir unseren eigenen IBM 1130-Computer. Er nimmt zuerst eine Sortierung und Trennung der Messungen vor, dann folgt die Berechnung der Festpunkte mit Fehlerausgleich und der Polarpunkte nach Lage und Höhe. In den meisten Fällen schließt sich eine elektronische Kartierung an, die auf einem Walzenplotter in jedem gewünschten Maßstab durchgeführt wird. Die Kartierung enthält je nach Bedarf den Blattrand, das Koordinatensystem, die Fest- und Polarpunkte mit den entsprechenden Punktnummern und Höhen. Wird die Kartierung in einem relativ kleinen Maßstab, z.B. 1:2000, verlangt, und ist die Punktdichte an einigen Stellen groß, so führt dies zu Überschneidungen und macht den Plan unübersichtlich. Zur Lösung dieses Problems bieten sich zwei Möglichkeiten: Entweder läßt man die Punktnummer und Höhen zunächst nicht kartieren und überträgt diese manuell von einer Kartierung, die man in einem größeren Maßstab anfertigen läßt, oder man läßt die Kartierung gleich in einem Maßstab durchführen, wo es zu keinen Überschneidungen kommt und verkleinert diese auf photographischem Wege auf den vorgegebenen Maßstab. Der Plotter zeichnet und beschriftet im Durchschnitt 10 - 20 Punkte pro Minute, abhängig von der Entfernung der Standpunkte mit einer Genauigkeit von besser als $\pm$ 0,1 mm. Werden die Punkte nicht nach fortlaufenden Nummern, sondern nach aufsteigenden Koordinatenwerten gezeichnet, so ergibt sich oft ein beträchtlicher Zeitgewinn bei der Kartierung. Ein weiteres Programm ermöglicht das Auftragen und Zeichnen von Quer- und Längsschnitten. Hierzu ist es bereits bei der Aufnahme möglich, die Stationen der Querprofile in aufsteigender Reihenfolge und die Profilpunkte zum zugehörigen Achspunkt am Einstellwerk vorzugeben, dessen 12 Ziffern sich als ausreichend erwiesen haben. Die Achspunkte werden für einen Längsschnitt, Profilpunkte für eine Querprofildarstellung aussortiert und elektronisch gezeichnet. Werden im Zuge eines Baufortschritts weitere Querprofile mit verschiedenen Horizonten, z.B. Erdabtrag, Felshorizont, Roh- und Feinplanum aufgenommen, so können diese zur exakten und schnellen Massenermittlung herangezogen werden. In den Lageplänen, Längsschnitten und Querprofilen können auch konstruktive Elemente, wie z.B. Trassierungen mit entsprechenden Elementangaben, zugehörigen Rändern und dergleichen für Knotenpunkte, Gradienten und zugehörige Tangentenschnittpunkte einschließlich der gesamten Beschriftung wiedergegeben werden. Derzeit sind wir dabei, nachstehende Programmentwicklungen vorzunehmen: Sortieren von Punkthaufen, Interpolation und Zeichnen von Höhenschichtlinien nach Vorgabe einer tachymetrischen Geländeaufnahme, Auswahl von Querprofilen und Längsschnitten aus einer vorgegebenen tachymetrischen Geländeaufnahme und den in der Lage festgelegten Trassierungen.

Zur Lösung dieser Aufgaben bietet sich, wie bereits erwähnt, unser IBM 1130-Computer an. Bei Computern der kleineren Datentechnik, wozu die IBM 1130 gehört, ergeben sich Schwierigkeiten der Speicherkapazität für größere Datensätze, wie sie bei Reg Elta-Messungen anfallen können. Diese Schwierigkeiten lassen sich aber durchaus lösen. Sie erfordern teilweise, daß die Berechnungsabläufe in mehreren Abschnitten erledigt werden müssen. In einem Arbeitsgang können 200 Polygonpunkte und 5000 Polarpunkte berechnet werden oder bei der Netzausgleichung 30 Festpunkte eingegeben und 20 Neupunkte ausgeglichen werden.

Die Frage, welchen der beiden Tachymeter wir für welche Arbeiten einsetzen, ergibt sich meist aus der Aufgabenstellung und wurde schon teilweise beantwortet. Das Reg Elta 14 wird zur Herstellung von Planungsunterlagen verwendet, die meist Polygonierungen, Paßpunktbestimmungen, Tachymeteraufnahmen, Quer- und Längsschnitte umfassen. Diese Arbeiten nehmen den größten Teil ein. Daneben werden auch Katasteraufnahmen bei Flurbereinigungsverfahren durchgeführt. Das SM 11 wurde bis zum Kauf des Reg Elta 14 für dieselben Aufgaben eingesetzt, wird aber jetzt hauptsächlich für Absteckungen, Polygonzüge sowie kleinere Projekte verwendet, wo entweder der Einsatz des Reg Elta zu aufwendig wäre oder die Meßergebnisse sofort weiter verwendet werden müssen.

Zusammenfassung:

Es wird über die Erfahrungen berichtet, die mit dem SM 11 und Reg Elta 14 gewonnen wurden. Im einzelnen werden u.a. die Wirtschaftlichkeit, Genauigkeit und Zuverlässigkeit untersucht sowie die Vor- und Nachteile herausgestellt. Einige Ingenieurvermessungen, die mit den beiden elektronischen Tachymetern durchgeführt wurden, werden beschrieben. Auf die elektronische Auswertung, die mit dem eigenen IBM 1130 Computer und selbstentwickelten Programm durchgeführt wird, wird besonders eingegangen.

Literatur:

Elektronische Tachymetrie, Slg. Wichmann, NF, Schriftenreihe, Heft 15, Karlsruhe, Herbert Wichmann Verlag.

EINSATZ DES REG-ELTA 14
IN DER PRAXIS EINES ÖFFENTLICH BESTELLTEN VERMESSUNGSINGENIEURS

Von Heinrich Hoitz

## 1. Einleitung

Die Erfahrungen, über die hier berichtet werden soll, entstammen einem Vermessungsbüro, das von zwei Öffentlich bestellten Vermessungsingenieuren geleitet wird und über ca. 75 Mitarbeiter verfügt. Es werden zeitweise bis zu 15 Meßtrupps eingesetzt. Diesem relativ starken Außendienst stehen technische Innendienstkräfte gegenüber, deren Zahl durchschnittlich etwas unter der Zahl der Meßtruppführer liegt. Der Rest der Mitarbeiter verteilt sich auf Verwaltungskräfte, Lehrlinge, Meßgehilfen und Putzfrauen.

Jedem Vermessungsfachmann wird angesichts dieses Zahlenverhältnisses sofort klar sein, daß der zahlenmäßig schwache Innendienst die Verarbeitung der im Außendienst gewonnenen Meßdaten nur unter Nutzung jeder sich bietenden Möglichkeit zur Automation und unter stärkstem Einsatz von Maschinen und sonstigen Hilfsmitteln bewältigen kann. Vor allen Dingen bedeutet dies stärksten Einsatz der elektronischen Datenverarbeitung.

Die hierin liegenden Möglichkeiten zur Rationalisierung sind bereits vor zehn Jahren klar erkannt worden. Der damalige Büroinhaber gründete deshalb das Rechenzentrum Elektronische Datenverarbeitung GmbH. & Co KG. Dieses Rechenzentrum ist rechtlich und wirtschaftlich selbständig, bezüglich seiner Tätigkeiten weitgehend auf die Belange des Vermessungswesens spezialisiert und hinsichtlich seiner Software ebenso weitgehend durch Anregungen und Forderungen beeinflußt, die sich aus der Tätigkeit unseres Vermessungsbüros ergeben.

An Hardware verfügt es über zwei Anlagen des Typs ZUSE Z 23, ein Polardigimeter von CORADI und einen Zeichenautomaten CORADOMAT. Wenn in diesem Bericht von Programmen zur Datenverarbeitung gesprochen wird, handelt es sich stets um Programme des genannten Rechenzentrums.

Man wird erwarten, daß ein Vermessungsbüro der geschilderten Struktur sich auch zur örtlichen Erfassung der Meßdaten der modernsten Hilfsmittel bedienen und hierbei solche bevorzugen wird, die automationsfreundlich sind und einen automatischen Datenfluß von der Erfassung zur Verarbeitung ermöglichen. Dies ist auch tatsächlich der Fall. Seit jeher ist bei uns mit vergleichsweise hohem Instrumenteneinsatz gearbeitet worden. Von besonderem Interesse ist hier, daß seit dem Frühjahr 1966 ein selbstregistrierender Code-Theodolit der Fa. Fennel und seit 1969 zwei elektrooptische Entfernungsmeßgeräte Di 10 der Fa. Wild mit großem Erfolg eingesetzt werden. Gerade diese frühzeitige und weitgehende Ausrüstung mit Geräten, die auch heute noch Anspruch darauf erheben können, als modern bezeichnet zu werden, hat dazu geführt, daß das registrierende elektronische Tachymeter Reg Elta 14, von dem hier die Rede sein soll, erst vergleichsweise spät angeschafft wurde. Das Instrument wurde im Mai dieses Jahres geliefert, befindet sich also erst seit etwa 5 Monaten im Einsatz. Bei dieser kurzen Einsatzdauer sind die praktischen Erfahrungen natürlich noch gering und die Programmentwicklung für den Einsatz bei den zahlreichen von uns in Aussicht genommenen Aufgabengebieten ist bei weitem noch nicht abgeschlossen. Da sich jedoch die bei dem Einsatz registrierender Geräte und elektro-optischer Entfernungsmesser auftretenden Probleme auch bei Ausrüstungen mit verschiedenen Fabrikaten weitgehend gleichen, kann ich auf die mit den bereits längere Zeit im Einsatz stehenden Geräten gesammelten Erfahrungen zurückgreifen.

## 2. Überlegungen zur Wirtschaftlichkeit

Welche Gründe haben uns nun bewegt, trotz der auch vorher sicherlich nicht schlechten Instrumentenausrüstung, zusätzlich noch ein Reg Elta 14 anzuschaffen? Als freiberuflich tätige Vermessungsingenieure sind wir gezwungen, einerseits rationell zu arbeiten, andererseits aber auch jede Investition genau zu planen und auf ihre Wirtschaftlichkeit hin zu prüfen. Die Investitionssumme für eine Meßausrüstung Reg Elta 14 liegt mit ca. 100.000,-- DM durchaus in einer Größenordnung, die eingehende Überlegungen erforderlich macht. Dabei ist gleichzeitig zu prüfen, ob nicht mit geringerem Kapitaleinsatz, etwa durch Anschaffung eines Instrumentes SM 11, eine bessere Wirtschaftlichkeit zu erreichen ist.

Grundsätzlich wird einem Selbständigen die Entscheidung zur Investition durch die ständig und vor allem in den letzten Jahren sprunghaft steigenden Personalkosten erleichtert, die einen starken Zwang zur Erhöhung der Produktivität ausüben und die jeden Arbeitgeber zu der Überlegung zwingen, wie er einen möglichst großen Teil der anfallenden Arbeiten vom Menschen auf Maschinen verlagern kann.

Für die Anschaffung eines Reg Elta 14 kann etwa folgende Überlegung gelten. Es muß ein Investitionskapital von etwa 100.000,-- DM aufgebracht werden. Dieses Kapital muß mit 10 % jährlich verzinst und in etwa 5 Jahren amortisiert werden. Daraus ergeben sich jährliche Kosten von ca. 30.000,-- DM. Die Investition wird also wirtschaftlich, wenn durch Einsatz des Reg Elta der Jahresumsatz um mindestens 30.000,-- DM erhöht werden kann. Ein Meßtrupp, bestehend aus einem Ingenieur und zwei Gehilfen, muß, mit normaler Ausrüstung arbeitend, nach heutigen Kostensätzen einen Umsatz von etwa 600,-- DM pro Tag erzielen, wenn ein angemessener Gewinn erreicht werden soll. Berücksichtigt man, daß ein solcher Meßtrupp für den Einsatz des Reg Elta um zwei bis drei Gehilfen verstärkt werden muß, so müßte dieser verstärkte Meßtrupp einen Tagesumsatz von etwa 900,-- DM erzeilen. Gelingt es, durch Einsatz des Reg Elta diesen Tagesumsatz auf 1.400,-- DM zu steigern, so wird die Anschaffung des Instrumentariums von einem Einsatz von 60 Tagen im Jahr, entsprechend 5 Tagen pro Monat (oder etwa 20 %), ab wirtschaftlich. Es ist also vor der Anschaffung zu prüfen, ob dieser Mindesteinsatz aufgrund der vorhandenen oder anfallenden Aufgaben erreichbar ist. Die Umsatzsteigerung von ca. 500,-- DM pro Tag durch Einsatz des Reg Elta ist nach meiner Erfahrung bei nach Festpreisen abzurechnenden Arbeiten und bei guter Organisation der Messungen zu erreichen. Bei anderen Arbeiten, die nach dem Zeitaufwand abzurechnen sind, wird es schwerer, die Wirtschaftlichkeitsgrenze zu überschreiten. Nach der z. Zt. in Niedersachsen geltenden Kostenordnung der Öffentlich bestellten Vermessungsingenieure dürfen bei Einsatz von eigenen Spezialinstrumenten über 10.000,-- DM Anschaffungswert 0,3 ‰ des Anschaffungswertes je Stunde zusätzlich berechnet werden. Das bedeutet bei 8-stündigem Einsatz eines Reg Elta einen Betrag von 240,-- DM und damit, daß die Wirtschaftlichkeitsgrenze erst bei einem Einsatz von 10 - 11 Tagen im Monat oder 125 Tagen im Jahr erreicht wird. Diese Ausnutzung des Instrumentes wird in vielen Fällen nicht gegeben sein.

Die Frage, ob ein Reg Elta 14 oder ein SM 11 angeschafft werden soll, ist wesentlich nach den in Aussicht genommenen Einsatzgebieten zu entscheiden, d.h. sie ist von der durchschnittlich je Standpunkt aufzunehmenden Zahl der Polarpunkte abhängig. Meines Erachtens ist es z.B. durchaus sonnvoll, wenn eine Vermessungsstelle, die überwiegend mit der Überprüfung und Verdichtung des Festpunktfeldes befaßt ist, das SM 11 dem Reg Elta 14 vorzieht. Dabei sprechen für das SM 11 neben dem niedrigeren Preis die größere Beweglichkeit und die geringeren Anforderungen an die Organisation des Einsatzes. Bei Massenarbeiten wird dagegen das Reg Elta 14 wirtschaftlicher einzusetzen sein. Die Grenze dürfte etwa bei 10 durchschnittlich je Standpunkt aufzunehmenden Polarpunkten liegen. Für das Reg Elta 14 spricht weiter die größere Sicherheit wegen des Ausfalls von Ablese-und Aufschreibfehlern sowie Fehlern der Datenaufbereitung, die ja weitgehend entfällt. Der letzte Punkt gilt allerdings nur bedingt, da die Datenaufbereitung ja praktisch ins Feld verlegt wird und auch hier Fehler in Form von Codierfehlern gemacht werden können.

Die vorstehenden Überlegungen zur Wirtschaftlichkeit berücksichtigen keine Kosten zur Entwicklung und Errichtung eines Systems für die Weiterverarbeitung der Aufnahmedaten. Sie setzen also voraus, daß ein derartiges System bereits besteht und im eigenen Betrieb vorhanden ist oder von einer allgemein zugänglichen Stelle zur Verfügung gestellt wird. Sie setzen ferner voraus, daß die Kosten für die Weiterverarbeitung der Daten nicht höher sind als bei herkömmlichen Aufnahmemethoden. Da sich bereits mehrere gewerbliche Rechenzentren - u.a. das zu Beginn genannte - dieses Problems angenommen haben, dürften die genannten Voraussetzungen heute erfüllt sein.

## 3. In Aussicht genommene Einsatzgebiete

### 3.1 Aufmessung des Wege- und Gewässernetzes in Flurbereinigungsverfahren

Es handelt sich hier um eine Neuvermessung. Es kann unterstellt werden, daß das übergeordnete Festpunktfeld mit ausreichender Genauigkeit vorliegt. Schwierigkeiten durch Anschluß an altes Kataster treten nicht auf. Ein Vorteil des Reg Elta-Einsatzes liegt darin, daß die herkömmliche Polygonierung weitgehend eingeschränkt werden kann. Im Vergleich zur Orthogonalmethode sind bei Einsatz des Reg Elta 14 mit Sicherheit wirtschaftliche Vorteile zu erwarten. Auch im Vergleich zur Polaraufnahme mit Reduktionstachymetern wird bereits bei der örtlichen Messung infolge der größeren Reichweite ein Zeitgewinn entstehen, obwohl die besondere Stärke des registrierenden Instrumentes infolge der verhältnismäßig geringen Punktdichte mit 4 - 5 Punkten je ha nicht voll zum Tragen kommt. Als weiterer Vorteil kommt der Zeitgewinn bei der häuslichen Verarbeitung der Messungen hinzu.

### 3.2 Aufmessung bei Straßen- oder Gewässerschlußvermessungen

Straßenschlußvermessungen werden bei uns in der Weise ausgeführt, daß in einem ersten örtlichen Arbeitsgang die Knickpunkte der neuen Grenzen örtlich festgelegt, abgemarkt und aufgemessen werden. Zusätzlich werden alte Grenzpunkte bzw. Liniennetzpunkte in dem Umfange mit aufgemessen, der erforderlich ist, um auch für die alten Grenzen Koordinaten rechnen zu können. Anschließend folgt häuslich eine Koordinatenberechnung sowohl für die alten als auch für die neuen Grenzpunkte, eine Kartierung und eine Berechnung der Schnittpunkte zwischen den abgehenden alten Grenzen und den neuen Grenzen. In einem zweiten örtlichen Arbeitsgang werden diese Schnittpunkte abgemarkt. Bei dieser Messung bringt der Einsatz des Reg Elta 14 zweifellos große Vorteile, da eine hohe Punktdichte vorliegt und durch die große Reichweite des Instrumentes auch in größerer Entfernung von den Aufnahmestandpunkten liegende Liniennetzpunkte einfach und schnell mit zu erfassen sind. Durch eine doppelte Polaraufnahme kann die oft mühsame Ermittlung von Steinbreiten und Sicherungsmaßen mit dem Meßband vermieden werden. Die Vorteile der Aufmessung mit Reg Elta 14 werden um so größer werden je ungünstiger das Gelände und je stärker die Verkehrsbelastung der Straße ist. Allerdings setzt ein zügiger Messungsablauf eine sorgfältige Erkundung der Aufnahmestandpunkte und eine eingehende Vorbereitung voraus. Bei Wasserlaufvermessungen ist besonders vorteilhaft, daß leicht beide Ufer von einem Standpunkt aus vermessen werden können.

### 3.3 Sonstige Teilungsvermessungen

Größere Teilungsvermessungen werden in meinem Büro bereits seit Jahren in der Weise bearbeitet, daß zunächst eine Grenzfeststellung für die Umringsgrenze durchgeführt wird. Anschließend werden nach Angaben des Bebauungsplanes, Straßenausbauplanes oder ähnlicher Pläne Koordinaten für sämtliche neuen Grenzpunkte gerechnet und auf geeignete Messungslinien für die Absteckung transformiert. Die neuen Grenzpunkte werden abgesteckt und abgemarkt und anschließend gesichert neu aufgemessen. Die Aufmessung nach der Abmarkung kann nun sehr zweckmäßig mit dem Reg Elta 14 ausgeführt werden. Es genügt eine einfache Aufmessung, da durch Vergleich mit den vorher errechneten Soll-Koordinaten bei genügender Übereinstimmung sowohl die Absteckung und Abmarkung als auch die Aufmessung durchgreifend geprüft werden. In letzter Zeit sind wir bereits dazu übergegangen, auch die Absteckung polar auszuführen. Ob wir hierfür allerdings das Reg Elta 14 einsetzen werden, erscheint zweifelhaft, da für diese Zwecke ein registrierendes Instrument nicht erforderlich ist.

### 3.4 Grenzfeststellungen

Bei einer Grenzfeststellung besteht die Aufgabe, durch Vergleich der örtlichen Besitzstandsgrenzen mit den Katastergrenzen deren Übereinstimmung bzw. bestimmte Abweichungen festzustellen. Für die örtliche Herstellung der Katastergrenze sind häufig umfangreiche und zeitraubende Messungen im alten Liniennetz erforderlich. Diese Arbeiten können weitgehend reduziert werden, wenn es möglich ist, für die alten Grenzpunkte Koordinaten zu rechnen und sei es auch nur in einem örtlichen System. Man kann dann die örtlichen Grenzen polar aufmessen, für sie ebenfalls Koordinaten berechnen und diese - ggf. nach einem Einpaßvorgang mit Hilfe einer Helmert-Transformation - mit den Koordinaten der Katastergrenze vergleichen. Die bisherigen Methoden der Polarvermessung waren entweder zu ungenau oder zu umständlich. Auch hier halte ich den Einsatz eines Reg Elta 14 für zweckmäßig.

## 3.5 Achsabsteckung und Aufnahme von Längs- und Querprofilen für den Straßenbau

Bei Straßenbaumaßnahmen ist es erforderlich, die eingerechnete Achse in das Gelände zu übertragen und ein Längsprofil über die Achse sowie Querprofile hierzu aufzunehmen. Dies wird heute noch weitgehend in der Art durchgeführt, daß zunächst ein trassennaher Polygonzug gelegt wird, von dem aus die Achse orthogonal abgesteckt wird, während Längs- und Querprofile nivellitisch erfaßt werden, wobei die seitlichen Abstände der Querprofilpunkte von der Achse mehr oder weniger genau durch Bandmessung erfaßt werden. Mit einem elektronischen Tachymeter ist man in der Lage, die Absteckung polar auszuführen und im gleichen Arbeitsgang mit hoher Geschwindigkeit die Profile aufzunehmen. Wenn erforderlich, können die Profile ohne weitere Datenaufbereitung automatisch gezeichnet werden. Darüber hinaus stehen die Profildaten für die spätere Erdmassenberechnung bereits zur Verfügung und brauchen nur noch durch die Projektdaten ergänzt zu werden.

## 3.6 Datenerfassung für digitale Geländemodelle

Die vorerwähnte Profilaufnahme stellt einen Spezialfall des digitalen Geländemodells dar, bei dem die aufgenommenen Punkte projektorientiert sind. Selbstverständlich ist ein elektronischer Tachymeter das ideale Aufnahmeinstrument für die terrestrische Erfassung der Daten für die Allgemeinform des digitalen Geländemodells, bei der die aufzunehmenden Punkte geländeorientiert sind. Ein derartiges digitales Geländemodell eignet sich nicht nur für die Einrechnung von Bauwerksprojekten, sondern auch für Massenermittlungen aller Art, z.B. in Steinbrüchen oder Kiesgruben.

# 4. Beschreibung eines Auswerteprogramms

Nachdem der Entschluß für die Anschaffung eines Reg Elta 14 gefaßt worden war, war es für uns wichtig, das Instrument möglichst sofort nach seiner Auslieferung für die am häufigsten vorkommenden Aufgabengebiete einsetzen zu können. Hierzu war die Entwicklung eines Programms erforderlich, das es erlaubt, die gemessenen Polarkoordinaten mit den erforderlichen Reduktionen zu versehen und in zweidimensionale orthogonale Koordinaten zu verwandeln. Bei der Konzeption des Programms war auf die geplanten weiteren Einsatzfälle so weit wie möglich Rücksicht zu nehmen. Aufbauend auf den bereits vorliegenden Erfahrungen mit der Auswertung registrierter Messungen haben wir davon abgesehen, ein Globalprogramm zu entwickeln, das sofort Koordinaten der aufgemessenen Punkte liefert, sondern haben uns beschränkt auf die Entwicklung eines Vorschaltprogramms, das die Registrierungen so weit als möglich prüft, die erforderlichen Winkel- und Streckenkorrekturen anbringt und einen Datenstreifen zur Steuerung unseres seit vielen Jahren laufenden Programms zur Berechnung polarer Kleinpunkte liefert. Die Vorteile dieses Verfahrens liegen darin, daß es leicht möglich ist, Fehler der registrierten Daten auszumerzen und die Polarberechnungen mit anderen Berechnungen zu kombinieren.

Zu den Bestelldaten eines Reg Elta 14 gehört die Wahl des Ausgabecodes und der Ausgabeanordnung. Ich bedaure diese Wahlmöglichkeit, da sie die Austauschbarkeit der Registrierstreifen erschwert und von vornherein enge Bindungen zwischen den einzelnen Instrumenten Reg Elta 14 und bestimmten Rechenzentren herstellt. Da sie jedoch gegeben ist, haben wir selbstverständlich einen Code und eine Anordnung gewählt, die den Konventionen im Braunschweiger Rechenzentrum und unserem bisherigen Programmsystem bestmöglich angepaßt ist. Wir wählten deshalb den 5-Kanal-Lochstreifen im internationalen Fernschreibcode und die Ausgabeanordnung: Einstellwerk, Horizontalrichtung, Zenitdistanz, Strecke. Das 12-stellige Einstellwerk wurde in 4 Gruppen zu zweimal 2 und zweimal 4 Stellen unterteilt.

Diese Einteilung des Einstellwerkes und ebenso die von uns gewählte Codierung stimmen nicht mit den von der AdV erarbeiteten "Schlüsselzahlen für Tachymetermessungen" überein, obwohl viele Ähnlichkeiten vorhanden sind. Dies liegt in erster Linie daran, daß uns bei Festlegung der Codierung die Schrift der AdV noch nicht zur Verfügung stand. Bei einem Vergleich unserer Schlüsselzahlen mit den von der AdV vorgeschlagenen bin ich allerdings zu der Überzeugung gekommen, daß das von uns gewählte Codierungsschema für den praktischen Messungsablauf in verschiedener Hinsicht eleganter und rationeller ist.

Nach unserem Codierungsschema wird mit der ersten Zweiergruppe des Einstellwerkes das Programm gesteuert. Die zweite Zweiergruppe ergänzt die erste in bestimmten Sonderfällen. Die beiden Vierergruppen sind der Eingabe von Punktnummern bzw. Meßdaten vorbehalten. Bestimmte Abweichungen von diesem Schema treten bei der Eingabe organisatorischer Daten auf (Übersicht 1).

Für die Programmsteuerung stehen mit den beiden ersten Stellen die Zahlen 00 - 99 zur Verfügung, die bisher nicht ausgenutzt sind und weitgehende Reserven für weitere Programmentwicklungen enthalten.

Einteilung des Einstellwerks

Gruppen

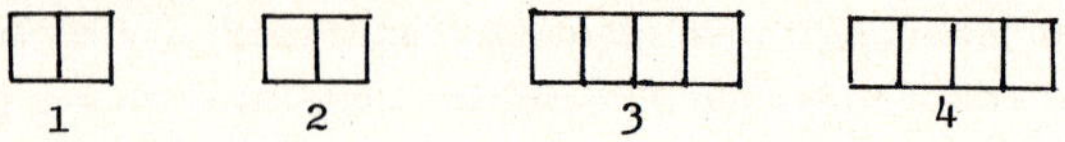


Bedeutung der Gruppen:

| | |
|---|---|
| Gruppe 1: | Hauptprogramm-Codierungen. Sie steuern den Rechenablauf. |
| Gruppe 2: | Unterprogramm-Codierungen. Sie ergänzen die Hauptgrogramm-codierungen in Sonderfällen. |
| Gruppe 3: | Standpunktnrn. oder Streckenangaben. |
| Gruppe 4: | Zielpunktnummern. |

Übersicht 1

4.1 Organisatorische Angaben

Die Zahlen 00 - 09 in der ersten Gruppe sind für die Eingabe organisatorischer Angaben vorgesehen (Übersicht 2).

Die erste Registrierung jeder Messung beginnt grundsätzlich mit der Einstellung 00 in der ersten Zweiergruppe (Gruppe 1). Wird eine Messung in mehreren Abschnitten ausgeführt, etwa an mehreren Tagen, so beginnt jeder Abschnitt mit 00. In der zweiten Zweiergruppe (Gruppe 2) steht die laufende Nummer des Abschnitts. Die erste Vierergruppe (Gruppe 3) enthält die Auftragsnummer und die zweite Vierergruppe (Gruppe 4) das Auftragsjahr.

Die zweite Registrierung beginnt in Gruppe 1 mit 01. Gruppe 2 enthält eine Schlüsselzahl für den Truppführer, Gruppe 3 Tag und Monat des Datums und Gruppe 4 das Jahr.

Die dritte Registrierung beginnt mit 02 in Gruppe 1. Gruppe 2 und Gruppe 3 sind zusammengefaßt. Hier ist der mittlere Rechtswert des Messungsgebietes in Metereinheiten unter Weglassung der Kennziffer des Meridianstreifens einzustellen. In Gruppe 4 wird die mittlere Höhe des Messungsgebietes über NN ebenfalls in Metereinheiten eingestellt. Diese beiden Angaben sind für die Reduktion der Streckenmessung erforderlich. Sie können selbstverständlich abgerundet werden, so daß in der Regel in den letzten Stellen Nullen erscheinen werden.

Am Schluß jedes Messungsabschnittes ist eine Registrierung mit 03 in Gruppe 1 vorzunehmen. Dies ist das Zeichen für die Rechenanlage, daß keine weiteren Daten mehr folgen. Der Inhalt der weiteren Stellen des Einstellwerkes ist beliebig. Er wird von der Rechenanlage überlesen.

Die Schlüsselzahlen 04 - 09 sind bisher unbesetzt. Das Auswerteprogramm ist so ausgelegt, daß maximal 1000 Registrierungen in einem Arbeitsabschnitt ausgewertet werden können. Diese Kapazität dürfte ausreichend sein, um alle Messungen eines Tages auch in einem Arbeitsabschnitt auswerten zu können.

<u>Organisationsdaten und Konstanten für die Streckenreduktion</u>

1. Registrierung eines Aufnahmeabschnitts:
   Gruppe 1: |0|0|
   Gruppe 2: lfd. Nr. des Aufnahmeabschnitts (01-99)
   Gruppe 3: Auftragsnummer
   Gruppe 4: Auftragsjahr

2. Registrierung:
   Gruppe 1: |0|1|
   Gruppe 2: Schlüsselnummer des Truppführers
   Gruppe 3: Tag und Monat des Aufnahmedatums (je 2 Stellen)
   Gruppe 4: Jahr des Aufnahmedatums

3. Registrierung:
   Gruppe 1: |0|2|
   Gruppe (2 + 3): mittlerer Rechtswert des Aufnahmegebiets ohne Kennziffer des Meridianstreifens [m]
   Gruppe 4: mittlere NN-Höhe des Aufnahmegebiets [m]

Letzte Registrierung eines Aufnahmeabschnitts:
Gruppe 1: |0|3|
Gruppen 2-4: ohne Bedeutung

<u>Übersicht 2</u>

4.2 Überwachung des Instruments

Die Schlüsselzahlen 10 - 19 sind für die Instrumentenkontrolle vorgesehen (Übersicht 3). Mit der Einstellung 10 in Gruppe 1 werden 4 Registrierungen bei Zielung zu 2 Zielpunkten in beiden Fernrohrlagen zur Bestimmung von Zielachsfehler, Kippachsfehler und Indexfehler ausgeführt. Der Inhalt der weiteren Stellen des Einstellwerkes ist beliebig. Die Registrierung muß in jedem Falle vor Beginn der eigentlichen Messung durchgeführt werden. Da für den Meßvorgang keine Überbestimmung vorgesehen ist, enthält das Programm vorgegebene Schranken, bei deren Überschreitung die weitere Auswertung der Messungen zunächst nicht ausgeführt wird. Die EDV-Anlage liefert dann einen Fehlerhinweis und einen Klarschriftausdruck der Aufnahmedaten, an Hand dessen der Sachbearbeiter die Fehlerursache feststellen und eine Korrekturanweisung geben muss.

Instrumentenprüfung

1. Ermittlung von Zielachs-, Kippachs- und Indexfehler:

a) Codierung: Gruppe 1: | 1 | 0 |
Gruppen 2-4: ohne Bedeutung
b) Messung: Winkelmessung nach 2 Zielen möglichst unterschiedlicher Zenitdistanz in beiden Fernrohrlagen.
1: Ziel 1 Lage I
2: Ziel 2 Lage I
3: Ziel 2 Lage II
4: Ziel 1 Lage II

2. Ermittlung der Additionskonstante:

a) Codierung: Gruppe 1: | 1 | 1 |
Gruppen 2-4: ohne Bedeutung
b) Messung: Entfernungsmessung mit vorgesetztem Justierprisma.

Übersicht 3

Die Schlüsselzahl 11 in Gruppe 1 ist für die Bestimmung der Additionskonstante vorgesehen. Der Inhalt der weiteren Stellen des Einstellwerkes ist beliebig. Die Additionskonstante ist mindestens vor Eröffnung des ersten Standpunktes und nach Abschluß des letzten Standpunktes zu bestimmen. Die Bestimmung kann außerdem zwischen zwei Standpunkten wiederholt werden. Gerechnet wird stets mit dem Mittelwert aus zwei aufeinanderfolgenden Bestimmungen, wenn deren Differenz $\leq$ 40 mm ist. Wird diese Toleranz überschritten, so wird ein Fehlerhinweis ausgedruckt. Die Schlüsselzahlen 12 - 19 sind bislang unbesetzt.

### 4.3 Polare Lagevermessung

Für die Aufmessung polarer Kleinpunkte mit anschließender Berechnung zweidimensionaler rechtwinkliger Koordinaten sind die Schlüsselzahlen 40 - 49 vorgesehen (Übersicht 4).

Ein Standpunkt wird eröffnet mit der Einstellung 40 in Gruppe 1. Der Inhalt der zweiten Gruppe ist beliebig. In Gruppe 3 wird die Nummer des Standpunktes, in Gruppe 4 die Nummer des Zielpunktes eingestellt. Bei der Registrierung ist der für den Richtungsanschluß vorgesehene Punkt in Fernrohrlage I anzuzielen. Alle Messungen in diesem Programm werden nur in Fernrohrlage I ausgeführt.

Der Normalfall der Polarpunktmessung wird mit der Einstellung 41 in Gruppe 1 gesteuert. Die erste Stelle der Gruppe 2 ist bedeutungslos. In der zweiten Stelle bedeutet eine 1, daß bei Doppelbestimmungen eines Punktes die Koordinaten gemittelt werden sollen, eine 0, daß die zweite Bestimmung nur zur Kontrolle erfolgt, die Koordinaten der ersten Messung jedoch erhalten bleiben sollen. Der Inhalt der Gruppe 3 ist beliebig, Gruppe 4 enthält die Nummer des Zielpunktes.

Mit der Schlüsselzahl 42 in Gruppe 1 können Punkte erfaßt werden, in denen das Prisma nicht zentrisch aufgestellt werden kann, wohl aber in einem anderweitig zu messenden Abstand davor oder dahinter. In diesem Fall bedeutet eine 1 in der ersten Stelle der Gruppe 2, daß die Zusatzstrecke zu subtrahieren ist. Die zweite Stelle der Gruppe 2 hat die gleiche Bedeutung wie im Normalfall mit Schlüsselzahl 41. In Gruppe 3 ist die Zusatzstrecke in cm einzustellen, Gruppe 4 enthält wieder die Zielpunktnummer.

Mit der Schlüsselzahl 43 in Gruppe 1 werden Punkte erfaßt, die nicht direkt eingesehen werden können. Es wird dann das Prisma seitlich so aufgestellt, daß es angemessen werden kann und Standpunkt, Prisma und Zielpunkt ein rechtwinkliges Dreieck bilden, dessen rechter Winkel im Prisma liegt. Die Kathete zwischen Prisma und Zielpunkt wird anderweitig gemessen. In diesem Fall bedeutet eine 1 in der ersten Stelle der Gruppe 2, daß der Zielpunkt rechts der visierten Linie liegt, eine 9 in der ersten Stelle der Gruppe 2, daß der Zielpunkt links der Ziellinie liegt. Die zweite Stelle der Gruppe 2 hat die gleiche Bedeutung wie beim Normalfall mit Schlüsselzahl 41. In Gruppe 3 wird die anderweitig gemessene Kathete in

Aufmessung polarer Punkte

1. Standpunkt-Eröffnung:

   a) Codierung: Gruppe 1: 4 0
      Gruppe 2: ohne Bedeutung
      Gruppe 3: Nr. des Standpunkts
      Gruppe 4: Nr. des Anschlußziels

   b) Messung: Richtungsmessung zum Anschlußziel

2. Aufzunehmende Punkte:

   a) Codierung:

   aa) Prisma steht im aufzunehmenden Punkt
      Gruppe 1: 4 1
      Gruppe 2: 1. Stelle ohne Bedeutung
      2. Stelle 1 = Koordinatenmittelung bei Doppelaufnahme
      2. Stelle 0 = Koordinaten der Erstberechnung sollen bei Mehrfachaufnahme erhalten bleiben.
      Gruppe 3: Ohne Bedeutung
      Gruppe 4: Nr. des aufzunehmenden Punktes

   ab) Prisma steht in Zielrichtung vor oder hinter dem aufzunehmenden Punkt
      Gruppe 1: 4 2
      Gruppe 2: 1. Stelle 1 = Prisma steht vor dem aufzunehmenden Punkt
      1. Stelle 9 = Prisma steht hinter dem aufzunehmenden Punkt
      2. Stelle: Bedeutung wie bei aa)
      Gruppe 3: Horizontalentfernung Prisma - Punkt [cm]
      Gruppe 4: Nr. des aufzunehmenden Punktes

   ac) aufzunehmender Punkt liegt rechtwinklig rechts oder links vom Prisma
      Gruppe 1: 4 3
      Gruppe 2: 1. Stelle 1 = aufzunehmender Punkt rechts vom Prisma
      1. Stelle 9 = aufzunehmender Punkt links vom Prisma
      2. Stelle Bedeutung wie bei aa)
      Gruppen 3 und 4: Bedeutung wie bei ab)

   b) Messung: Richtungs- und Entfernungsmessung

3. Standpunkt-Abschluß:

   a) Codierung: Gruppe 1: 4 4
      Gruppen 2-4: wie bei 1.

   b) Messung: wie bei 1.

Übersicht 4

cm eingestellt, die Gruppe 4 enthält die Nummer des Zielpunktes. Die Zusatzstrecken in den Fällen der Schlüsselzahlen 42 und 43 müssen horizontal gemessen werden. Sie werden nicht mit der Zenitdistanz reduziert.

Die letzte Registrierung der Messungen auf einem Standpunkt ist mit der Einstellung 44 in Gruppe 1 bei erneuter Anzielung des Richtungsanschlußpunktes vorzunehmen. Die Bedeutung der weiteren Gruppen des Einstellwerkes ist die gleiche wie bei der Standpunkteröffnung. Die Rechenanlage vergleicht die Horizontalkreisregistrierungen bei Standpunkteröffnung und Standpunktabschluß und mittelt sie, wenn die Differenz kleiner oder gleich $40^{cc}$ ist. Bei Überschreitung dieser Fehlergrenze wird die Auswertung nicht vorgenommen, sondern ein Fehlerhinweis ausgedruckt.

## 4.4 Fehlerkorrektur

Falls der Beobachter während der Messung Fehler erkennt, hat er die Möglichkeit, durch Eingabe von Irrungszeichen falsche Registrierungen zu löschen (Übersicht 5). Drei Fälle sind vorgesehen. Die Einstellung 49 in Gruppe 1 bewirkt, daß die unmittelbar vorhergehende Registrierung gelöscht wird. Die Einstellung 48 in Gruppe 1 bewirkt, daß alle Registrierungen eines noch nicht oder soeben abgeschlossenen Standpunkts gelöscht werden. In beiden Fällen ist der Inhalt der weiteren Gruppen des Einstellwerkes beliebig. Die Einstellung 47 in Gruppe 1 und einer Zielpunktnummer in Gruppe 4 bewirkt, daß die Registrierung der letzten Messung zu diesem Zielpunkt und alle folgenden gelöscht werden. Der Inhalt der Gruppen 2 und 3 ist in diesem Fall beliebig.

<u>Fehlerkorrektur</u>

| Codierung | Wirkung |
|---|---|
| Gruppe 1: \|4\|9\|<br>Gruppen 2 - 4: ohne Bedeutung | Die unmittelbar vorausgegangene Registrierung wird gelöscht. |
| Gruppe 1: \|4\|8\|<br>Gruppen 2 - 4: ohne Bedeutung | Alle zu einem eröffneten oder gerade abgeschlossenen Standpunkt gehörenden Registrierungen werden gelöscht |
| Gruppe 1: \|4\|7\|<br>Gruppen 2 + 3: ohne Bedeutung<br>Gruppe 4: Zielpunktnummer | Die Registrierung zur letzten Aufnahme des angegebenen Zielpunktes und alle folgenden werden gelöscht. |

<u>Übersicht 5</u>

## 5. Erläuterung eines praktischen Beispiels

Der Ablauf einer Aufmessung mit Reg Elta 14 und ihre Auswertung sollen an einem Beispiel verdeutlicht werden. Es handelt sich um eine Kontrollaufmessung eines Baugebietes (Abb. 1). Die Messung wurde am 27.9.1972 ausgeführt. Der Meßtrupp bestand aus dem Truppführer, der auch die Absteckung durchgeführt und die Abmarkung überwacht hatte, einem Beobachter und vier Gehilfen. Von diesen vier Gehilfen waren drei als Prismenträger eingesetzt, während einer den Beobachter unterstützte und im wesentlichen mit dem Funksprechgerät die Verbindung zwischen dem Truppführer und dem Beobachter sicherstellte. Dieser Gehilfe könnte

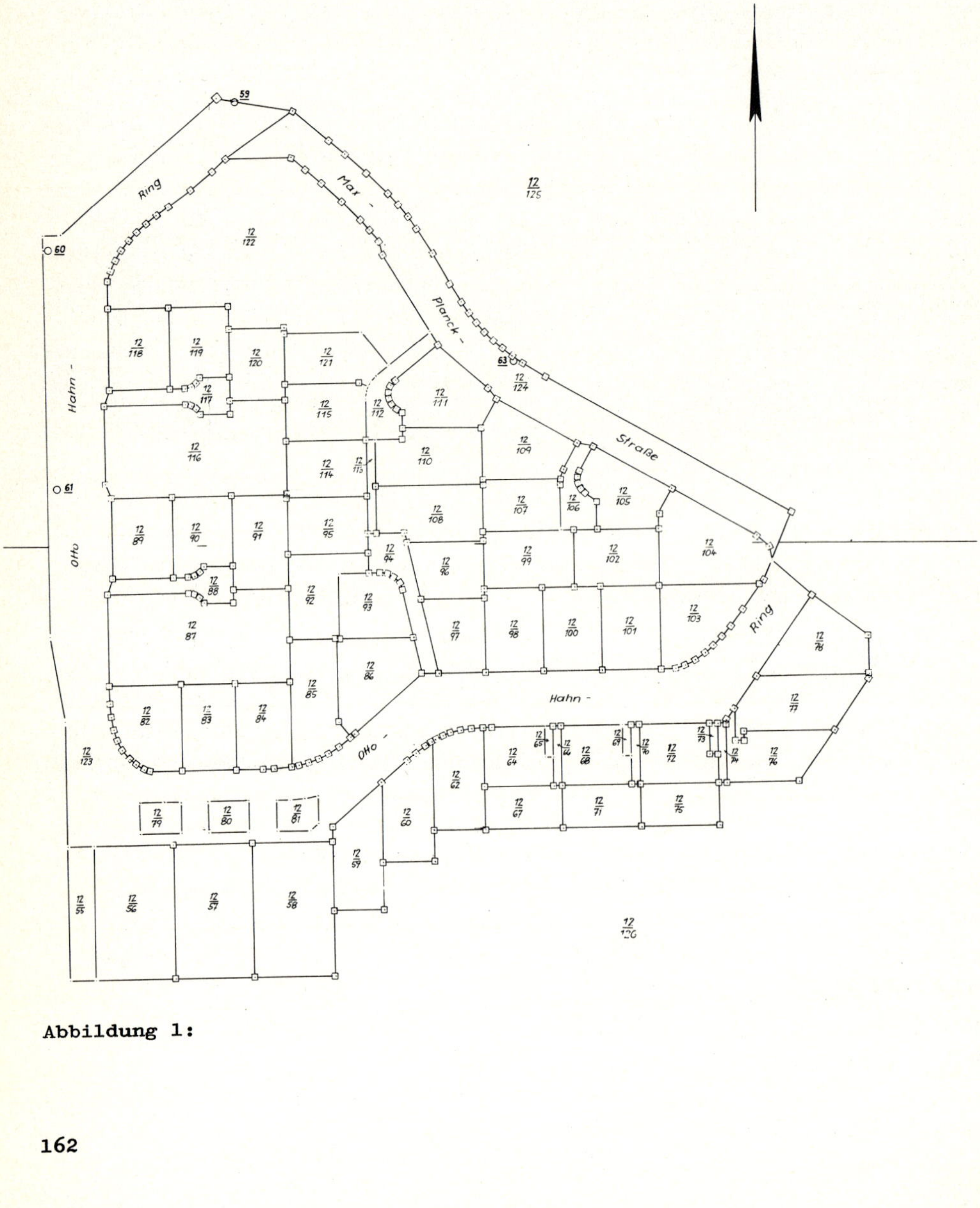


**Abbildung 1:**

bei geringem Leistungsabfall eingespart werden, wenn die Funksprechgeräte durch Zusatzeinrichtungen so verbessert würden, daß ihre Bedienung bei der Handhabung eines Meßinstrumentes nicht hinderlich wäre. Es mag interessant sein, zu erfahren, daß es sich sowohl für den Truppführer als auch für den Beobachter um die erste Messung mit einem Reg Elta 14 handelte. Die beiden Mitarbeiter waren am Tage vor der Messung in einer etwa halbstündigen Demonstration mit der Handhabung des Gerätes und mit der Codieranweisung vertraut gemacht worden. Bedienungsanleitung und Codieranweisung wurden ihnen dann ausgehändigt.

Die Messung wurde nach der vorstehend erläuterten Codieranweisung durchgeführt. Als Standpunkte dienten zwei Polygonpunkte, von denen aus die meisten aufzunehmenden Punkte zentrisch beobachtet werden konnten. In einigen Fällen mußte jedoch der Fall des seitwärts abgesetzten Prismas angewandt werden. Aufgemessen wurden 144 Punkte, die Meßzeit einschließlich der Zeit für den Standpunktwechsel betrug 2 Stunden und 5 Minuten.

Der Registrierstreifen wurde am folgenden Tage zur Auswertung in das Rechenzentrum gegeben und lag abends mit einem Arbeitsprotokoll wieder vor, das Fehlermeldungen enthielt. Ein Standpunktabschluß war falsch codiert worden. Nach Eingabe der Korrekturanweisung lief am folgenden Tage die Auswertung reibungslos, so daß der Datenstreifen für die Koordinatenberechnung gezogen werden konnte. Die Koordinatenberechnung wurde durchgeführt, nachdem zuvor die Soll-Koordinaten in den Maschinenspeicher eingegeben worden waren.

Da bei der Messung "Kontrollrechnung" codiert worden war, erschienen im Berechnungsausdruck hinter den Punktnummern die linearen Abweichungen der aufgemessenen Punkte von den durch die Soll-Koordinaten bestimmten Punkten. In einem Falle wurde eine Abweichung von 2,00 m ausgewiesen, die tatsächlich durch eine fehlerhafte Absteckung und Abmarkung dieses Punktes verursacht war. Vier weitere größere Abweichungen konnten als Punktnummern-Verwechslungen geklärt werden, alle übrigen Werte lagen in der zu erwartenden Größenordnung von wenigen Zentimetern und bestätigten damit die Richtigkeit der Absteckung und Abmarkung. Die Zahl von vier Punktnummern-Verwechslungen bei 144 aufgemessenen Punkten liegt verhältnismäßig hoch. Sie hängt zweifellos mit der in diesem Bereich sehr hohen Punktdichte zusammen, die Punktverwechslungen begünstigt, zeigt aber andererseits, daß die Polarvermessung mit elektro-optischen Entfernungsmeßgeräten hohe Anforderungen an die Konzentration sowohl des Truppführers als auch des Beobachters stellt.

## 6. Organisationsfragen

Das Reg Elta 14 wird bei uns in der Regel immer von ein und demselben Beobachter bedient. Dieser Beobachter ist gleichzeitig für Vollzähligkeit und pflegliche Behandlung des Gerätes sowie für den Ladezustand der Batterien verantwortlich. Er ist kein Vermessungsingenieur und wurde für diese Tätigkeit speziell angelernt. Für den Gerätetransport wurde ein VW-Bus mit besonderen Halterungen hergerichtet, die eine übersichtliche und sichere Unterbringung des Gerätes ermöglichen.

Der Truppführer ist nicht gerät-, sondern objektgebunden. Er bereitet das Objekt für die Aufmessung vor, wozu vor allem die Erkundung geeigneter Instrumentenstandpunkte und die Erstellung einer Numerierungsübersicht gehört. Dann leitet er die Messung und ist außerdem für die Auswertung bis zum Vorliegen der Koordinaten verantwortlich. Die weitere Bearbeitung übernimmt das Büropersonal. Da der Normaltrupp nur über zwei Meßgehilfen verfügt, zwei Prismenträger aber bei einer Reg Elta-Messung zu unwirtschaftlichen Wartezeiten für den Beobachter führen würden, wird der Meßtrupp für die Aufmessung je nach Art und Größe des Objektes um weitere ein bis zwei Meßgehilfen verstärkt.

## 7. Schlußbetrachtung

Abschließend ist festzustellen, daß sich das Reg Elta 14 im bisherigen Feldeinsatz als zuverlässig erwiesen hat und die Erwartungen hinsichtlich Meßgenauigkeit und -geschwindigkeit voll erfüllt wurden. Obwohl es in der kurzen Anwendungszeit noch nicht möglich war, die Programme für alle in Aussicht genommenen Aufgabengebiete zu entwickeln, zeichnet sich doch bereits heute eine gute Auslastung des Instrumentes ab, so daß sich der Entschluß zur Anschaffung als richtig erwiesen hat.

# ELEKTRONISCHE WEITENMESSUNG BEI DEN OLYMPISCHEN SPIELEN 1972

Von H. Leitz

Die elektronische Zeitmessung ist bei internationalen Leichtathletikveranstaltungen heute eine Selbstverständlichkeit. Neben der Objektivierung der Messung durch automatische Startmaschine, Lichtschranke und Zielfoto tritt besonders die schnelle Information von Zuschauern und Journalisten in den Vordergrund. Die Zeiten wurden 1936 zum ersten Mal bei Olympischen Spielen elektronisch gemessen und mit dem Zieleinlauf zusammen im Bild festgehalten. Das von der Physikalisch-Technischen Reichsanstalt und der ZEISS-Gruppe entwickelte Zielzeitkamerasystem ermöglichte neben stereoskopischen Zielfotos die digitale Darstellung der Zeiten mit einer Genauigkeit von $^{1}/100$ Sekunde im Bild selbst.

Durch die Dramatik der Läufe, durch die sichtbar mitlaufende Uhr noch gesteigert, traten die technischen Wettbewerbe in den Hintergrund.

Das Organisationskomitee für die Spiele der XX. Olympiade München 1972 nahm bereits 1968 Kontakt mit ZEISS auf, um durch neue Meßinstrumente und -verfahren die bisherige Bandmessung zu objektivieren und automatisieren. Für die Messung von Weit- und Dreisprung wurde die Entwicklung eines Komparators in Angriff genommen, während für die Messung der Wurfweiten ein geodätisches Verfahren unter Anwendung des soeben herausgebrachten elektronischen Tachymeters ZEISS Reg Elta 14 gewählt wurde. Die ersten Probemessungen mit dem Reg Elta 14 fanden 1969 beim internationalen Hanns Braun Sportfest in München statt. Nach der Bewährung bei weiteren Veranstaltungen in ganz Europa wurde die elektronische Weitenmessung offiziell anerkannt und in das Regelwerk des Internationalen Amateur-Leichtathletikverbandes (IAAF) aufgenommen. Anschließend übertrug das Organisationskomitee der Firma ZEISS, Oberkochen, die Organisation und Durchführung der Weitenmessung bei den Olympischen Spielen 1972.

Der Komparator zur Messung der Sprungweiten besteht im wesentlichen aus einem Einstellfernrohr, das auf einer Schiene parallel zur Sprunggrube meßbar verschoben werden kann. Ein Kollimator, der parallel zur Sprunggrube ausgerichtet ist, erzeugt eine Meßmarke, die in die Okularbildebene des Fernrohrs eingespiegelt und rechtwinklig auf die angezielte Einsprungstelle abgelenkt wird, wodurch Führungsfehler der Laufschiene keinen Einfluß auf die Meßgenauigkeit haben. Mit dem verschiebbaren Fernrohr ist ein Bandmaß verbunden, welches eine Zentimeterteilung in

Form von Löchern trägt. Eine fotoelektrische Zähleinrichtung zählt die Zentimeter bei Verschiebung des Fernrohrs, rundet der Regel entsprechend ab, speichert das Ergebnis und gibt es auf Knopfdruck automatisch zur Anzeigetafel (Abb. 1 und 2).

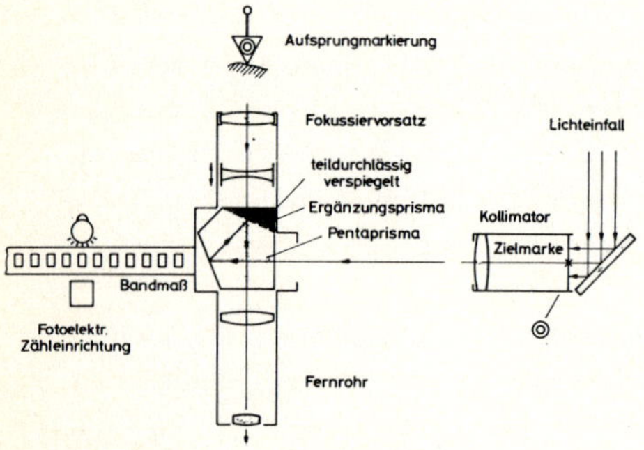


Abbildung 1:
Prinzip des Sprungweitenkomparators

Abbildung 2:
Weitsprung Männer - Finale -

Die direkte elektro-optische Messung der Wurfweiten vom Zentrum des Wurfsektors aus ist aus naheliegenden Gründen nicht möglich. Da die Verbindung des elektronischen Tachymeters mit einem programmierbaren Kleinrechner keine Schwierigkeiten bereitete, bot sich eine indirekte, trigonometrische Bestimmung der Weite an. Im örtlichen Koordinatensystem, dessen Ursprung im Instrumentenstandpunkt I liegt und dessen X-Achse durch die Richtung zu einer jederzeit anzielbaren Zieltafel gewählt wird, wurden vor Beginn der Wettkämpfe die Koordinaten der Abwurfzentren W ermittelt und zusammen mit den zugehörigen Radien r auf Magnetkarten gespeichert (Abb. 3).

Beim Wettkampf markierte der Kampfrichter die Einschlagstelle R mit einem Tripelreflektor, dieser wurde angezielt und aus den Meßdaten Horizontalrichtung, Schrägentfernung und Zenitwinkel berechnete der Computer zuerst die Koordinaten der Einschlagstelle, dann die Wurfweite nach

$$W = \sqrt{(X_R - X_W)^2 + (Y_R - Y_W)^2} - r .$$

Um ein Höchstmaß an Sicherheit zu gewährleisten, wurde in München mit zwei Anlagen, bestehend aus ZEISS Reg Elta 14 und dem elektronischen Kleinrechner Hewlett Packard 9100 B, von zwei Beobachtern gleichzeitig gemessen. Die zwei unabhängig voneinander gemessenen und gerechneten Wurfweiten liefen anschließend in einem der beiden Computer zusammen,

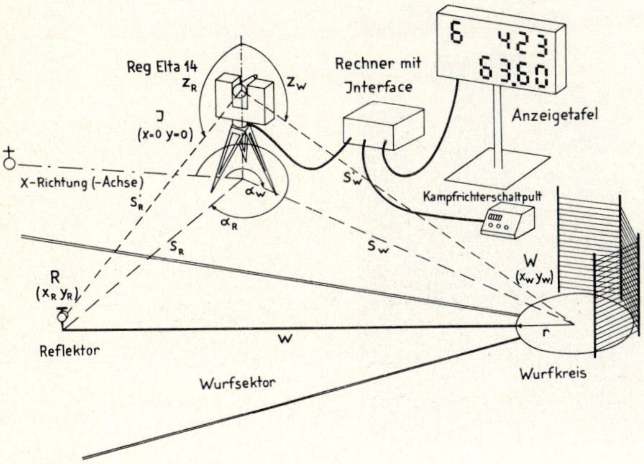


Abbildung 3:
Prinzip der Wurfweitenmessung

wurden dort verglichen, bei Einhaltung der Fehlergrenze (Maximaldifferenz 3 cm) gemittelt, entsprechend der Regel auf gerade Zentimeter abgerundet und automatisch auf Anzeigetafel und Monitor beim Kampfgericht übertragen. Die gesamte Meß- und Rechenzeit betrug nicht ganz zehn Sekunden.

Der Instrumentenstandpunkt befand sich in der Regiekanzel des Olympiastadions, 35 Meter über dem Spielfeld und 150 Meter von dessen Mittelpunkt entfernt (Abb. 4).

Neben den Wurfweiten druckte der Rechner auch jeweils die Differenzen der Doppelmessungen aus, so daß laufend die Genauigkeit von Meßinstrument und Beobachter kontrolliert werden konnte. Bei Überschreitung der zulässigen Differenz von drei Zentimetern, was jedoch nicht vorkam, wurde automatisch ein Warnsignal ausgelöst.

Insgesamt wiesen 536 Würfe folgende Differenzen auf:

214 mal 0 Zentimeter
255 mal 1 Zentimeter
61 mal 2 Zentimeter
2 mal 3 Zentimeter und
0 mal 4 und mehr Zentimeter.

Daraus ergibt sich ein mittlerer Fehler einer Wurfweite von ± 5 Millimetern, eine Genauigkeit, die bei der offiziellen Abnahme der Meßinstrumente durch das Bayerische Landesvermessungsamt bescheinigt wurde.

Abbildung 4:
Meßstand in der Regiekanzel des Olympiastadions

Vor den Spielen wurde oft die Frage gestellt: Werden die Spiele der XX. Olympiade in erster Linie zum Aufmarsch der Computer, zum Wettstreit der Elektroniker, zum Festival der Technik? Heute können wir mit gutem Gewissen die Antwort geben: Die Technik diente den Sportlern, den Zuschauern und den Journalisten, sie trat gegenüber den sportlichen Ereignissen in den Hintergrund.

# SCHLÜSSEL- TABELLE FÜR REG-ELTA MESSUNG

**Einstellwerk**

| Schlüssel | | Maße | | | | Punktnummer | | | | | |
|---|---|---|---|---|---|---|---|---|---|---|---|
| 1 | 2 | 3 | 4 | 5 | 6 | 7 | 8 | 9 | 10 | 11 | 12 |

**Symbole**

Ⓐ = Messung ohne Höhenübertragung

Ⓑ = Messung mit Höhenübertragung

x = Inhalt beliebig (Daten werden nicht verwertet)

(. . . .) = Erläuterungen

→ Zahlen stets rechtsbündig eingeben!

**Allgem. Angaben, Instr. Prüfung**

| | | | |
|---|---|---|---|
| 0 | 0 | Anfangszeit | Datum |
| 0 | 1 | Trupp | Auftragsnummer |
| 0 | 4 | Endzeit | X |
| 0 | 5 | Fernziel Fernrohrlage I | X |
| 0 | 6 | Fernziel Fernrohrlage II | X |
| 0 | 7 | Hochziel Fernrohrlage I | X |
| 0 | 8 | Hochziel Fernrohrlage II | X |
| 0 | 9 | Messg. d. Add. Konst. | Standpunktnummer |

**Angaben zum Standpunkt**

| | | | | | |
|---|---|---|---|---|---|
| Ⓐ | 1 | 0 | X | Standpunktnummer | zentr. Aufstellung |
| Ⓑ | 1 | 0 | J auf mm | Standpunktnummer | zentr. Aufstellung |
| Ⓐ | 1 | 1 | X | Stdpkt. Nr. (E mit Reg Elta) | exzentr. Aufstellung |
| Ⓐ | 1 | 1 | E auf mm | Stdpkt. Nr. (E manuell) | exzentr. Aufstellung |
| Ⓑ | 1 | 1 | T Zentr. auf mm | Stdpkt. Nr. (E mit Reg. Elta) | exzentr. Aufstellung |
| | 7 | 0 | siehe Rückseite | Standpunktnummer | Nachträge |

**Angaben zum Zielpunkt**

| | | | | | |
|---|---|---|---|---|---|
| Ⓐ | 2 | 0 | X | Zielpunktnummer | zentr. Anzielung |
| Ⓑ | 2 | 0 | T auf mm | Zielpunktnummer | zentr. Anzielung |
| Ⓐ | 2 | 1 | X | Zielpunktnummer | exz. Anzielg. and. Stdpkte. |
| Ⓑ | 2 | 1 | T Zentr. auf mm | Zielpunktnummer | exz. Anzielg. and. Stdpkte. |
| | 2 | 1 | E auf cm | Punkt Nr. (Exz. vor) | exzentr. Anzielung sonstiger Punkte |
| | 2 | 2 | E auf cm | Punkt Nr. (Exz. links) | exzentr. Anzielung sonstiger Punkte |
| | 2 | 3 | E auf cm | Punkt Nr. (Exz. hinter) | exzentr. Anzielung sonstiger Punkte |
| | 2 | 4 | E auf cm | Punkt Nr. (Exz. rechts) | exzentr. Anzielung sonstiger Punkte |

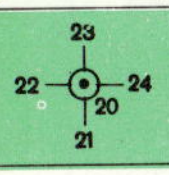


**Sonderfälle**

| | | | | | |
|---|---|---|---|---|---|
| Ⓐ | 2 | 7 | X | Punkt Nummer | nur Strecke gemessen |
| Ⓐ | 2 | 8 | S auf cm | Punkt Nummer | Strecke manuell |
| Ⓐ | 2 | 9 | X | Punkt Nummer | Strecke + 1000 m |
| Ⓑ | 2 | 7 | T auf mm | Punkt Nummer | Strecke und V gemessen |
| Ⓑ | 2 | 9 | T auf mm | Punkt Nummer | Strecke + 1000 m |

**Testmessung**

| | | | | |
|---|---|---|---|---|
| 8 | 0 | X | X | vor erster u. hinter letzter Messung |

**Korrekturen**

| | | | | |
|---|---|---|---|---|
| 9 | 0 | X | X | Schlüssel, Maß u. Nr. letzter Satz |
| 9 | 1 | X | X | ganzer letzter Satz (neue Messung) |
| 9 | 5 | X | alte Standpunkt Nummer | Schl. Maß, Nr. in angespr. Satz |
| 9 | 6 | X | alte Standpunkt Nummer | vollst. Ber. der bez. Sätze |

Weiteres zu Korrekturen
siehe Rückseite

## Ergänzungen

Angaben zum Standpunkt

| Schlüssel | | … | Punktnummer | | | | | | Nachträge |
|---|---|---|---|---|---|---|---|---|---|
| 7 | 0 | | | | | 1 | 0 | 1 | Nachtrag auf Standpunkt 101 |
| 0 | 9 | | | | | 1 | 0 | 1 | Messung der Add. Konstanten |
| 1 | 0 | | | | | 1 | 0 | 1 | Zentr. Aufstellung für den Nachtrag |
| 2 | 0 | | | | | 1 | 0 | 2 | Nachtragsmessungen<br>Orientierung unabhängig von vorausgegangener Messung |
| 2 | 0 | | | | | 1 | 0 | 3 | |

Angaben zum Zielpunkt

### Exzentr. Anzielungen anderer Standpunkte

**Bereits definierte Exzentren** sind anzuhalten.

Korrekturen

Korrekturen nach Schlüssel 9,5 und 9,6

**Beispiel:**

| | Schlüssel | | … | Punktnummer | | | |
|---|---|---|---|---|---|---|---|
| 1.) | 9 | 6 | | 1 | 0 | 1 | Korrektur für Standpunkt 101 |
| 2.) | x | x | | | 1 | 1 | Beginn der Korrektur ab Satz mit Zielpunkt Nr. 11 |
| | | | | | | | |
| oder | 7 | 1 | | 1 | 0 | 2 | Beginn der Korrektur ab Satz mit Zielpunkt Nr. 102 im 1. Nachtrag |
| | 7 | 2 | | 1 | 0 | 2 | Beginn der Korrektur im 2. Nachtrag |

3.) danach Korrektursätze messen.

| | | | | | | | |
|---|---|---|---|---|---|---|---|
| 4.) | 9 | 6 | | x | x | x | Abgrenzung der Korrektursätze |